U0511870

实事求是思想路线的
湖湘文化探源

唐珍名 著

人民出版社

序　言

思想路线是我党认识问题、分析问题、处理问题所遵循的最根本的指导原则和思想基础。实事求是，是马克思主义的根本观点，是中国共产党人认识世界、改造世界的根本要求，是中国共产党的基本思想方法、工作方法和领导方法。

我们所取得的一切成就都是靠实事求是。毛泽东同志领导中国共产党在成功开创中国革命道路和社会主义改造道路，确立并发展了实事求是思想路线。邓小平同志领导中国共产党实现党的十一届三中全会伟大历史性转折，开创改革开放和社会主义现代化新时期，开创中国特色社会主义，靠的是恢复和进一步发展实事求是思想路线。以习近平同志为核心的党中央奋力推动中国特色社会主义进入新时代，开创中国特色社会主义、马克思主义中国化时代化、中国式现代化新境界新局面，党和国家事业取得伟大成就、实现伟大变革，并在新的历史起点上以中国式现代化全面推进强国建设、民族复兴伟业，靠的同样是实事求是思想路线。正如习近平总书记所指出："不论过去、现在和将来，我们都要坚持一切从实际出发，理论联系实际，在实践中检验真理和发展真理。"

"实事求是"这个词语深植于中华优秀传统文化，马克思、恩格斯并没有直接使用过，是毛泽东用中国成语结合马克思主义的辩证唯物主义和历史唯物主义作出的高度概括，堪称"两个结合"即马克思主义基本原理同中国具体实际相结合、同中华优秀传统文化相结合的光辉典范。作为马克思主义中国化的伟大成果，"实事求是"到底从何而来，根在何处？的确是一个值得深入研究的重大课题。

2020 年 9 月 17 日，习近平总书记在湖南大学岳麓书院考察人才培养、文化传承创新期间，曾明确指出岳麓书院是党的实事求是思想路线的策源地，并强调："毛主席当年就是在这里熏陶出来的，实事求是就来源于这里。共产党怎么能成功呢？当年在石库门，在南湖上那么一条船，那么十几个人，到今天这一步。这里面的道路一定要搞清楚，一定要把真理本土化。"

湖湘文化孕育于三湘之地，也是中华文化核心道统的一种重要传承。语出《汉书》的实事求是，经湖湘传承发展，逐步成为湖湘文化的精髓和标识。千年学府岳麓书院堪称湖湘文化的代表和标志，实事求是乃其千年传承不辍的办学精神和优良传统。千余年来，岳麓书院所输出的实事求是的士风和学风，深深影响了三湘大地实事求是、经世致用的民风和世风。青年毛泽东 30 岁之前几乎都在湖南度过，深受湖湘文化的影响熏陶。

《实事求是思想路线的湖湘文化探源》从湖湘文化的视角，探究党的实事求是思想路线的根脉渊源，比较系统地梳理了中国传统实事求是精神在中国包括在湖湘大地的传承发展和马克思主义的伟大改造，比较深入地揭示了湖湘文化涵育党的实事求是思想路线的整体逻

辑、内在机理与重要贡献，为我们进一步做好实事求是思想路线中华
文化探源的研究工作提供了一条崭新路径。

　　同时，从坚守中华优秀传统文化根脉、推进马克思主义中国化
时代化的角度看，《实事求是思想路线的湖湘文化探源》对于我们贯
彻习近平文化思想，推动中华优秀传统文化在新时代更好实现创造
性转化创新性发展，坚定文化自信，建设中华民族现代文明，以中
国式现代化全面推进强国建设、民族复兴伟业，也具有较强的理论
价值和实践启示。

李　捷

（《求是》杂志社原社长）

目　录

1

绪　论

　　作为毛泽东思想的精髓和活的灵魂，实事求是既是马克思主义中国化的哲学表达，也是中国共产党在中国革命、建设和改革进程中矢志不渝的思想路线，更是被历史和实践证明的中国共产党走向成功与成熟的关键密钥。可以说，能否坚持实事求是思想路线，关系着党的生死存亡、关系着党的事业兴衰成败。坚持和发展实事求是思想路线，必须深刻理解和把握其科学内涵、内在逻辑。党的十八大以来，习近平总书记就实事求是多次作出重要论述，把实事求是升华为中国共产党人值得弘扬的价值观，并在考察岳麓书院时强调指出，毛主席当年就是在这熏陶出来的，实事求是就是来源于这里。这为我们聚焦湖湘文化探索实事求是思想路线的历史源流、生成过程提供了全新视角和时代课题，亟待从时空之维、价值之维、实践之维等进行阐发与论证。

第一节　研究的背景及意义

一、研究的背景

党的实事求是思想路线是我们党深入挖掘中华优秀传统文化资源与马克思主义基本原理相结合的范例。2020 年 9 月 17 日，习近平总书记在湖南大学考察调研岳麓书院时，就湖湘文化与党的实事求是思想路线作出了开创性论断，他强调："毛主席当年就是在这里熏陶出来的，实事求是就是来源于这里。共产党怎么能够成功呢？当年在石库门，在南湖上那么一条船，那么十几个人，到今天这一步，这里面的道路一定要搞清楚，一定要把真理本土化。"[1] 明确指出岳麓书院是实事求是思想路线的策源地，丰富和发展了党的实事求是思想路线学说。为了全面把握、深刻理解习近平总书记这一重大科学论断，深入研究以岳麓书院为代表的湖湘文化在党的实事求是思想路线形成中的功能与作用，是我们学人的使命和荣光。

中国共产党实事求是思想路线有着深厚的文化根源和扎实的实践基础，是伴随中国革命、建设和改革进程而形成、确立并日趋发展起

---

[1] 新华社：《实事求是，从这里走来》，《新华每日电讯》2021 年 5 月 24 日。

来的完整、成熟且科学的理论体系，指引了中国共产党百年艰辛奋斗的伟大历程，融汇了治国理政的智慧，他们立足所处的时代背景从不同角度阐释、丰富了党的实事求是思想，并善于运用实事求是的态度、理念、方法解决党在不同历史时期所面临的关乎"站起来""富起来""强起来"等时代课题、难题，是中国共产党带领中国人民不断从胜利走向胜利、从突破走向突破、从奇迹走向奇迹的关键密钥。随着中国特色社会主义进入新时代，如何在党的坚强领导下坚持和践行实事求是思想路线，进一步推进马克思主义中国化时代化，把马克思主义基本原理同中国具体实际相结合、同中华优秀传统文化相结合，切实做到实践出真知，防止和克服教条主义和狭隘经验主义，确保始终将人民群众摆在中心位置，真正将实事求是思想落到实处，将这一路线贯穿始终，永远在路上。

二、研究的意义

一是深入研究习近平总书记关于湖湘文化与党的实事求是思想路线的重要论述，有利于拓展和深化中国共产党实事求是思想路线研究的视野和方法。二是从湖湘文化视域科学分析和揭示中国共产党实事求是思想路线的发展源流，并据此构建理论分析框架，有利于提高对中国共产党实事求是思想路线形成规律的认识。三是从理论上省思湖湘文化与马克思主义基本原理相结合，探究其对中国共产党实事求是思想路线确立的重大贡献。

本书着眼于理论性与思想性、实践性与针对性、历史性与现实性，通过整体性研究科学揭示湖湘文化涵育党的实事求是思想路线在历史演进与当代创新中的整体逻辑、内在机理与重要贡献。通过挖掘和阐发湖湘文化在涵养和塑造中国共产党实事求是思想路线的特殊作用，推动湖湘文化为新时代创造性转化和创新性发展提供价值导向鲜明、实践指导较强的理论支持和实践启思，更好传承和赓续包括湖湘精神在内的中华红色基因，坚定文化自信，为以中国式现代化全面推进强国建设、民族复兴伟业注入更加强大的文化力量。

第二节　研究综述

实事求是思想路线是我们党深入挖掘中华优秀传统文化资源与马克思主义基本原理相结合的范例。正是因为其自身的特殊地位和作用，吸引了国内外学者的关注与研究，使得相关主题一直是学界研究的热点，相关成果也如雨后春笋。为了通盘掌握、全面把脉中国共产党实事求是思想路线的湖湘文化探源的国内外研究概况，切实查摆其历史源头、理论根基，深挖湖湘文化对其影响，经查阅大量相关研究成果，相关研究状况和动态可概括如下。

"实事求是"作为一种科学的世界观和方法论，对人们的思想和行为产生至关重要的影响，从古至今都是学者们研究的关注对象。尤其是其被誉为"马克思主义的精髓和活的灵魂"、成为中国共产党的思想路线后，掀起了对其研究的热潮。通过梳理与之相关的国内研究成果，归纳总结研究状况和研究动态主要聚焦在如下三个方面。

一、历史之维：从中国古代传统文化范畴考据党的实事求是思想路线

"实事求是"一词最早出现于我国《汉书》之中，并被古代学者们继承与发展，在宋朝被朱熹扩展到"即物穷理"，在明朝被王阳明延伸到"知行合一"，在清朝则被乾嘉学派深化到"经世致用"。学者们认为，"实事求是"在中国古代发展最初是以个人层面为主，后期受到外界环境等影响扩展到社会层面。特别是"实事求是"在乾嘉学派那里的科学萌芽和在湖湘学派那里的守正创新，使之与唯物主义认识论有了一定相似性，成了日后中国共产党确立实事求是思想路线的一个重要源头。

关于"实事求是"思想出场的研究。通过究本溯源，大部分学者认为"实事求是"一词有据可考的历史记载可以追溯到东汉班固《汉书·景十三王传》中评价河间献王刘德"修学好古，实事求是"这句名言。[1] 有部分学者持不同的观点，认为将"实事求是"仅从文本上追溯到汉代是不够的，在逻辑的思想渊源和精神实质上还需要进一步追溯至先秦的儒家，通过列举《论语》中反馈"怨天尤人"，反对"道听而途说"等诸多内容，论证和说明孔子"实事求是"的态度和做法。此外，有的还认为"实事求是"的思想还见诸《孟子》《中庸》等儒家经典中。有学者认为，河间献王刘德"学举六艺"，重视

---

[1] 王文金：《"实事求是"撷拾》，《安徽史学》1997 年第 4 期。

儒术、儒生，作为儒学的影响者和追随者，在对待古代典籍"实事求是"态度的确立上，较大程度上受先秦儒家思想渊源的影响，是合乎历史逻辑性的。对于"实事求是"来源的认识上，先秦时期儒家，特别是孔子的影响不应被忽视。[1]还有学者认为，作为考据学治学原则的"实事求是"最早可以溯源至汉代，主要指汉代治经的考证、辨伪、求真的方法与态度，其中，"事"主要是指古代的文本，"是"则主要指"是非"意义上的"是"，从而越"古"越"是"，越"书本"越"是"，实际上形成了一种埋头故纸、脱离现实的学风。这种考据学的"实事求是"与后来毛泽东所解释和倡导的以"反对本本主义"为特征的"实事求是"，是大相径庭的。[2]

关于"实事求是"思想演变的研究。"实事求是"作为一种做学问的态度，在中国古代思想史上，与"经世致用"是分不开的。由于古文经学和今文经学的侧重点不同产生于春秋时期的"实事求是"风气，到了汉代分别表现为对文字训诂和对微言大义的阐发。在宋明理学中，"实事求是"观念事实上被淡化。到了明末清初以及清代，随着考据学的重兴，"实事求是"又被重新重视起来。伴随近代"开眼看世界"之风的兴起，"实事求是"思想被注入了向西方学习的元素。[3]有学者认为，从早期湖湘学派的"留心经济之学"的实学倾向，到王夫之"即事穷理"的唯物主义实学思想，再到曾国藩将"实事求是"引入实际的解释，中承杨昌济"知行统一"，最后到毛泽东

---

[1] 陈实、张澍军：《论"实事求是"的思想源流与理论创新》，《学校党建与思想教育》2012年第10期。

[2] 李佑新、陈龙：《毛泽东"实事求是"思想的湘学渊源》，《哲学研究》2010年第1期。

[3] 邵明厚、王光红：《"实事求是"思想渊源考》，《菏泽学院学报》2008年第4期。

对"实事求是"的诠释，我们可以清楚看到湖湘文化传统对毛泽东哲学思想形成的巨大熏陶和营养作用。这一求实风格为毛泽东世界观转变之后将其上升到党的思想路线高度奠定了重要思想基础，体现了毛泽东对湖湘文化的汲取和创新。[1]

关于"实事求是"思想作用的研究。部分学者认为，"实事求是"最开始就是用来作为历史考证的方法，追求"实录""信史"和"求真"的治史目标，在这一目标指引下，传统考证学比较发达的汉代、宋代和清代的史学家们在考史的过程中都超越了单纯的事实考证，将"实事求是"的考史观念上升到了理论与方法论的层面，尽管不同时期的史学家对"实事求是"的解读并不完全相同，却都在一定程度上推动了史学研究的深入。[2] 有学者认为，实事求是思想路线，是我们党团结带领人民进行革命、建设、改革不断取得一个又一个胜利的根本保证、重要法宝和"生命线""胜利线"。[3] 一部中国共产党的百年奋斗史，就是一部中国共产党坚持实事求是思想路线、推动党和人民事业发展的历史。实事求是思想路线贯穿于中国共产党的各项工作，是中国共产党百年来立党、兴党、强党的重要保障。[4] 还有学者认为，实事求是思想路线的探索过程，就是马克思主义中国化的推进过程，不同时期党的核心领导人从不同角度阐释党的实事求是思想，特别是善于以实事求是的态度解决党在不同历史时期面临的"站起来""富起来""强

[1] 许屹山、彭大成：《毛泽东"实事求是"思想的湖湘文化探源》，《山东理工大学学报（社会科学版）》2015 年第 4 期。
[2] 罗炳良：《从"实事求是"到唯物史观》，《高校理论战线》2006 年第 6 期。
[3] 贾立政：《实事求是：百年马克思主义中国化的基本经验》，《中国特色社会主义研究》2021 年第 3 期。
[4] 张士海：《坚持党的实事求是思想路线不动摇》，《党的文献》2021 年第 4 期。

起来"等时代课题，不断推进马克思主义中国化时代化进程。[1]

二、理论之维：从马克思主义文本阐释党的实事求是思想路线

纵观马克思主义哲学乃至整个马克思主义理论体系，马克思、恩格斯都没有直接用过"实事求是"这个词汇，但他们创立的辩证唯物主义和历史唯物主义，突出强调的就是"实事求是"。学者们认为，正是由于重视实践，马克思和恩格斯扬弃了"见物不见人"的纯粹唯物主义、轻视实践而不理解现实人的直观唯物主义，实现了哲学从"解释世界"的理论形态转向"改造世界"的实践形态。而这，实际上与湖湘文化所秉承的理念相契合，为之后两者的结合打下了铺垫。

毛泽东在接受马克思主义以后，受湖湘文化的实学思潮影响，对于他自觉地运用马克思主义的立场、观点和方法来研究中国社会实际，创造了有利的思想素材和理论准备。他在革命初期，在中国共产党党内不断受"左"右倾思想支配时，能保持清醒的头脑，坚持从实际出发等，与此不无联系。从毛泽东正式发表的重要论述中，我们可以看到，其中都贯穿着"实事求是"的基本原则和线索。他注意运用马克思主义的立场、观点和方法，来研究中国社会实际，更加深刻地看到"认清中国的国情，乃是认清一切革命问题的基本的根据"。

毛泽东从研究中国国情的实际情况出发，写出了《中国社会各阶

---

[1] 李华文、陈宇翔：《实事求是：中国共产党思想路线的百年历程与马克思主义中国化》，《湖南大学学报（社会科学版）》2021 年第 4 期。

级的分析》《湖南农民运动考察报告》等重要著作，对中国社会的性质、中国革命的任务和对象、革命的领导阶级和主要依靠力量，以及可以团结合作争取的中间力量，进行了科学的分析。在《反对本本主义》一文中，毛泽东提出了"没有调查，就没有发言权"的著名论断。在延安整风运动中，毛泽东撰写了《改造我们的学习》《整顿党的作风》《反对党八股》等著作，其中都贯穿着实事求是的思想轨迹。在与党内"左"右倾机会主义的斗争中，他从哲学世界观的高度，深刻认识到解决主、客观的关系问题，认为这是关系到革命成败的问题。而他所说的主观与客观的关系，也就是恩格斯论述的思维与存在的关系。毛泽东始终把中国共产党领导下的中国人民看作是认识和改造"中国这个客观世界"的主体，把马克思主义的实践观与群众观结合起来，既坚持了世界的物质性，又坚持了世界的可知性。

在毛泽东的诸多论著中，他创造性地引用、发挥了马克思主义的认识论、方法论、唯物论、辩证法等方面的精华，对"实事求是"作了崭新的科学解释。首先，他肯定了物质（"实事"）及其运动变化规律（"是"）是不以人的意志为转移的客观存在[1]，肯定了"客观存在着的一切事物"是人们的认识对象和出发点，坚持了物质第一性、意识第二性，意识是物质的反映的唯物主义原理。其次，肯定了客观事物及其规律是可以被认识的，是可以通过正确的研究（"求"）去认识和掌握的。再次，研究（"求"）客观事物的内部规律，即人们认识客观世界的过程，是不断地解决主观和客观、理论与实践的矛盾的过程。这样就把马克思主义哲学的唯物论、认识论和辩证法在实事求是

---

[1] 人民出版社编：《论毛泽东哲学思想》，人民出版社 1983 年版，第 52 页。

的基础上有机地统一起来了。

三、实践之维：从毛泽东思想的生成探究党的实事求是思想路线

学者们不仅从理论上对"实事求是"进行了研究，更从实践方面对"实事求是"进行了研究，指出毛泽东着眼于马克思主义哲学和中国革命实际，从辩证唯物主义、历史唯物主义、唯物主义辩证法和科学的实践观出发，所提出的"实事求是"思想是以马克思唯物主义辩证法和世界观为基础的，进而从哲学认识论高度上升为党的思想路线，并从新民主主义革命实践中对毛泽东"实事求是"思想的正确性进行了检验，探索出与我国实际国情相符合的革命道路，强调在建设社会主义的实践过程中也要坚持"实事求是"思想路线。

关于求学期间校训校风对毛泽东实事求是思想影响的研究。有学者认为，毛泽东自幼深受湖湘文化实事求是实学思潮的熏陶感染，其出生地湖南湘潭，正是早年湖湘学派创始人胡安国、胡宏避难讲学之地。尤其是从 1913 年到 1918 年夏，毛泽东在湖南第一师范就读五年多之久，此时是毛泽东世界观形成的关键时期，学校所倡导的实事求是理念对青年毛泽东的影响是潜移默化的，对毛泽东青年时期乃至其一生的理想抱负和精神气质的铸造尤为重要。[1]有学者认为毛泽东在岳麓书院寓居之前，就已经在湖南第一师范等地感受过"实事求是"。

---

[1] 许屹山、彭大成：《毛泽东"实事求是"思想的湖湘文化探源》，《山东理工大学学报（社会科学版）》2015 年第 4 期。

在浏阳籍大儒孔昭绶校长的主持下，该校于 1913 年就制定了《湖南省立第一师范学校章程》，其中就明确要求"凡我一师学生，皆要做到实事求是"[1]。有学者认为，毛泽东在湖南第一师范求学时，就特别重视"能见之于事实"的"有用之学"。他常对同学说，读书，不但要会读有字之书，而且还要会读"无字之书"。[2] 这不仅影响了其自身的知行模式，也在一定程度上感召和影响了一批又一批有识之士。此外，还有学者认为，当年毛泽东就读的湖南第一师范，无论是文化环境，还是教师素养，都承继和彰显着注重实际、实事求是的氛围，这对毛泽东自身的思想性格产生了深远的影响。其中，湖南第一师范的《教养学生之要旨》就专列一条："国民教育趋重实际，宜使学生明现今之大事，察社会之情状。"[3] 这一教育宗旨无疑凝结着湘学注重现实实际的传统，也凸显出求学期间毛泽东已然受到实事求是思想影响的可能性。此外，湖南第一师范一大批诸如孔昭绶、方维夏、徐特立、杨昌济等知名教师，他们所秉承的实学理念对青年毛泽东的启蒙有着极为重要的影响。[4]

关于湖湘文化对于毛泽东实事求是思想影响的研究。经世致用的实学思想是湖湘文化的重要表征，尤为推崇"言必征实，义必切理"的社会实学理念。有学者认为，毛泽东生长于湖南，自幼就受到湖湘

---

[1] 曾长秋：《毛泽东蔡和森何时接触到"实事求是"这四个字的?》，《党史博采（上）》2022 年第 6 期。

[2] 张云英、罗建英：《论湖湘文化对毛泽东个性特征的影响》，《船山学刊》2006 年第 3 期。

[3] 《习近平讲党史故事》编写组：《习近平讲党史故事》，人民出版社 2021 年版，第 130 页。

[4] 李佑新、陈龙：《毛泽东"实事求是"思想的湘学渊源》，《哲学研究》2010 年第 1 期。

文化的感召，其蕴含的"实事求是"的实学思想无疑对其产生不容忽视的影响。他将湖湘学派的知行观进行了创造性理解、改铸与运用，进而形成了颇具特色的务实精神，正是秉承这样的一种精神，使得其在之后的马克思主义学习与传播过程中，杜绝盲目照搬照抄，反对本本条条，扭转了当时将马克思主义教条化、神圣化、机械化之错误倾向，而是主张将其与中国实际相结合、与中华优秀传统文化相融通，让其在中国化的过程中厚植发展土壤、赢取民众认同。[1]有的学者认为，作为湖湘文化标识的经世致用的实学思想孕育了毛泽东注重调查研究的力行意识，毛泽东自青少年时代就谨记与践行"实事求是"这一古代格言，在求学、革命的实践中始终秉承"没有调查就没有发言权""一切从实际出发"等理念，并将其从马克思主义辩证唯物论和认识论的视角进行了阐释，论证了马克思主义中国化的必要性、科学性和实践性，使之成为中国共产党与广大人民群众认识和改造世界的锐利思想武器。[2]还有学者总结到，综观毛泽东"实事求是"思想的形成轨迹，作为马克思主义中国化核心命题的"实事求是"，凝结着中国革命实践正反两方面的丰富经验；但若论其渊源，则不能否认湘学经世务实传统对青年毛泽东文化性格的深刻影响。[3]

关于岳麓书院对毛泽东实事求是思想影响的研究。岳麓书院作为

---

[1] 张云英、罗建英：《论湖湘文化对毛泽东个性特征的影响》，《船山学刊》2006 年第 3 期。

[2] 许顺富：《论湖湘文化对毛泽东个性特征形成的影响》，《怀化师专学报》1997 年第 1 期。

[3] 李佑新、陈龙：《毛泽东"实事求是"思想的湘学渊源》，《哲学研究》2010 年第 1 期。

研究传播湖湘文化的重镇、代表和地标，使得学者在探究湖湘文化以及在对毛泽东实事求是思想研究的过程中，越来越聚焦于两者的关联——策源地的探究。尤其是 2020 年 9 月 17 日，习近平总书记在考察岳麓书院时指出，岳麓书院是中国共产党实事求是思想路线的策源地和有重要影响的地方，掀起了学界的研究热潮。相关研究认为，岳麓书院沉淀着唯物求实的中华文化，奠定了实事求是思想路线的文化底蕴；岳麓书院传衍着经世致用的三湘民风，孕育了实事求是思想路线的精神基因；岳麓书院涵养了实干兴邦的湖湘精英，造就了实事求是思想路线的践行先贤；岳麓书院滋养了雄才大略的青年毛泽东，成长为党的实事求是思想路线的开创者。[1]有学者认为，青年毛泽东在长沙求学期间，就经常往来于岳麓书院，还曾数次寓居于此。岳麓书院讲堂就悬有"实事求是"校训匾额，它体现的是湘学中经世务实、注重现实实际的悠久传统与学风。这一传统和学风同时也体现在湖南第一师范。[2]还有学者认为，1916 年至 1919 年间，青年毛泽东曾多次寓居岳麓书院半学斋，一边学习劳动，一边实施他的"岳麓新村"计划，同时担任《新湖南》主编。寓居期间，岳麓书院讲堂檐前的"实事求是"校训匾额对于毛泽东"实事求是"思想的形成起到了最直观、最形象、最具体的启迪，使得青年毛泽东对这个古老命题有所思考。[3]还有学者认为，湖湘文化和岳麓书院对毛泽东实事求是思

---

[1] 中共长沙市委宣传部学习研究小组：《岳麓书院是实事求是思想路线的重要策源地》，《新湘评论》2022 年第 17 期。

[2] 李佑新、陈龙：《毛泽东"实事求是"思想的湘学渊源》，《哲学研究》2010 年第 1 期。

[3] 唐珍名：《实事求是：从岳麓书院治学精神到党的思想路线》，《中国社会科学报》2021 年 6 月 29 日。

想形成和产生的脉络较为清晰、感召较为显著、启迪较为重要、影响较为深刻,岳麓书院"实事求是"治学精神与毛泽东所阐发的"实事求是"内涵相近、文脉相连、精神相通,均渊源于湖湘之地的经世致用学风。[1] 还有学者认为,毛泽东一贯高度重视调查研究,一生都在搞调查研究,很重要的渊源和影响,便是他在青年时期深受倡导经世致用学风的湖湘文化影响,深受岳麓书院"实事求是"校训精神的影响。[2]

综上所述,对于"中国共产党实事求是思想路线的湖湘文化探源"问题的研究,学界已取得一定成果,为本书的构思与撰写提供了思想资源和学术语境。具体呈现出以下特点:

其一,从中国古代传统文化范畴考据"实事求是"的思想资源。学者们指出,"实事求是"一词最早见于我国《汉书》之中,在中国古代发展最初是以个人层面为主,后期受到外界环境等影响扩展到社会层面。特别是"实事求是"在乾嘉学派那里的科学萌芽和在湖湘学派那里的守正创新,使之与唯物主义认识论有了一定相似性。

其二,从马克思主义文本阐释"实事求是"的理论旨趣。学者们认为,纵观马克思主义哲学乃至整个马克思主义理论体系,马克思、恩格斯都没有直接使用过"实事求是"这个词汇,但他们创立的辩证唯物主义和历史唯物主义,突出强调的就是"实事求是"。正是由于重视实践,马克思和恩格斯扬弃了"见物不见人"的纯粹唯物主义、

---

[1] 秦清清、唐珍名:《实事求是思想路线的湖湘文化渊源》,《湖南日报》2021 年 9 月 14 日。

[2] 李捷:《从岳麓书院牌匾到中央党校校训——党的实事求是思想路线溯源》,《新湘评论》2021 年第 4 期。

轻视实践而不理解现实人的直观唯物主义，实现哲学从"解释世界"的理论形态转向"改造世界"的实践形态，成为无产阶级革命者认识世界和改造世界的重要思想方法。

其三，从党的思想史维度探究"实事求是"思想路线的演进历程。近年来，国内有关中国共产党思想路线的研究呈现出三大特点：首先是从纵向上在比较中探讨中国共产党思想路线的丰富与发展的文章较多，特别是毛泽东关于实事求是的重要论述；其次是从理论层面上对中国共产党思想路线中的一些基本概念以及对中国共产党思想路线发展中各个时期一些重大问题的研究愈益深入；再次是根据当前思想理论界状况，提出要准确理解中国共产党思想路线，继续解放思想，反对各种错误思想。

诚然，目前已有的研究成果对于帮助理顺中国共产党实事求是思想路线的湖湘文化探源具有重要的指引和借鉴作用，为了进一步梳理与廓清两者的关系，必须客观认识到现有研究的不足之处，并以此为深挖切口和探究空间。一是现有研究思路主要立足于文本考据的静态视角，而不是揭示其精神实质上的内在关联，进而分析和探究驱动中国共产党实事求是思想路线生成的文化机理；二是现有研究逻辑探源党的实事求是思想路线，立足历史传统文化和马克思主义文本居多，对湖湘文化独有的涵育功能和特殊的演进理路关注较少；三是现有研究成果探源党的实事求是思想路线限于宏观意义上的概述，挖掘的史料不够充分，既没有在纵向上完整交代其"来龙去脉"，也没有在横向上全面具体说清其"血肉相连"。以上三方面的不足正是本书拟着力解决之处。

第三节　研究的内容与方法

一、研究对象

本书以"中国共产党实事求是思想路线的湖湘文化探源"这一问题为研究主线，具体对象包括：湖湘文化实事求是思想的历史基因、湖湘文化实事求是思想的革命语境、党的实事求是思想路线的理论超越、党的实事求是思想路线的湖湘使命等。

二、研究内容

本书重在从历史与现实的贯通、隐性与显性的共振、理论与实践的耦合、传承与超越的互促、学理与情理的呼应中，梳理好以下五个方面的内容。

（一）来路与生成：湖湘文化实事求是思想的历史基因

湖湘文化实事求是思想并非与生俱来的，主要受三个方面影响得以生发。其一，湖湘文化的"原道"精神与面向价值观念领域的"实事求是"。湖湘独特的地理环境、生存条件和文化禀赋，积淀出具有湖湘特色的群体风貌和精神品性，塑造湖湘学人为学追求大本大源、

16

致力上下求索、践行天人合一，对宇宙法则和社会人生根本性问题有强烈关注与追问。其二，湖湘文化的"实学"精神与面向社会现实领域的"实事求是"。湖湘文化历来强调"外王经世"。从早期湖湘学派的"留心经济之学"的实学倾向，到王夫之"即事以穷理"的唯物主义实学思想，再到曾国藩以经世致用重塑了古代"实事求是"内涵，对"实事求是"作出了解释，后有杨昌济"知行统一"思想，最后到毛泽东对"实事求是"的马克思主义诠释，其发展路径一脉相承。其三，湖湘文化的"理学"精神与面向人格道德领域的"实事求是"。体现为湖湘学者大都讲究道德修身，讲究内圣修养，追求所谓立德、立功、立言"三不朽"的人生境界。

（二）浸润与教化：湘籍无产阶级革命家的文化品格

无论是近代湖湘社会风气，抑或湖湘办学理念，还是岳麓书院"实事求是"校训的耳濡目染，在社会、学校、生活等层面客观构成了湖湘"实事求是"的整体文化氛围，潜移默化塑造了湘籍无产阶级革命家的文化品格。其一，视野上观照国家问题。湘学传统中的务实学风在中西文化冲突的历史背景下更显示以"观照国家"为基础的独特风貌。这深深影响了以毛泽东同志为主要代表的湘籍无产阶级革命家，形成了他们关注国家前途命运的文化自觉。其二，方法上强调经世致用。一方面注重探求所谓"宇宙真理"，要求抓"大本大源"；另一方面则突出强调经世务实，强调"真精神：实意做事，真心求学"。其三，行动上注重社会实践。湘学传统中的经世务实精神表现在知行关系上，特别突出"行"的重要性。道德修养上的这种重"行"精神，塑造了湘籍无产阶级革命家注重现实实践、"办事精细"的性格。

17

（三）赓续与转化：湖湘文化实事求是思想的革命语境

湖湘文化实事求是思想被以毛泽东同志为主要代表的湘籍无产阶级革命家传承和赓续后，转化为党的思想路线历经了三个发展阶段。其一，初步运用阶段（1919—1929），汲取湖湘文化实事求是思想的智慧和营养，以《中国社会各阶级的分析》《党的机会主义史》《湖南农民运动考察报告》等著作为代表，论证把马克思主义当作理论武器运用到实际工作的极端重要性。其二，系统阐发阶段（1929—1937），强调把马克思列宁主义的普遍原理与中国革命具体实践相结合，写出《反对本本主义》《论反对日本帝国主义的策略》《中国革命战争的战略问题》《实践论》和《矛盾论》等一系列光辉著作，提出并系统论证"实事求是"作为党的思想路线。其三，全面确立阶段（1937—1945），以《论共产党员的修养》《改造我们的学习》《整顿党的作风》《反对党八股》等著作为代表，进入突飞猛进、发生质的飞跃阶段。从在党的六届六中全会上明确提出马克思主义中国化的命题到 1942 年开始的"整风运动"再到党的七大，一切从实际出发、理论联系实际、实事求是的思想路线在党内军内全面确立。

（四）重构与创新：党的实事求是思想路线的理论超越

党的实事求是思想路线超越了湖湘文化实事求是思想的本真涵义，主要体现在四个方面。一是，中国语境中的历史唯物主义认识论命题。彰显了它是历史唯物主义与湖湘传统唯物思想相结合，并联系中国实际而形成的认识论产物。指出了实践调查是认识的基础，基于这种认识而产生的思想理论具有真理性。二是，中国化辩证历史唯物主义的标识性概念。湘籍无产阶级革命家在领会马克思主义本质的基础上，结合中国历史、湖湘文化和革命实践，赋予湖湘文化"实事求是"概念以新的内涵，既包含历史辩证唯物主义的世界观和方法论，又蕴含中国传统的文化智慧，还显现着实践意味。三是，马克思主义方法论的中国化表述。毛泽东用古语"实事求是"予其以中国文化思维的阐释。使得马克思主义方法论具有了中国的思维性、文化性和智慧性，而"理论必须要联系实际"的方法论表述在党的实事求是话语体系中亦占据主导地位。四是，党的思想理论的人民性表达。诠释了思想理论话语要被对象理解和接受，必须要采取生动活泼、人民日常交流的话语形式，在表达上符合时代性、体现人民性，而只有符合对象日常交流的话语表达形式才能完成这项任务。

（五）贡献与启思：党的实事求是思想路线的湖湘使命

一方面，其贡献体现在：湖湘文化实事求是思想是中国共产党的重要思想资源，转化成了中国化马克思主义的重要思想内容，深刻影响了中国共产党的思想路线。湖湘文化实事求是思想的概念和涵义超越了狭隘的地域局限，重新获得重要的革命语境和时代价值，参与和服务了现代中国革命的伟大历史进程，并给这个历史进程深深打上了湖湘文化烙印，而成为影响中国乃至世界的传统思想。另一方面，其启思表征为：在新时代，要通过挖掘和阐发湖湘文化在塑造中国共产党实事求是思想路线的特殊作用，促进新时代中华文化的创造性转化与创新性发展，更好传承和赓续中华文化中的红色基因，坚定文化自信，为以中国式现代化全面推进中华民族伟大复兴注入更加强大的文化力量。

三、研究思路

秉承以"中国共产党实事求是思想路线的湖湘文化探源"为主线，沿着"历史文本考察→基本理论分析→内在演进揭示→重估价值贡献"的逻辑思路开展研究。首先，从理论上深度探析湖湘文化实事求是思想的理论结构、内涵特性和生成机理；其次，通过对历史文献研究，全面梳理和总结湖湘文化涵养和塑造党的实事求是思想路线的整体性过程，揭示湖湘文化与党的实事求是思想路线的内在关联和演进逻辑；最后，科学评价湖湘文化对党的实事求是思想路线的历史贡献及其当代启思。

四、研究方法

文献研究法。根据研究主题"实事求是"，对现有的理论、实施和需要，构思有关文献的分析整理与归类方案，在保障可操作性的基础上，围绕研究目标有针对性、指向性地将其细分为具体的、可重复进行的文献研究活动。依托线上的文献数据库和线下的图书馆、珍藏馆、史料馆等，大量搜集、鉴别、查找、阅读和整理与本主题相关的古籍文献、经典著作、研究成果，既确保文献积累充实、丰富与全面，通盘梳理湖湘文化与党的实事求是思想路线的相关文献和研究成果，在对文献的研究中形成对事实的科学认识，以便充分了解湖湘文化涵养和塑造党的实事求是思想路线的内涵流变、历史进程和时代背景。

系统分析法。将"中国共产党实事求是思想路线的湖湘文化探源"的相关研究看作是一个系统工程，通过对其进行系统目标分析以理顺研究的重点，对其进行系统要素分析以廓清切入口，对其进行系统环境分析以把脉相关影响因子，对其进行系统资源分析以充实研究素材，对其进行系统管理分析以统筹研究效度，在准确诊断问题的基础上客观且深刻地揭示问题起因，进而提高有效研究方案。立足马克思主义理论、哲学、中共党史等学科的角度，综合运用多种学科知识系统分析，对湖湘文化涵养和塑造党的实事求是思想路线的历史演进与历史贡献进行全面系统的研究。注重在古今对比研究中进行思考，吸收学界新成果，以实现研究新突破。

逻辑演绎法。围绕湖湘文化涵养和塑造党的实事求是思想路线的内在逻辑，建立起整体性的理论分析框架，探究其演进机理和驱动机制。通过查找、整理、归总相关的成果，根据相关内容出场的时间顺序、主题、背景等建立坐标轴，观照时间序列上的演化方式和空间结构上的组成模式，在参考、借鉴、对比的过程中标注出内容、阐释的异同，进而勾勒出"实事求是"在湖湘文化中的发展图谱和理论超越，既总结归纳出显性内容，也在逻辑演绎中彰显出隐性内容，防止陷入绝对真理或"先验"真理的迷误，确保逻辑演绎出的结论是历史与现实的统一、理论与实践的统一、科学与价值的统一。

|第一章|
传统文化治学考据的实事求是

　　目前学界对于"实事求是"命题在中国历史长河中的发展演变脉络的全方位关注不多[1]。作为西汉古文经学派的一个考据学命

---

[1] 目前学界以"实事求是"命题在中国历史上的发展演变脉络为研究主题的学术成果并不多，主要有汪澍白：《"实事求是"探源——毛泽东对中国传统文化的评判继承》，《厦门大学学报（哲学社会科学版）》1987 年第 4 期；王兴国：《实事求是论——马克思主义"实事求是"命题与中国传统文化》，湖南人民出版社 1998 年版；王新民：《论"实事求是"含义的演变与发展》，《河北学刊》2001 年第 4 期；张宏华：《论毛泽东实事求是思想的传统文化渊源》，《理论探索》2003 年第 6 期；邵明厚、王光红：《"实事求是"思想源流考》，《菏泽学院学报》2008 年第 4 期；李佑新、陈龙：《毛泽东"实事求是"思想的湘学渊源》，《哲学研究》2010 年第 1 期；陈实：《论"实事求是"的思想源流与发展创新》，东北师范大学 2012 年硕士学位论文；尹幼君：《"实事求是"范畴的演化及其当代价值》，北京邮电大学 2017 年硕士学位论文；曹应旺：《毛泽东实事求是思想方法的中华文化渊源》，《毛泽东研究》2020 年第 2 期，等等。在上述成果中，除了王兴国的《实事求是论——马克思主义"实事求是"命题与中国传统文化》一书对"实事求是"命题的发展脉络进行了较为详细的梳理外，其余的研究多为概括性论述，或仅对"实事求是"的文献出处进行了溯源。况且，古人眼中的"实事求是"在相当长的时间内是作为一种面向文献考据的治经方法而存在的，所以要对"实事求是"命题的发展演变脉络进行全方位的揭示，就必须从经学的视域进行切入，而目前从这一视域对"实事求是"命题在中国历史上的发展演变脉络进行研究的成果极少。

题 [1]，"实事求是"原本为一种面向文献的"考证、辨伪、求真的治学态度与方法"[2]，与毛泽东进行马克思主义改造后的"实事求是"各有异同。"凡学不考其源流，不能通古今之变；不别其得失，无以获从入之途"[3]。厘清传统文化中"实事求是"命题的原初意涵及其发展演变脉络十分必要。

第一节　先秦时期"六经"的产生与 "实事求是"思想的起源

作为中国思想史上的一个重要命题，"实事求是"虽然为东汉大儒班固在《汉书·景十三王传》中正式提出，但该命题的思想内核实际渊源于先秦。无论是在六经还是孔、孟的著述中，或是在诸子百家的论著中，都能发现与"实事求是"命题密切相关的思想论述。

---

[1] 王兴国：《实事求是论——马克思主义"实事求是"命题与中国传统文化》，湖南人民出版社 1998 年版，第 3 页。

[2] 李佑新、陈龙：《毛泽东"实事求是"思想的湘学渊源》，《哲学研究》2010 年第 1 期。

[3] 〔清〕皮锡瑞：《经学历史》，载吴仰湘编：《皮锡瑞全集》，中华书局 2015 年版，第 1 页。

一、孔子删定"六经"与"实事求是"观念的萌芽

作为华夏民族最初的思想结晶，"'六经'是中国文化传统的最早源头，也是华夏民族核心价值的集中体现"[1]。《诗》《书》《礼》《乐》《易》《春秋》等"六经"堪称中华元典。无论是先秦诸子百家之学，还是秦汉以降的社会主流文化，莫不以"六经"为共同渊源。

"六经"体裁各异，涵盖了当时学问的所有方面，如《荀子·劝学篇》即认为，"六经"所载录的知识与价值体系"在天地之间者毕矣"[2]。而从核心主旨的角度来看，"六经"又归于一途，如章学诚所言："若夫六经，皆先王得位行道，经纬世宙之迹，而非托于空言"[3]。因此，欲探寻"实事求是"命题的思想根源，必然要上溯到"六经"。据章氏所言，"六经"文本的形成过程本身就是"非托于空言"的，展现出鲜明的真实性。而《汉书·艺文志》又载："古之王者世有史官，君举必书，所以慎言行，昭法式也。左史记言，右史记事，事为《春秋》，言为《尚书》，帝王靡不同之"[4]。《隋书·经籍志》进而总结道："书契已传，绳木弃而不用，史官既立，经籍于是兴焉"[5]。由此可见，"六经"最初由先秦时期的史官编纂而成，其原始文本是史官对历史事件的真实记录。

---

[1] 姜广辉、吴国龙：《传统之源——兼谈六经的价值》，《湖南大学学报（社会科学版）》2013年第4期。

[2] 梁启雄：《荀子简释》，中华书局1983年版，第8页。

[3]〔清〕章学诚著，叶瑛校注：《文史通义校注》，中华书局1985年版，第3页。

[4]〔汉〕班固撰：《汉书·艺文志》，中华书局1962年版，第1715页。

[5]〔唐〕魏征、令狐德棻撰：《隋书·经籍志》，中华书局1973年版，第903—904页。

在这里，我们尤其需要注意的是，班固明确在《汉书·艺文志》中归纳出先秦史官书写历史的基本原则："君举必书"——用今天的话来说，就是如实地记录君王的一言一行，确保史书的真实性与客观性。这不正是后世学者所强调的"实事求是"命题的核心内涵之一？

《左传》还记载了多个先秦史官为了确保史书的真实性与客观性而不畏强权、秉笔直书的案例，可作为"君举必书"原则在先秦史官群体中得到认同与坚守的直接佐证。如《左传·宣公二年》记载，太史董狐不畏权贵，直书"赵盾弑其君"，以示于朝，因而得到了孔子"董狐，古之良史也，书法不隐"[1]的赞誉；又如《左传·襄公二十五年》载"太史书曰：'崔杼弑其君'，崔子杀之，其弟嗣书而死者，二人。其弟又书，乃舍之。南史氏闻大史尽死，执简以往。闻既书矣，乃还"[2]。史官们为了揭示崔杼弑君的罪行，给后世留下真实可信的史料，不惜以血肉之躯对抗强权，前赴后继、临死不惧。这种在经学原始文本的书写中所展现出来的求真尚实的治学态度与方法，为"实事求是"命题的提出奠定了基础。

而最先在治经过程中实践了"实事求是"思想理念的先秦思想家，正是被誉为至圣先师的孔子。孔子删定"六经"的创举，不仅为后人提供了"六经"的确定性文本，还为"六经"填充了价值属性的内核，标志着经学的初步形成。如皮锡瑞认为："经学开辟时代，断

---

[1] 〔清〕阮元校刻：《十三经注疏(清嘉庆刊本)·春秋左传正义》，中华书局 2009 年版，第 4054 页。

[2] 〔清〕阮元校刻：《十三经注疏(清嘉庆刊本)·春秋左传正义》，中华书局 2009 年版，第 4307 页。

自孔子删定六经为始。"[1]最先作为经学考据学命题而被提出的"实事求是",其直接端绪正在于孔子及其所删述的"六经"。

《论语·述而》载孔子自述其治学宗旨云:"述而不作,信而好古"[2]。这一宗旨尤其体现在孔子删述"六经"的过程中。因周室衰微、诸侯混战导致"六经"的原始材料残缺不全,孔子欲删述"六经",最首要也是最核心的一步就是要对"六经"的原始文本进行搜集、辨伪与择取。对孔子所做的这一工作,《史记·孔子世家》载云:

（孔子）追迹三代之礼,⋯⋯曰:"夏礼吾能言之,杞不足征也。殷礼吾能言之,宋不足征也。足,则吾能征之矣。"观殷夏所损益,曰:"后虽百世可知也,以一文一质。周监二代,郁郁乎文哉。吾从周。"故《书传》《礼记》自孔氏。[3]

司马迁所引孔子自述的前一句出自《论语·八佾》,因其在引用时有所省略,故特录孔子原文于下:

夏礼吾能言之,杞不足征也。殷礼吾能言之,宋不足征也。文献不足故也。足,吾能征之矣。[4]

---

[1]〔清〕皮锡瑞:《经学历史》,载吴仰湘编:《皮锡瑞全集》,中华书局 2015 年版,第 1 页。

[2]〔清〕阮元校刻:《十三经注疏（清嘉庆刊本）·论语注疏》,中华书局 2009 年版,第 5390 页。

[3]〔汉〕司马迁撰:《史记·孔子世家》,中华书局 1982 年版,第 1935—1936 页。

[4]〔清〕阮元校刻:《十三经注疏（清嘉庆刊本）·论语注疏》,中华书局 2009 年版,第 5357 页。

　　据上述两则引文可知，作为精通礼学的孔子，在删述"六经"的时候，时刻保持着一种自觉的实证精神：夏礼、殷礼孔子虽然能言，但因为夏、殷的后裔杞、宋"文献不足"，又无贤者验证，不能完全证实，故孔子无法取夏礼、殷礼来引证；而周礼尚"郁郁乎文哉"，所以孔子在删述《礼》经时只能以"从周"为基本导向。除《礼》经之外，孔子在删削其他五经时亦秉承这种求真尚实的精神，哪怕是"笔则笔，削则削"[1]、蕴藏着孔子之志的《春秋》[2]，都是"因史记作"[3]，而不是随意而成。

　　另外，在《论语》中，孔子亦多次表达出求真尚实的思想倾向。如在各类知识与技能的学习上，孔子鼓励学生要"多闻阙疑""多见阙殆"[4]，"知之为知之，不知为不知"[5]，即勤勉学习与尊重客观事实相统一。而当子路对"正名"一事草率地发表批评，孔子立即告诫道："野哉，由也，君子于其所不知，盖阙如也"[6]，即对待自己不明白的事，要以诚实为本，切莫主观臆测。而且，孔子在对自我的要求上，也始终保持着"实事求是"的态度，即"子绝四——毋意，毋

---

[1] 〔汉〕司马迁撰：《史记·孔子世家》，中华书局 1982 年版，第 1944 页。

[2] 孔子曾说："吾志在《春秋》，行在《孝经》。"见〔清〕阮元校刻：《十三经注疏（清嘉庆刊本）·春秋公羊传注疏》，中华书局 2009 年版，第 4759 页。

[3] 〔汉〕司马迁撰：《史记·孔子世家》，中华书局 1982 年版，第 1943 页。

[4] 〔清〕阮元校刻：《十三经注疏（清嘉庆刊本）·论语注疏》，中华书局 2009 年版，第 5348 页。

[5] 〔清〕阮元校刻：《十三经注疏（清嘉庆刊本）·论语注疏》，中华书局 2009 年版，第 5348 页。

[6] 〔清〕阮元校刻：《十三经注疏（清嘉庆刊本）·论语注疏》，中华书局 2009 年版，第 5445 页。

必，毋固，毋我”[1]。

总之，孔子虽然没有正式提出“实事求是”的命题，但孔子在其治学处世当中，无不秉承“实事求是”的思想理念。

二、战国时代诸子百家思想中的“实事求是”因素

在政治与社会经济层面，战国时代所呈现的是诸侯征战、社会动荡、民不聊生的惨烈景象。但在思想与文化层面，战国时代堪称一个百花齐放、百家争鸣的思想繁荣时期。不过，正如太史公司马谈所总结的那样，诸子百家在战国时代的“你方唱罢我登场”，虽然从表面上看是“道术为天下裂”，但其终极目标都是为了治理乱世，“夫阴阳、儒、墨、名、法、道德，此务为治者也，直所从言之异路，有省不省耳”[2]。既然都是“务为治者”，那么就决定了诸子百家的哲人们必然要注重实际，方能提供有效的治世之方。正是在这样的时代背景下，战国诸子的思想中无不闪现出“实事求是”的因素。

如战国早期的墨子针对如何明辨“有命论”的问题提出了著名的“三表法”：

何谓三表？子墨子言曰：有本之者，有原之者，有用之者。于何本之？上本之于古者圣王之事；于何原之？下原察百姓耳目之实；于何用之？废以为刑政，观其中国家百姓人民之利。此所

---

[1]〔清〕阮元校刻：《十三经注疏（清嘉庆刊本）·论语注疏》，中华书局 2009 年版，第 5407 页。

[2]〔汉〕司马迁撰：《史记·太史公自序》，中华书局 1982 年版，第 3288—3289 页。

谓言有三表也。[1]

墨子指出，人们判断客观事物要以"三表"为标准。第一表是"上本之于古者圣王之事"，即向上探求古代圣王的事情，判断其是否与历史经验一致；第二表是"下原察百姓耳目之实"，即向下审查百姓眼见耳闻的实情，检查其是否与百姓感受到的实际情况一致；第三表是"废以为刑政，观其中国家百姓人民之利"，即将其利用在治国理政上，看是否与国家和人民的利益一致。"三表法"的判断标准囊括历史经验、人心向背和社会实际效果，具有鲜明的"实事求是"思想色彩。

战国中期的孟子作为孔子的坚定追随者，亦颇注重求真尚实。如针对虚言盈世的情况，孟子批判道："言无实不祥，不祥之实，蔽贤者当之。"[2]这是说，君子之言必须符合事实、言之有物，否则那些阻挡贤才进用的人当承受虚言所带来的后果。在治学上，孟子提出了"知人论世"的原则："颂其诗，读其书，不知其人，可乎？是以论其世也。是尚友也。"[3]孟子认为，要想进入古人的思想世界，不仅要吟诵他们的诗歌，研究他们的著作，还要研究他们的时代，以便实事求是地理解这个人。

荀子身处天下即将一统之际，故而尤为重视实际、讲究"论必有

---

[1]〔清〕孙诒让撰：《墨子间诂》，中华书局 2001 年版，第 265 页。

[2]〔清〕阮元校刻：《十三经注疏（清嘉庆刊本）·孟子注疏》，中华书局 2009 年版，第 5931 页。

[3]〔清〕阮元校刻：《十三经注疏（清嘉庆刊本）·孟子注疏》，中华书局 2009 年版，第 5974 页。

验"。他强调："故善言古者必有节于今；善言天者必有征于人。凡论者，贵其有辨合，有符验。故坐而言之，起而可设张而可施行。"[1]荀子认为，好谈论古代的事物的，一定要有现今的事情作验证，喜欢谈论天道的，一定要有人世间实际发生的事情作根据。无论谈论什么事情，最重要的是要能够被证实、被检验。只有这样，坐下来讨论好的事，起身才能立即布置施行。荀子"论必有验"的思想无疑是对孔子求真尚实思想的发展，在后世有着重要的影响。如韩非子就在乃师的基础上提倡一切判断都要以事实为根据，即"循名实而定是非，因参验而审言辞"[2]。

综上而言，战国诸子的思想中大多包含着"实事求是"命题的有机因素。他们从不同维度对如何讲求实际、以事实检验事物的讨论，为"实事求是"命题在汉代的正式提出奠定了理论基础。

第二节　汉代古文经学的兴起与"实事求是"考据学风的形成

虽然"六经"的文本在先秦已由孔子删定，但严格来说，汉代才是儒家经学的确立阶段。因为自汉武帝"罢黜百家，独尊儒术"之

---

[1]〔清〕王先谦撰：《荀子集解》，中华书局1988年版，第440页。
[2]〔清〕王先慎：《韩非子集解》，中华书局1998年版，第100页。

后，儒家经学才真正获得官学地位，成为官方意识形态。汉代的经学主要分为今文经学与古文经学两派。所谓的今文经学，是指经师传述的儒家经典是用汉代通行的隶书写成定本，因而名之为今文经；而古文经学，就是学者们所根据的儒家经典是用先秦古文写成，故名之为古文经。不过，在西汉初期，经师所传授的大都是今文经，而无古文旧本。因此，汉武帝时所设立的五经博士用的都是今文经。西汉中期以后，古文经学逐渐兴起，并形成了"实事求是"的考据学风。今文经学、古文经学经过了长时间的相互渗透与斗争，最终走向合流。汉代覆亡以后，"实事求是"的考据学风随着经学的发展不断得到传承。

一、西汉前期经学的曲折发展与儒家典籍的恢复

秦始皇三十四年（前213年），因淳于越的"是古非今"之谏，始皇大怒，于是"焚诗书，坑术士，六艺从此缺焉"[1]。几年后，项羽攻入咸阳，收藏在秦宫的典籍亦付之一炬。汉继秦而立，深刻吸取秦王朝因实行严刑峻法与"焚书坑儒"政策二世而亡的教训，试图采用德治来稳固民心。儒学虽然在"序君臣父子之礼，列夫妇长幼之别"[2]上具有突出优势，是施行德治最理想的思想资源之一，但汉初儒学的复兴与经学的确立还是经历了一个较为曲折的过程。

其中一个重要的原因是汉初的统治者选择了黄老思想作为统治思想，施行"无为而治""与民休息"的根本政策。当然，这个选择是

---

[1]〔汉〕司马迁撰：《史记·儒林列传》，中华书局1982年版，第3116页。
[2]〔汉〕司马迁撰：《史记·太史公自序》，中华书局1982年版，第3289页。

在不得已的情况下做出的。据《史记·平淮书》载："汉兴，接秦之弊，丈夫从军旅，老弱转粮饟，作业剧而财匮，自天子不能具钧驷，而将相或乘牛车，齐民无藏盖。"[1]由此可见，在连续经历了春秋战国数百年之乱与秦末的残酷战争之后，当时的社会已经是民生凋敝至极、遍地疮痍满目，连天子的车驾都找不到四匹同颜色的马。在这样的社会背景下，只有以清静无为的黄老思想施政，才能最大程度恢复社会经济。

况且，汉高祖刘邦是草莽出身，本不喜儒生，"沛公不喜儒，诸客冠儒冠来者，沛公辄解其冠，溺其中。与人言，常大骂。未可以儒生说也"[2]。只是在定鼎中原之后，为了国家礼制的建设与社稷的稳定，汉高祖在陆贾等儒生的劝谏下才一改"居马上得天下"的蛮气，转而杂用包括儒家在内的诸家思想来治理社会。汉高祖之后，文、景二帝虽然延续"无为而治"的方针，但儒学在社会上的地位已经开始逐渐抬升。如汉景帝时期，辕固生、胡毋生、董仲舒等儒者进入朝廷为博士，一度威胁到黄老道家的统治地位。但汉景帝的母亲窦太后偏好黄老，对儒学进行了无情的打压，如《史记·孝武本纪》载：

> 而上乡（向）儒术，招贤良，赵绾、王臧等以文学为公卿，欲议古立明堂城南，以朝诸侯，草巡狩、封禅、改历、服色事未就，会窦太后治黄老言，不好儒术，使人微伺，得赵绾等奸利事，召案绾、臧，绾、臧自杀，诸所兴为者皆废。[3]

---

[1]〔汉〕司马迁撰：《史记·平淮书》，中华书局1982年版，第1417页。

[2]〔汉〕班固撰：《汉书·郦陆朱刘叔孙传》，中华书局1962年版，第2105—2106页。

[3]〔汉〕司马迁撰：《史记·孝武本纪》，中华书局1982年版，第452页。

汉武帝甫一即位，即任用儒学之士，欲以儒治国。但其重用的赵绾、王臧等儒臣，都被窦太后设计逼迫自杀。直到窦太后于汉武帝建元六年（前 135 年）去世，儒家经学才迎来了登上历史主舞台并走向繁荣的契机。

儒家经学在汉初发展较为曲折的另一个原因是《诗》《书》《礼》《乐》等儒家经籍遭秦火之后已荡然无存，仅有《易》以卜筮之书幸存。如《史记·楚元王传》载："汉兴，去圣帝明王遐远，仲尼之道又绝，法度无所因袭。时独有一叔孙通略定礼仪，天下唯有《易》卜，未有它书。"[1]汉初承以秦制，学界尚呈万马齐喑之态。直到汉惠帝四年（前 191 年），"挟书律"除 [2]，儒林稍复活力。文、景之时，"大收篇籍，广开献书之路"[3]，儒家经籍的重新收集、整理与校勘工作才正式揭开序幕。

据史籍所载，当时"献书"的来源主要有三。一是来自秦代遗老的口传笔录。由于秦朝仅历时 15 年，故至汉文、景之时，一大批秦朝遗老尚在人世，通过他们的口传笔录，一些儒家经籍得以再现人间。如济南伏生将《尚书》藏于壁中，"汉兴亡失，求得二十九篇，以教齐鲁之间"[4]，又如曾做过魏文侯乐人的窦公，在孝文帝时"献其书，乃《周官·大宗伯》之《大司乐》章也"[5]，等等。二是来自先秦建筑遭破坏后的意外之得。如《汉书·艺文志》载："鲁共王坏孔子

[1]〔汉〕司马迁撰：《史记·楚元王传》，中华书局 1982 年版，第 1968 页。

[2]〔汉〕班固撰：《汉书·惠帝纪》，中华书局 1962 年版，第 90 页。

[3]〔汉〕班固撰：《汉书·艺文志》，中华书局 1962 年版，第 1701 页。

[4]〔汉〕班固撰：《汉书·艺文志》，中华书局 1962 年版，第 1706 页。

[5]〔汉〕班固撰：《汉书·艺文志》，中华书局 1962 年版，第 1712 页。

宅，欲以广其宫，而得《古文尚书》及《礼记》《论语》《孝经》凡数十篇，皆古字也。"[1]值得注意的是，鲁共王的这一次冒犯之举，意外地发现了用古文书写的儒经，揭开古文经学兴起的序幕。三是来自地方诸侯王或相关官员的个人收藏与进献。其中最有名的就是河间献王刘德，《汉书·景十三王传》载其"得书多，与汉朝等"[2]。由于下节将对刘德的事迹做详细介绍，故于此不具言。

正是通过秦朝遗老所传、鲁共王毁孔壁所得和河间献王刘德等所献，先秦的古籍得以部分恢复。后来，汉武帝"于是建藏书之策，置写书之官，下及诸子传说，皆充秘府"[3]，又经刘向、刘歆父子等精心校勘，儒家典籍才得以大备。

二、刘德"修学好古"与"实事求是"命题的提出

河间献王刘德不仅在汉初经学发展与儒家典籍的恢复过程中作出了突出贡献，而且"实事求是"作为经学考据学命题的首次出现，亦是在班固所撰的《汉书·景十三王传》中。因此，我们有必要先对刘德及其思想进行必要梳理，才能对"实事求是"命题形成与发展的历史有更深入的理解。

刘德，汉景帝刘启第二子，生母为栗姬，约生于公元前172年，卒于公元前130年，是汉武帝刘彻之兄。景帝二年（前155年）被立为河间王，定都乐城，即今河北省献县。西汉列国诸侯王数以百计，

---

[1]〔汉〕班固撰：《汉书·艺文志》，中华书局1962年版，第1706页。

[2]〔汉〕班固撰：《汉书·景十三王传》，中华书局2012年版，第2100页。

[3]〔汉〕班固撰：《汉书·艺文志》，中华书局1962年版，第1701页。

除少数觊觎皇位谋求叛乱外，大多沉迷于享乐，惟刘德"好儒学，被服造次必于儒者"[1]。汉武帝元光五年（前130年），刘德赴长安朝见汉武帝，"献雅乐，对三雍宫及诏策所问三十余事。其对推道术而言，得事之中，文约指明"[2]，可见刘德确如班固所誉之"卓尔不群"[3]，但亦因此深为汉武帝所忌。刘德无奈，只好"纵酒听乐"[4]，不久后即去世，立国凡26年。因其"聪明睿智"，汉武帝特准其谥为"献"。

从汉到今，世人多对河间献王刘德以藏书家目之，而实际上，刘德还兼具经学家的身份，对汉代古文经学的发展作出了重要贡献，具体表现在以下几个方面。

首先，刘德凭借诸侯王的身份，积极向民间征集古书，为汉代古文经学的兴起奠定了文本基础。《汉书·景十三王传》记载："（刘德）从民得善书，必为好写与之，留其真，加金帛赐以招之。由是四方道术之人不远千里，或有先祖旧书，多奉以奏献王者，故得书多，与汉朝等。"[5]刘德常以高价招引民间藏书家献书，并且在自己留下真本的同时，必抄录副本送还给书主。这样，四方的藏书之人不远千里都来给刘德献书，哪怕是先祖传下来的旧书，也在所不惜。刘德因此获书极多，可与中央王朝媲美。值得注意的是，《汉书·景十三王传》特

[1]〔汉〕司马迁撰：《史记·五宗世家》，中华书局1982年版，第2093页。

[2]〔汉〕班固撰：《汉书·景十三王传》，中华书局2012年版，第2100页。

[3]〔汉〕班固撰：《汉书·景十三王传》，中华书局2012年版，第2120页。

[4]《史记集解》引杜业之奏云："河间献王经术通明，积德累行，天下雄俊众儒皆归之。孝武帝时，献王朝，被服造次必于仁义。问以五策，献王辄对无穷。孝武帝艴然难之，谓献王曰：'汤以七十里，文王百里，王其勉之'。王知其意，归即纵酒听乐，因以终。"见司马迁撰：《史记·五宗世家》，中华书局1982年版，第2094页。

[5]〔汉〕班固撰：《汉书·景十三王传》，中华书局2012年版，第2100页。

意说明"献王所得书皆古文先秦旧书"[1]。也就是说，刘德在收集经书时偏爱用古籀文撰写的先秦旧书。而据现存资料，刘德所收集的先秦旧书主要包括以下十一种：

序号	先秦旧书名	所据材料
1	《周官》	《汉书·景十三王传》云："献王所得书皆古文先秦旧书，《周官》《尚书》《礼》《礼记》《孟子》《老子》之属，皆经传说记，七十子之徒所论。"
2	《尚书》	同上
3	《仪礼》	同上
4	《礼记》	同上
5	《孟子》	同上
6	《老子》	同上
7	《毛诗》	《汉书·儒林传》云："毛公，赵人也。治诗，为河间献王博士。"又《汉书·景十三王传》云："其学举六艺，立《毛氏诗》《左氏春秋》博士。"
8	《左传》	《汉书·景十三王传》云："其学举六艺，立《毛氏诗》《左氏春秋》博士。"
9	《论语》	《论衡·正说》云："夫论语者，弟子共纪孔子之言行……汉兴失亡。至武帝发取孔子壁中古文，得二十一篇，齐、鲁二，河间九篇，三十篇。"
10	《孝经》	宋人唐仲友《孝经解序》："更秦不学，汉河间献王得之颜芝家，凡十八章。"
11	《乐语》（另有《乐元语》，均为乐类）	《汉书·食货志》颜注引邓展语云："《乐语》，《乐元语》，河间献王所传，道五均事。"

　　除汉初盛行的《老子》外，刘德所收集的均为儒家经典。汉代古文经学以《周官》《毛诗》《左传》为主，刘德不仅三经都有收集，而且据学者考证，汉世《周官》《毛诗》最先出自河间[2]，经刘德献于

---

[1]〔汉〕班固撰：《汉书·景十三王传》，中华书局 2012 年版，第 2100 页。

[2] 钟肇鹏：《河间献王的儒学思想与古文经学》，《传统文化与现代化》1999 年第 2 期。

朝廷，方广为流布，而《左传》虽出自张苍，但刘德最先将其设为博士，故其流播之功，尤不可忽视。

其次，刘德不仅本人精于经术，还广延儒士，积极推动儒学的发展。在《说苑》与《春秋繁露》中，还存有刘德的佚文数则，均以推崇尧、舜之德，服膺孔孟之道为宗旨。如《说苑·君道》载：

> 河间献王曰："尧存心于天下，加志于穷民，痛万姓之罹罪，忧众生之不遂也。有一民饥，则曰：'此我饥之也。'有一人寒，则曰：'此我寒之也。'一民有罪，则曰：'此我陷之也。'仁昭而义立，德博而化广，故不赏而民劝，不罚而民治。先恕而后教，是尧道也"。[1]

刘德以尧的爱民事迹为例，表达了其祖述尧舜，以仁义治民的思想。一个诸侯王如此尚儒好古，自然会引得四方儒士辐辏。如《史记集解》即引杜业奏云："河间献王经术通明，积德累行，天下雄俊众儒皆归之。"[2]而刘德也乐于广延儒士，据《三辅黄图》记载，"河间献王德，筑日华宫，置客馆二十余区，以侍学士。自奉养甚薄，不逾宾客"[3]除此之外，刘德还率先设立《毛诗》《左氏春秋》博士，开宣扬发展古文经学风气之先[4]，清儒戴震据此而赞扬刘德

---

[1]〔汉〕刘向撰，向宗鲁校证：《说苑校证》，中华书局1987年版，第5页。

[2]〔汉〕司马迁撰：《史记·五宗世家》，中华书局1982年版，第2094页。

[3]何清谷：《三辅黄图校释》，中华书局2005年版，第221—222页。

[4]黑琨：《试谈河间献王对古文经学的贡献》，《济南大学学报》2003年第6期。

"识固卓卓"[1]。

此外，刘德还带领众儒以"实事求是"的考据学方法治经，为古文经学派治经范式的形成作出了关键性的贡献。班固曾如此描述刘德的治经方法："（刘德）从民得善书，必为好写与之，留其真，加金帛赐以招之。"[2]从班固所言情况来看，我们发现刘德治经注重两个方面：一是务求"善书"，即注重经书的内容之善；二是"留其真"，即注重经书的版本之"真"。一言以蔽之，刘德注重采用内容准确、版本真实的经书治学，体现出重视事实、讲究实证的精神。在《汉书·景十三王传》中，班固对刘德的这种治学精神予以高度评价，并将其归纳为四个字，即"实事求是"[3]。对于"实事求是"的本来含义，颜师古注云："务得事实，每求真是也。"[4]所谓"实事"，即"务得事实"，就是要验明文献材料的真实情况；而"求是"，即为"每求真是"，也就是要"求得真实的结论"。因此，"实事求是"本义就是：做学问要对材料进行校勘和辨伪，以求得真实的结论。至此，"实事求是"作为一个经学考据学的实证命题被正式提出。后世汉代古文经学家的治经范式，便是在"实事求是"的治经原则的基础上构建完成的。

三、东汉的古文经学及其"实事求是"的考据学风

元光元年（前134年），汉武帝下诏求贤良方正之士，董仲舒应

[1]〔清〕戴震：《戴震文集》，中华书局1980年版，第1页。
[2]〔汉〕班固撰：《汉书·景十三王传》，中华书局2012年版，第2099页。
[3]〔汉〕班固撰：《汉书·景十三王传》，中华书局2012年版，第2099页。
[4]〔汉〕班固撰：《汉书·景十三王传》，中华书局2012年版，第2100页。

诏，献上"天人三策"。其中第三策云："诸不在六艺之科、孔子之术者，皆为其道，勿使并进。"[1]汉武帝采用了董仲舒的建议。这一事件后来被班固概括为"罢黜百家，表彰六经"[2]，昭示着儒家经学的正式确立。

需要说明的是，纵然早在汉武帝执政时期刘德就已经带领一帮儒生开始古文经学的研究，但终西汉一朝，经学的主流一直是今文经学，如西汉所立十四博士都是今文学家。汉哀、平之际，刘歆争立古文经学于学官，遇到了巨大阻力，后因依附王莽，才借机使得《左传》等得以立于学官。王莽篡汉，刘歆身居高位，古文经学顺势得以与今文经学并驾齐驱。而且，因托古改制的需要，作为古文经的《周礼》还一度成为三礼之首。

到了东汉，古文经学并未因王莽篡逆之事而受到连累，反而得到了快速发展，不仅一时间大师辈出，连皇帝也开始主动诏用治古文经学的人才，如汉章帝诏曰：

> 《五经》剖判，去圣弥远，章句遗辞，乖疑难正，恐先师微言将遂废绝，非所以重稽古，求道真也。其令群儒选高才生，受学《左氏》《穀梁春秋》《古文尚书》《毛诗》，以扶微学，广异义焉。[3]

---

[1]〔汉〕班固撰：《汉书·董仲舒传》，中华书局 1962 年版，第 2523 页。

[2]〔汉〕班固撰：《汉书·武帝纪》，中华书局 1962 年版，第 212 页。

[3]〔晋〕范晔撰，〔唐〕李贤等注：《后汉书·肃宗孝章帝纪》，中华书局 1965 年版，第 145 页。

古文经学的兴起亦促进了"实事求是"考据学风的兴盛与发展。刘歆公开倡导古文经学之前,因为古文经书多古音、古字,大多数研习古文经学的学者都还只是训诂文字,如《汉书·楚元王传》记载"初,《左氏传》多古字、古言,学者传训故而已"[1]。当然,注重训诂文字,以求得经典的本意,本身也是一种"实事求是"。所以钱穆对古文经学家的这种治经方式表示认同:"大抵今文诸家,上承诸子遗绪,用世之意为多。古文诸家,下开朴学先河,求是之心为切。"[2]到了东汉时期,以郑玄为代表的古文经学家在治经时开始博采众经,参互钩稽,创立了"实证之学":

> 汉代传经,专门授受,自师承以外,罕肯旁征。故治此经者,不通诸别经;即一经之中,此师之训故,亦不通诸别师之训故。专而不杂,故得精通。自郑元(玄)淹贯六艺,参互钩稽,旁及纬书,亦多采摭,言考证之学者自是始。[3]

西汉经学家重"家法",学者们幼童而守一艺,沿袭师说而不敢动一字。但长期固守"家法",只会让经学愈加固化,失去发展的可能。因此,追寻圣人本意者必然要折中众经,创立新说。郑玄所开创的"考证之学","淹贯六艺,参互钩稽,旁及纬书,亦多采摭",看似破坏了"家法",但是其解经的目的是——考求名物制度之实。如

---

[1] 〔汉〕班固撰:《汉书·楚元王传》,中华书局1962年版,第1967页。

[2] 钱穆:《两汉经生经今古文之争》,载《国学概论》,商务印书馆1997年版,第120页。

[3] 〔清〕永瑢等撰:《四库全书总目》,中华书局1965年版,第278页。

朱熹对郑玄的考证之学就多有赞誉："郑康成是个好人，考礼名数大有功，事事都理会得。"[1]从这一角度来看，郑玄的"考证之学"正是对刘德"实事求是"治经方法的继承与创新。

第三节　魏晋至隋唐时期儒生对"实事求是" 考据学风的继承

因戚宦之乱引发的黄巾起义最终导致东汉崩解，秦、汉两朝延续四百多年的"大一统"局面被打破。接续而来的魏晋南北朝时期，华夏大地上政权林立、战火不断。同时，玄学、佛教与道教亦趁着汉末的乱世迅速兴起，一度成为社会上的显学。在如此艰难的情况下，魏晋南北朝的儒生依旧坚守孔孟之道，不仅让经学获得了新的发展，同时还让"实事求是"的考据学风得到延续。

一、魏晋南北朝时期的注疏之学与考据学风的流播

魏晋南北朝时期因时局动荡，玄学、佛教与道教盛行，而常被人视为经学的衰落期。如皮锡瑞认为，"经学盛于汉，汉亡而经学

---

[1]〔宋〕黎靖德编：《朱子语类》，中华书局 1986 年版，第 2226 页。

衰"[1]，魏晋乃经学"中衰时代"。为了证明这一观点，皮锡瑞还作了详细的说明：

> 重以永嘉之乱，《易》亡梁丘、施氏、高氏，《书》亡欧阳、大小夏侯，《齐诗》在魏已亡，《鲁诗》不过江东，《韩诗》虽存，无传之者，孟、京、费《易》亦无传人，《公》《穀》虽在若亡。晋元帝修学校，简省博士，置《周易》王氏，《尚书》郑氏，古文《尚书》孔氏，《毛诗》郑氏，《周官》《礼记》郑氏，《春秋左传》杜氏、服氏，《论语》《孝经》郑氏，博士各一人。太常荀崧上疏，请增置郑《易》《仪礼》及《春秋》公羊、穀梁博士各一人。时以为《穀梁》肤浅，不足立。王敦之难，复不果行。晋所立博士，无一为汉十四博士所传者，而今文之师法遂绝。[2]

仅从今文经学的角度来看，皮锡瑞所举之例确实颇有说服力。但是若从经学整体发展的角度来看，似乎情况又不一样。一方面，虽然今文经学在魏晋时代确实丧失了西汉时的垄断地位，但古文经学在魏晋时代不仅从未丧失话语权，反而还取得了一定的发展；另一方面，经学与玄学、佛学在竞争中不断融合，不仅产生了经学的义疏体，还逐步形成了义理化的经学，更新了经学的形态与学术范式。况且，从这一时期社会政治、思想、文化教育的基本倾向看，儒家的三纲五常

---

[1]〔清〕皮锡瑞：《经学历史》，载吴仰湘编：《皮锡瑞全集》，中华书局 2015 年版，第 47 页。

[2]〔清〕皮锡瑞：《经学历史》，载吴仰湘编：《皮锡瑞全集》，中华书局 2015 年版，第 52 页。

仍然是各朝各代统治者治国安邦的指导思想，以"忠""孝"为核心的儒家传统伦理规范仍被尊为最高的道德原则，社会教育仍以儒家经学为法定的正宗[1]。因此，魏晋时代不应该被称作经学的中衰时代，而应该叫作经学的转型时代。

从治学风格的层面来看，随着古文经学在魏晋南北朝的不断发展，"实事求是"的考据学风亦随之不断流播开来。

先看魏晋时期。曹魏时期的王肃是继郑玄之后又一个遍注群经的经学大家。但王肃对郑玄混乱"家法"的做法非常不满。于是，王肃在继承家学的基础上，遍考诸经而成一家之言，并利用考据之法纠正了郑玄的不少错谬，故而有"王肃出而郑学亦衰"[2]之说。

正始之后，玄风大起，清谈盛行。以何晏、王弼为代表的玄学家试图以玄理解经，开创了一种玄学化经学的经学新形态。但仍有经学家秉承"实事求是"的考据学风。如被称为"杜武库"的杜预，便是这样一个代表。杜预的《春秋左传集解》有两大特点：一是"分《经》之年与《传》之年相附，比其义类，各随而解之"[3]，即让《春秋经》和《春秋左氏传》按年相配，合而释之；二是杜氏之作不仅在解经体例上精密完备，而且还将《左传》与众家谱第以及汲冢《竹书纪年》相对照，体现出"实事求是"的治学品格。

到了南北朝以后，因南北对峙局面的长期持续，南北经学亦体现

---

[1] 李金河：《魏晋南北朝经学述论》，《山东大学学报（哲学社会科学版）》1997年第1期。

[2] 〔清〕皮锡瑞：《经学历史》，载吴仰湘编：《皮锡瑞全集》，中华书局2015年版，第50页。

[3] 〔清〕阮元校刻：《十三经注疏（清嘉庆刊本）·春秋左传正义》，中华书局2009年版，第3689页。

出不同的风格。正如李延寿的《北史》所描述的那样：

> 大抵南北所为章句，好尚互有不同。江左，《周易》则王辅嗣，《尚书》则孔安国，《左传》则杜元凯。河洛，《左传》则服子慎，《尚书》《周易》则郑康成。《诗》则并主于毛公，《礼》则同遵于郑氏。南人约简，得其英华；北学深芜，穷其枝叶。[1]

据上可知，南方士人多喜义理之学，而北方士人则犹谨守汉儒章句训诂之学。故仅就"实事求是"考据学风的层面来说，是北盛于南。以北魏为例，不仅经师众多，而且崇尚考辨名物训诂，不尚空谈。如李谧在其所著的《明堂制度论》中开篇即指出："余谓论事辨物，当取正于经典之真文；援证定疑，必有验于周孔之遗训，然后可以称准的矣。"[2]因此，李谧对明堂制度的考辨，便是以《仪礼》原文为判断根据，以训诂为方法，博采先贤之言，"参其同异，弃其所短，收其所长，推义察图，以折厥衷"[3]，此正乃汉儒"实事求是"治学态度与方法的体现。

值得注意的是，北朝经士对"实事求是"考据学风的重视还催生了一些学者对考据学理论的探讨。北齐的颜之推就曾多次谈到考据的重要性与方法等问题。如在《颜氏家训·勉学》中，颜之推强调了"小学"的重要性：

---

[1]〔唐〕李延寿撰：《北史·儒林传》，中华书局1974年版，第2709页。
[2]〔北齐〕魏收撰：《魏书·李谧传》，中华书局1974年版，第1932页。
[3]〔北齐〕魏收撰：《魏书·李谧传》，中华书局1974年版，第1933页。

　　夫文字者，坟籍根本。世之学徒，多不晓字：读《五经》者，是徐邈而非许慎；习赋诵者，信褚诠而忽吕忱；明《史记》者，专皮、邹而废篆籀；学《汉书》者，悦应、苏而略《苍》《雅》。不知书音是其枝叶，小学乃其宗系。至见服虔、张揖《音义》则贵之，得《通俗》《广雅》而不屑。一手之中，向背如此，况异代各人乎？[1]

　　颜之推以"小学乃其宗系"一句深刻地道明了文字训诂对治学的重要性，与讲求"实事求是"的清人"由小学入经学者，其经学可信"[2]的主张遥相呼应。在《颜氏家训·勉学》中，颜之推还讲到了校定书籍的标准：

　　校定书籍，亦何容易，自扬雄、刘向，方称此职耳。观天下书未遍，不得妄下雌黄。或彼以为非，此以为是；或本同末异；或两文皆欠，不可偏信一隅也。[3]

　　颜之推指出书籍考校有两个标准：一是观天下书未遍，就不能妄下判断；二是书与书、文与文对校，不可偏信一隅。至于《颜氏家训》中的《书证》，清人黄叔琳则评骘为："此篇纯系考据之学，当另为一书。"[4]由此可见，"实事求是"的考据学风在魏晋南北朝时期依

---

[1] 王利器撰：《颜氏家训集解》，中华书局1993年版，第220页。

[2]〔清〕张之洞编纂，范希增补正，孙文泱增订：《增订书目答问补正》，中华书局2011年版，第570页。

[3] 王利器撰：《颜氏家训集解》，中华书局1993年版，第235页。

[4] 王利器撰：《颜氏家训集解》，中华书局1993年版，第375页。

旧得到了延续与发展。

二、《五经正义》的编纂与唐人对考据学风的传承

隋朝实现统一后，南、北学风开始合流。到了唐代，国家实现了空前的大一统。要治理一个如此庞大的国家，必然要求在思想上实现一统。而且面对佛、老盛行的压力，儒家经学本身也需要经过整合，才能更好地应对挑战。于是，唐王朝建立后不久，唐太宗便以"儒学多门，章句繁杂"[1]，诏孔颖达、颜师古、王恭、王琰等撰《五经正义》，用训诂学的办法将汉魏两晋南北朝以来各派经学的研究成果，作总结性的整理，进而结束南、北经学崩析分裂的局面，使儒家经学从此获得了空前的高度统一。

对于《五经正义》的编纂导向，大多数学者都认为以南学为主。如皮锡瑞指出："学术随世运为转移，亦不尽随世运为转移。隋平陈而天下统一，南北之学亦归统一。此随世运为转移者也。天下统一，南并于北，而经学统一，北学反并于南。"[2]但也有学者认为，《五经正义》为南北经学融合的结果[3]。笔者同意后一种观点。其原因在于，《五经正义》的主要编纂者为北方学者，其编纂过程和编纂体例体现出了"实事求是"的考据学风。

---

[1]〔清〕皮锡瑞：《经学历史》，载吴仰湘编：《皮锡瑞全集》，中华书局 2015 年版，第65 页。

[2]〔清〕皮锡瑞：《经学历史》，载吴仰湘编：《皮锡瑞全集》，中华书局 2015 年版，第63 页。

[3] 潘忠伟：《〈五经正义〉与北朝经学传统》，《哲学研究》2008 年第 5 期。

　　《五经正义》编纂工作的第一步是考订五经文字，即统一儒家经典的文字。贞观四年（630 年）唐太宗诏颜师古考订五经。颜师古（581—645 年），名籀，字师古，雍州万年（今陕西省西安市）人，祖籍琅邪临沂（今山东省临沂市），是隋唐时期著名的一代大儒。他是北齐名儒颜之推之孙，少传家学，博览群书，尤精训诂，善作文，册奏之工，时无及者。《旧唐书·颜师古传》称："太宗以经籍去圣久远，文字讹谬，令师古于祕书省考定五经，师古多所厘正，既成，奏之。太宗复遣诸儒重加详议，于时诸儒传习已久，皆共非之。师古辄引晋、宋已来古今本，随言晓答，援据详明，皆出其意表，诸儒莫不叹服。于是兼通直郎、散骑常侍，颁其所定之书于天下，令学者习焉。"[1] 从"援据详明""诸儒莫不叹服"等描述中，可以想见其治学之精审，考证之严实。而最能体现颜师古"实事求是"的治学精神的，当是其所撰写的《汉书叙例》：

　　　　汉书旧文多有古字，解说之后屡经迁易，后人习读，以意刊改，传写既多，弥更浅俗。今则曲覈古本，归其真正，一往难识者，皆从而释之。

　　　　古今异言，方俗殊语，末学肤受，或未能通，意有所疑，辄就增损，流遁忘返，秽滥实多。今皆删削，克复其旧。

　　　　……凡旧注是者，则无间然，具而存之，以示不隐。其有指趣略举，结约未伸，衍而通之，使皆备悉。至于诡文僻见，越理乱真，匡而矫之，以袪惑蔽。若泛说非当，芜辞竞逐，苟出异端，

――――――――――――――――
[1]〔后晋〕刘昫等撰：《旧唐书·颜师古传》，中华书局 1975 年版，第 2594 页。

徒为烦冗，祇秽篇籍，盖无取焉。旧所阙漏，未尝解说，普更详释，无不洽通。上考典谟，旁究苍雅，非苟臆说，皆有援据。[1]

在上述引文中，颜师古所强调的"归其真正""克复其旧""非苟臆说，皆有援据"与其注解"实事求是"时所言的"务得事实，每求真是也"[2]如出一辙，共同构成了"实事求是"命题的最佳注脚。

贞观七年（633年），颜师古考订后的五经定本正式颁布。为《五经正义》的编纂奠定了基础。几年后，唐太宗"诏国子祭酒孔颖达与诸儒撰定《五经义疏》，……名曰《五经正义》，令天下传习"[3]。作为《五经正义》编纂工作的主持者，孔颖达亦是北方学者。据《旧唐书》载："孔颖达字冲远，冀州衡水人也。祖硕，后魏南台丞。父安，齐青州法曹参军。"[4]

在孔颖达给《五经正义》撰写的几篇序文中，充分地表达了其"实事求是"的治学思想。如取舍旧注，"必取文证详悉，义理精审；翦其繁芜，撮其机要"[5]，即严谨的名物考据与精深的义理阐发二者并重。孔颖达认为，训诂首先应力求严谨平实，如其在《周易正义序》中指出："去其华而取其实，欲使信而有徵"[6]。另如其撰作的《尚书

---

[1]〔唐〕颜师古撰：《汉书叙例》，载〔汉〕班固撰：《汉书》，中华书局1962年版，第2—3页。

[2]〔汉〕班固撰：《汉书·景十三王传》，中华书局2012年版，第2100页。

[3]〔后晋〕刘昫等撰：《旧唐书·儒学上》，中华书局1975年版，第4941页。

[4]〔后晋〕刘昫等撰：《旧唐书·孔颖达传》，中华书局1975年版，第2601页。

[5]〔清〕阮元校刻：《十三经注疏（清嘉庆刊本）·礼记正义》，中华书局2009年版，第2652页。

[6]〔清〕阮元校刻：《十三经注疏（清嘉庆刊本）·周易正义》，中华书局2009年版，第14页。

正义序》还强调："考定是非，谨罄庸愚，竭所闻见，鉴古今之传记，质近代之异同，存其是而去其非，削其烦而增其简。此非敢臆说，必据旧闻。"[1] 这是说，解经必须言之有据，批驳旧注也必须言之有据，即要立足于儒家经史典籍本身，实事求是地诠释经典文本。

第四节　宋明时期理学的勃兴与"实事求是"考据学风的式微

天水一朝承五代十国之乱后立国，从宋太祖建隆元年（960 年）到南宋少帝（赵昺）祥兴二年（1279 年），有约三百二十年的历史。在疆域与军事上，与此前的隋朝、唐朝以及此后的元朝、明朝相比，宋王朝是一个长期存在内忧外患、国势积弱不张的王朝。然而在思想与文化方面，宋王朝却是传统文化发展的一个巅峰时期。早在南宋，大儒朱熹就曾自豪地表示"国朝文明之盛，前世莫及"[2]。而前辈史学家陈寅恪亦认为："华夏民族之文化，历数千载之演进，造极于赵宋之世。"[3] 若谈及宋代在思想文化上的成就，其中最瞩目

---

[1]〔清〕阮元校刻：《十三经注疏（清嘉庆刊本）·尚书正义》，中华书局 2009 年版，第 234 页。

[2]〔宋〕朱熹集注：《楚辞集注》，上海古籍出版社 1997 年版，第 300 页。

[3] 陈寅恪：《邓广铭〈宋史职官志考证〉序》，《金明馆丛稿二编》，上海古籍出版社 1980 年版，第 245 页。

的部分无疑是理学的兴起。作为"宋学"的主流，理学造就了宋人讲求义理的学风，汉唐经学的训诂考证之学在理学家眼中如土埂一般卑琐无用，于是"实事求是"的考据学风自宋代开始便逐渐走向式微。

一、庆历之际的"舍传求经"与"义理解经"思潮

宋承唐社，有鉴于战火频仍、儒学衰微、佛道昌盛的唐末、五代乱世，赵宋王朝为了维护专制统治、强化纲常伦理，建国伊始便确立了"修文偃武"的"祖宗之法"，"复兴儒学"渐渐成为朝野之共识。但宋初之经学，犹是唐学[1]，时士多崇尚文辞，"守章句注疏之学"[2]，"谈经者守训故而不凿"[3]。这样，如何从整体上对儒家经学进行创造性诠释，以俾得渐趋僵化的经学重绽生机、裨于治世，便成了宋初儒者共同的时代课题。

在北宋承平约八十年后的庆历年间，这场酝酿已久的经学转型终于拉开序幕。王应麟的《困学纪闻》特引陆游之言以明庆历年间的经学之变，"唐及国初，学者不敢议孔安国、郑康成，况圣人乎！自庆历后，诸儒发明经旨，非前人所及"[4]。皮锡瑞亦指出，"是经学自

---

[1] 马宗霍：《中国经学史》，河南人民出版社 2016 年版，第 110 页。

[2] 〔宋〕吴曾：《能改斋漫录》（上），《全宋笔记》第五编第三，大象出版社 2016 年版，第 35 页。

[3] 〔宋〕王应麟：《困学纪闻》卷八"经说"条，《全宋笔记》第七编第九，大象出版社 2016 年版，第 256 页。

[4] 〔宋〕王应麟：《困学纪闻》卷八"经说"条，《全宋笔记》第七编第九，大象出版社 2016 年版，第 256—257 页。

汉至宋初未尝大变，至庆历始一大变也"[1]。这场经学转型有何特色？
马宗霍先生曾试图予以总结："宋初经学，大都遵唐人之旧……迄乎
庆历之间，诸儒渐思立异……自是风气一变，学者解经互出新意，视
注疏如土苴。所谓宋学者，盖已见其端矣……陆游亦云：'然排《系
辞》，毁《周礼》，疑《孟子》，讥《书》之《胤征》《顾命》，黜《诗》
之《序》，不难于议经，况传注乎'。"[2]据此可知，在儒学复兴与疑
经思潮的驱动下，庆历之际的学者开始摆落汉唐经学家以考证训诂为
主要特征的解经之风，不宗传注，直阐经旨，试图创立一种以义理解
经为主要特征的新经学范式，也就是"宋学"。

　　宋人最早有"不宗传注"的解经观点的人当属柳开，其《补亡
先生传》有言曰："先生又以诸家传、解、笺、注于经者多未达穷其
义理，常曰：'吾他日终悉别为注解矣'。"[3]柳开虽发其论，但并未
见其有所实践。最先将"不宗传注，专言义理"的解经理念推向实
践且又有论著存世的学者是范仲淹。以《春秋》为例，范仲淹除了
由圣人删修的《春秋》本经之外，对《左》《公》《穀》三传都有不
满意：

　　　　圣人之为《春秋》也，因东鲁之文，追西周之制，褒贬大
　　举，赏罚尽在。谨圣帝明皇之法，峻乱臣贼子之防。其间华衮贻
　　荣，萧斧示辱，一字之下，百王不刊。游、夏既无补于前，公、

----

[1] 〔清〕皮锡瑞：《经学历史》，载吴仰湘编：《皮锡瑞全集》，中华书局2015年版，第
　　156页。

[2] 马宗霍：《中国经学史》，河南人民出版社2016年版，第109—111页。

[3] 〔宋〕柳开撰，李可风点校：《柳开集》，中华书局2015年版，第19页。

穀盖有失于后，虽丘明之《传》颇多冰释，而素王之言尚或天远，不讲不议，其无津涯。[1]

范仲淹之所以认为"游、夏既无补于前，公、穀盖有失于后"，并讥"丘明之《传》"离"素王之言尚或天远"，是因为其治学一以贯之地主张"当于六经之中，专师圣人之意"[2]，所以"后之诸儒"的注解，在他眼中不过是"异端百起，不足繁以自取"[3]。因此，范仲淹解《易》，亦难见注疏痕迹，如其解《乾》卦云：

乾上乾下，内外中正，圣人之德位乎天之时也。德，内也；位，外也。九二，君之德；九五，君之位。成德于其内，充位于其外。圣人之德，居乎诚而不迁。有时舍之义，故曰"见龙在田"；德昭于中，故曰"利见大人"。"天下文明"，君德也。圣人之位，行乎道而不息。有时乘之义，故曰"飞龙在天"；位正于上，故曰"利见大人"。"乃位乎天德"，于是乎位矣。或者泥于六位之序，止以五为君，曾不思始画八卦，三阳为乾，君之象也，岂俟于五乎？三阴为坤，臣之象也，岂俟于四乎？震为长子，岂俟重其卦而始见于长子乎？明夫《乾》，君之象。既重其卦，则有内外之分。九二居乎内，德也；九五居乎外，位也。徐爻则从其进退安危之会而言之，非必自下而上次而成之也。如卦言六龙，而九三不言龙而言君子，盖龙无乘刚之义，则以君子言之。随义而发，非必

[1]〔清〕范能濬编集，薛正兴校点：《范仲淹全集》，凤凰出版社2004年版，第163页。
[2]〔清〕范能濬编集，薛正兴校点：《范仲淹全集》，凤凰出版社2004年版，第212页。
[3]〔清〕范能濬编集，薛正兴校点：《范仲淹全集》，凤凰出版社2004年版，第212页。

执六龙之象也。故曰《易》无体，而圣人之言岂凝滞于斯乎？[1]

在上述引文中，可窥见范仲淹易学诠释的三大特征：一是抛却王弼《周易注》中的"玄言"而专阐儒理，其于《乾》卦所重点阐述的是儒家的"德位"之辨，并援引《中庸》之"诚"诠释"圣人之德"；二是专陈大义，不取汉唐的注疏之体，如其对《彖》《象》《文言》以及爻辞等并不逐一解释，而主要通过二体之象和内外中爻等分析一卦大旨；三是强调《易》无体，随义而发，不重注疏，故其所发议论与汉唐注疏相比确有新意。

范仲淹之后，其门下的贤士如胡瑗、孙复、石介、李觏之徒竞相开始摆落汉唐注疏，以义理解经。如孙复在《寄范天章书二》中对《五经正义》中所采用的注本均提出了批判，如其云："专守王弼、韩康伯之说而求于《大易》，吾未见其能尽于《大易》者也。"[2]明显地表现出对王弼《周易注》批判倾向。钱穆曾指出："北宋诸儒治经，如胡瑗之于《易》与《洪范》，孙复之于《春秋》，李觏之于《周官》，此等皆元气磅礴，务大体，发新义，不规矩于训诂章句，不得复以经儒经生目之。"[3]又说："其他如欧阳修刘敞王安石苏轼诸人，皆研究经术，尚兼通，而亦喜辟新径，创新解，立新义，与汉儒治经风规大异。"[4]

---

[1]〔清〕范能濬编集，薛正兴校点：《范仲淹全集》，凤凰出版社 2004 年版，第 119—120 页。

[2]〔宋〕孙复撰：《孙明复先生小集·寄范天章书二》，见陈俊民主编：《儒藏》精华编第二零五册，北京大学出版社 2014 年版，第 28 页下。

[3] 钱穆：《朱子学提纲》，生活·读书·新知三联书店 2002 年版，第 11—12 页。

[4] 钱穆：《朱子学提纲》，生活·读书·新知三联书店 2002 年版，第 12 页。

总而言之，在儒学复兴与疑经思潮的驱动下，庆历之际的学者们开始摆落汉唐经学家以考证训诂为主要特色的解经之风，不宗传注，直阐经旨，为理学的形成打下了坚实的基础。

二、宋儒对"以理解经"的推崇与考据学风的式微

庆历诸儒披荆斩棘，而周、张、二程等大儒继之卓然而立，道学随即大兴。作为一种新经学形态，道学的形成必然意味着治学理念与方法的转变，对此，四库馆臣有精准的论述："洛、闽继起，道学大昌，摆落汉唐，独研义理，凡经师旧说，俱排斥以为不足信，其学务别是非，及其弊也悍。"[1]可见，道学兴起后，宋儒在治经上的特点主要表现为"摆落汉唐"与"独研义理"两个方面。

所谓的"摆落汉唐"，是说道学家们喜欢直阐经典本意，而不再遵从汉、唐儒者的注疏，此即"凡经师旧说，俱排斥以为不足信"。如道学理论体系的奠基者程颐，即对汉、唐经学家笃守注疏、注重训诂的治经范式予以直接的批评：

> 问："汉儒至有白首不能通一经者，何也？"曰："汉之经术安用？只是以章句训诂为事。且如解'尧典'二字，至三万余言，是不知要也。"[2]

---

[1]〔清〕永瑢等撰：《四库全书总目》，中华书局 1965 年版，第 1 页。

[2]〔宋〕程颢、〔宋〕程颐：《二程集》，中华书局 2004 年版，第 232 页。

程颐认为，汉代的经术只是以章句训诂为事，繁杂冗长，而无实际价值。在二程的心中，"穷经"的目的不是沉溺于训诂文字，而是要"致用"：

> 穷经，将以致用也。如"诵诗三百，授之以政不达，使于四方，不能专对，虽多亦奚以为？"今世之号为穷经者，果能达于政事专对之间乎？则其所谓穷经者，章句之末耳，此学者之大患也。[1]

二程强调，如果穷经而不能运用于实际，以实践儒者所应当追求的修身、齐家、治国、平天下之事，即便读经再多也仅仅只是得到了"章句之末"而已。所以，对于"牵于训诂"的治经方式，程颐认为实与"溺于文章""惑于异端"一样，为儒者之"三弊"[2]。

那么，该采取怎样的治经范式，才能避免汉唐经师穷经而不能致用的弊病呢？道学家们认为，解决这一弊病的最好方案就是"独研义理"。如程颐指出，汉唐儒者之所以治经而不能致用，其关键性问题在于"学不明道"。"道"是经学的核心，只明训诂而不明道，自然是无用之糟粕——"经，所以载道也，诵其言辞，解其训诂，而不及道，乃无用之糟粕耳"[3]。所以，程颐鼓励士子放弃以往儒者以章句训诂为目的的解经事业，转而习练"由经以求道"的"体道"工夫，也就是要"识义理"："今之学者，惟有义理以养其心。若威仪辞让以

---

[1]〔宋〕程颢、〔宋〕程颐：《二程集》，中华书局2004年版，第71页。

[2]〔宋〕程颢、〔宋〕程颐：《二程集》，中华书局2004年版，第187页。

[3]〔宋〕程颢、〔宋〕程颐：《二程集》，中华书局2004年版，第671页。

养其体,文章物采以养其目,声音以养其耳,舞蹈以养其血脉,皆所未备。"[1]并且,程颐还强调,识义理相对于治经来说,具有优先性:"古之学者,先由经以识义理。……后之学者,却先识义理,方始看得经。"[2]程颐对义理的强调得到朱熹的认同:"只为汉儒一向寻求训诂,更不看圣贤意思,所以二程先生不得不发明道理,开示学者,使激昂向上,求圣人用心处。"[3]

除了提倡"独研义理",二程还开创了一套以"独研义理"为显著特征的经学研究范式。这套经学研究范式的核心是二程建构的"天理论"的哲学体系——二程用"天理论"诠释经学文本中的"义理",既契合儒家特质,又清楚明了,呈现出迥出千古的优势。[4]在这套体系中,"天理"是最核心的概念,程颢曾自述:"吾学虽有所受,'天理'二字却是自家体贴出来。"[5]清人黄百家亦指出:程颢"以'天理'二字立其宗"。[6]二程创造性地赋予"天理"本体化的意蕴,将其视为"道体",使得"天理"概念具有广阔的涵盖性,可以用来整合儒学的其他许多形上学的概念。因此,二程借助"天理"概念提出了"理一分殊""格物穷理""明理灭欲"等一系列哲学命题与范畴,并在诠释《周易》等儒家经典的过程中,形成了一套完备且精密的理论体系。降至南宋,朱熹接过二程的话头,继续完善

---

[1] 〔宋〕程颢、〔宋〕程颐:《二程集》,中华书局 2004 年版,第 21 页。

[2] 〔宋〕程颢、〔宋〕程颐:《二程集》,中华书局 2004 年版,第 164 页。

[3] 〔宋〕黎靖德编:《朱子语类》,中华书局 1986 年版,第 2748 页。

[4] 姜广辉、唐陈鹏:《论理学家的经学著作成功的根本原因——以二程、朱熹的相关著作为范例》,《哲学研究》2019 年第 8 期。

[5] 〔宋〕程颢、〔宋〕程颐:《二程集》,中华书局 2004 年版,第 424 页。

[6] 〔清〕黄宗羲原著,〔清〕全祖望补修:《宋元学案》,中华书局 1986 年版,第 569 页。

了"天理论"的哲学体系，"使中国哲学提升到了一个'世界统一性'的哲学高度"[1]。

自此以后，经学家们已不甚关心经文的逐字解释，而更关心其中包含的哲学范畴和义理。汉唐经学以"实事求是"为特征的考据学风不可避免地走向式微。

第五节　乾嘉之际朴学的崛起与"实事求是"考据学风的复萌

明王朝的覆亡给予了明末清初的学者以巨大的刺激，他们深感明代理学的空疏无用，在痛定思痛之后，选择超迈"宋明理学"而转向"汉学"，以考证、训诂治经，以钻研"朴学"自勉。自宋以后渐趋式微的"实事求是"的考据学风由此复萌，并于乾嘉时期达至最盛。所以，梁启超对清代学术曾有此评骘："有清学者，以实事求是为学鹄，饶有科学的精神，而更辅以分业的组织。"[2]

---

[1] 姜广辉、唐陈鹏：《论理学家的经学著作成功的根本原因——以二程、朱熹的相关著作为范例》，《哲学研究》2019 年第 8 期。

[2] 梁启超：《清代学术概论》，中华书局 2020 年版，第 9 页。

一、顾炎武树立的"考据学"典范与清初学风的转变

顾炎武（1613—1682 年），原名绛，字宁人，号亭林，出生于苏州昆山千灯镇。明亡后，更名炎武，治学务真求实、考据精审。凡论及开清代朴学之先河者，学者多首推顾炎武。如四库馆臣称："国初称学有根柢者，以炎武为最。"[1]洪亮吉认为"我国家之兴，而朴学始辈出，顾处士炎武、阎征君若璩首为之倡"[2]。汪中亦强调："古学之兴也，顾氏始开其端。"[3]梁启超则在《清代学术概论》中将顾炎武誉为开启清代学术的第一人[4]。因此，要讨论"清代考据学"的形成与清初学风的转变，必不能忽略的就是顾炎武。

顾炎武的学术，有以下两个鲜明的特点。一是广博浩大，奠定了乾嘉朴学乃至整个清代学术的规模。顾炎武广涉经学、史学、方志、地理、音韵、文字、金石、考古、诗词、散文等，一生留下几十种学术著作。其门人潘耒曾记述道："昆山顾宁人先生……潜心古学，九经诸史，略能背诵，尤留心当世之故……经世要务，一一讲求。"[5]又说："有一疑义，反复参考，必归于至当。有一独见，援古证今，必

[1]〔清〕永瑢等撰：《四库全书总目》，中华书局 1965 年版，第 235 页。

[2]〔清〕洪亮吉：《邵学士家传》，《卷施阁文甲集》卷九，《洪北江全集》，嘉庆年间刊本。

[3] 见〔清〕凌廷堪著，王文锦点校：《校礼堂文集》，中华书局 1998 年版，第 320 页。

[4] 梁启超：《清代学术概论》，中华书局 2020 年版，第 27 页。

[5]〔清〕潘耒：《日知录序》，载〔清〕顾炎武著，陈垣校：《日知录校注》，安徽大学出版社 2007 年版，第 19 页。

畅其说而止。"[1]总之"凡经义史学、官方吏治、财赋典礼、舆地艺文之属，一一疏通其源流，考正其谬误"[2]。由此可见，顾炎武涉猎之广博，治学之严谨。梁启超在《中国近三百年学术史》中将乾嘉学者的工作归结为以下十三个方面：一、经书的笺释；二、史料之搜补鉴别；三、辨伪书；四、辑佚书；五、校勘；六、文字训诂；七、音韵；八、算学；九、地理；十、金石；十一、方志之编纂；十二、类书之编纂；十三、丛书之校刻。[3]两相对比，可以发现乾嘉学者所涉之领域，顾炎武治学时皆有关注。也正因此，梁启超才不无感慨地说："亭林的著述，若论专精完整，自然比不上后人。若论方面之多、气象规模之大，则乾嘉诸老，恐无人能出其右。要而论之，清代许多学术，都由亭林发其端，而后人衍其绪。"[4]

二是好古敏求，考据精审，注重音韵训诂。顾炎武身处明清易代之际，家国覆灭之恨，盈之于胸，而明末之儒生学者，却又纷纷专攻于空言心性而无致用之念：

今之君子则不然，聚宾客门人之学者数十百人，"譬诸草木，区以别矣"，而一皆与之言心言性，舍多学而识，以求一贯之方，置四海之困穷不言，而终日讲危微精一之说，是必其道之高于夫子，而其门弟子之贤于子贡，跳东鲁而直接二帝之心传者也。我

---

[1] 〔清〕潘耒：《日知录序》，载〔清〕顾炎武著，陈垣校：《日知录校注》，安徽大学出版社2007年版，第20页。
[2] 〔清〕潘耒：《日知录序》，载〔清〕顾炎武著，陈垣校：《日知录校注》，安徽大学出版社2007年版，第20页。
[3] 梁启超：《中国近三百年学术史》，商务印书馆2016年版，第27—28页。
[4] 梁启超：《中国近三百年学术史》，商务印书馆2016年版，第80页。

弗敢知也。[1]

　　面对明末儒生"置四海之困穷不言"的颓状，顾炎武认为只有回归经学，考求古人所著之经史，才能探究出古今文化源流、历代政治得失，以求经世明道。于是，顾炎武在解释《尚书·说命》中的"学于古训，乃有获"时指出：

　　　　武王之诰康叔，既"祗遹乃文考"，而又求之"殷先哲王"，又求之"商耇成人"，又别求之"古先哲王"。大保之戒成王，先之以"稽我古人之德"，而后进之以"稽谋自天。"及成王之作《周官》，亦曰："学古入官。"曰："不学墙面。"子曰："述而不作，信而好古，敏以求之。"又曰："君子以多识前言往行，以畜其德。"先圣后圣，其揆一也。不学古而欲稽天，岂非不耕而求获乎！[2]

　　顾炎武强调，"学古"方能"稽天"。然欲"稽古"则必须面对纷繁的经史材料，舍考据则别无他途。顾炎武持之以恒的"稽古"实践最终诞生了《日知录》这部重要著作。潘耒曾指出，《日知录》是顾炎武"稽古有得，随时劄记，久而类次成书者"[3]。顾炎武亦自道："所著《日知录》三十卷，平生之志与业皆在其中，……有王者起，

---

[1]〔清〕顾炎武：《顾亭林诗文集》，中华书局1983年版，第40页。

[2]〔清〕顾炎武著，陈垣校：《日知录校注》，安徽大学出版社2007年版，第89页。

[3]〔清〕潘耒：《日知录序》，载〔清〕顾炎武著，陈垣校：《日知录校注》，安徽大学出版社2007年版，第20页。

得以酌取焉,其亦可以毕区区之愿矣。"[1] 由此可知,《日知录》的撰著在于备世之用,而不是为了夸能炫博。因此,在撰著过程中,顾炎武不屑于罗列纷繁杂多的材料,而是有分析、有决断,去粗取精,去伪存真。四库馆臣曾如此总结顾炎武的治学精神:"炎武学有本原,博赡而能通贯,每一事必详其始末,参以证佐,而后笔之于书,故引据浩繁,而抵牾者少,非如杨慎、焦竑诸人,偶然涉猎,得一义之异同,知其一而不知其二。"[2] 事实上,正是在顾炎武所树立的"考据学"的典范指引下,清代学者于"稽古"一途中奋勇前进,最终造就了乾嘉朴学的繁盛景象。

另外,在治经的具体方法上,顾炎武十分重视音韵训诂。顾炎武认为:"读九经自考文始,考文自知音始。以致诸子百家之书,亦莫不然。"[3] 这是说,只有先通音韵才能考证文字,只有考证文字才能明白经文中的圣人旨意,进而通经致用。在考证古音、古义的过程中,顾炎武充分展示了其精审的考据之法。他常常在充分占有资料的前提下,通过比勘审核,旁推互证,最终寻得真义。如四库馆臣对顾炎武所著《音学五书》中的《诗本音》有如下评骘:"即本经所用之音,互相参考,证以他书,明古音原作是读。……南宋以来随意叶读之谬论,至此始一一廓清,厥功甚巨。"[4]

总之,顾炎武于明清之际最先举起"经学考据学"旗帜。在他的影响下,清初学风由晚明时的空谈心性转向求古致用,盛行于清代中

---

[1]〔清〕顾炎武:《顾亭林诗文集》,中华书局 1983 年版,第 47 页。

[2]〔清〕永瑢等撰:《四库全书总目》,中华书局 1965 年版,第 1029 页。

[3]〔清〕顾炎武:《顾亭林诗文集》,中华书局 1983 年版,第 73 页。

[4]〔清〕永瑢等撰:《四库全书总目》,中华书局 1965 年版,第 367 页。

期的朴学时代随之而来。

二、求古与求是: 乾嘉时期"实事求是"学风的兴盛

朴学至清代乾嘉时期达至极盛, 其中最值得注目者, 无非是惠栋与戴震二人。惠栋居吴, 戴震在皖, 故又有"吴派"与"皖派"之分。此已为学界共识。如梁启超早在《清代学术概论》一书中便指出, 清学发展到全盛期, 学者们"为考证而考证, 为经学而治经学", 而其中坚则"在皖与吴","开吴者惠, 开皖者戴"[1]。惠、戴二人治学有其同, 即都重视考据, 讲求"实事求是""无征不信", 而亦有其异, 即吴派标榜"求古", 皖派标榜"求是"。

惠、戴二人齐名, 然惠年长于戴, 吴派之形成亦早于皖派。惠栋出生于经学世家, 其祖父惠周惕、父亲惠士奇, 俱为经学名儒, 咸有著述, 惠栋传承家学而日益光大之。就治学宗旨来说, 惠氏之学最核心的原则就是"求古"。梁任公曾指出:"惠氏家学, 专以'古今'为'是非'之标准"[2], 并将惠栋的治学方法归纳为八个字:"凡古必真, 凡汉皆好"[3]。如惠栋曾说:

> 汉人通经, 有家法, 故有五经师。训诂之学, 皆师所口授, 其后乃著竹帛。所以汉经师之说立于学官, 与经并行。五经出于

[1] 梁启超:《清代学术概论》, 中华书局 2020 年版, 第 19 页。

[2] 梁启超:《清代学术概论》, 中华书局 2020 年版, 第 60 页。

[3] 梁启超:《清代学术概论》, 中华书局 2020 年版, 第 60 页。

屋壁，多古字古言，非经师不能辨。经之义存乎训，识字审音，
乃知其义，是故古训不可改也，经师不可废也。[1]

　　惠栋认为，先秦经籍多用古字古言，汉代经师能识字审音，进而
明其义理，所以通经必由训诂。而经学文本的字义训诂，最初是由经
师代代口授，后乃著于竹帛。在授受过程中，弟子一字不敢与师说相
出入，此即是所谓"家法"。一言以蔽之，惠栋试图说明，正是因为
汉儒严守"家法"，注重识字审音，才能保证经典之大义不至历久失
真，所以，解经必以汉儒为是。此观点迅速在学界产生影响，如钱大
昕亦认为："诂训必依汉儒，以其去古未远，家法相承，七十子之大
义犹有存者，异于后人之不知而作也。"[2]

　　在这样的治学理念下，惠栋毕生都立志于恢复"汉学"。如其
《周易述》，"专宗虞仲翔，参以荀、郑诸家议，约其旨为注，演其说
为疏，汉学之绝者千有五百余年，至是而粲然复章矣"[3]。平心而论，
吴派所标举的"汉学"，不仅是一种经学考据学方法，更提供了一套
经学的评价体系——即只有"汉儒师说"最接近圣人本义，所以在解
经时宗"汉学"者为是，不宗"汉学"者则为非。吴派另一位大儒王
鸣盛将该标准归纳为："求古即所以求是，舍古无是者也。"[4]

　　作为与惠栋齐名的乾嘉巨子，在具体的治经方法上，戴震与大

---

[1]〔清〕惠栋：《九经古义·述首》，商务印书馆 1937 年版，第 1 页。

[2]〔清〕钱大昕著，陈文和主编：《潜研堂文集》卷二十四，《嘉定钱大昕全集》，凤
　　凰出版社 2016 年版，第 365 页。

[3]〔清〕江藩著，钟哲整理：《国朝汉学师承记》，中华书局 1983 年版，第 24 页。

[4]〔清〕王鸣盛著，陈文和主编：《西庄始存稿》，《嘉定王鸣盛全集》，中华书局 2010
　　年版，第 280 页。

多数乾嘉学者一样，都注重音韵训诂，讲求考据。如其曾说："经之至者，道也；所以明道者其词也；所以成词者，字也。未有能外小学文字者也。"[1] 又说："六书也者，文字之纲领，而治经之津涉也。"[2] 戴震非常重视《尔雅》，因为"古故训之书，其传者莫先于《尔雅》。六艺之赖是以明也，所以通古今之异言，然后能讽诵乎章句，以求适于至道"[3]。他曾花了大量时间撰就《尔雅文字考》，并强调"儒者治经，宜自《尔雅》始"[4]。

但是，在治学宗旨上，戴震与惠栋的一味"求古"相比，则有明显的不同。两人之间的差异从戴震尚为学童时的一则事迹即可见其端倪。据段玉裁编纂的《戴东原先生年谱》载戴震十岁时：

就傅读书，过目成诵，日数千言不肯休。授《大学章句》，至右经一章以下，问塾师："此何以知为孔子之言而曾子述之？又何以知为曾子之意而门人记之？"师应之曰："此朱文公所说。"即问："朱文公何时人？"曰："宋朝人。""孔子、曾子何时人？"曰："周朝人。""周朝宋朝相去几何时矣？"曰："几二千年矣。""然则朱文公何以知然？"师无以应，曰："此非常儿也。"[5]

十岁儿童，竟能不轻信师说，敢于从众人盲信盲从处发现问题，

[1]〔清〕戴震：《戴震文集》，中华书局 1980 年版，第 146 页。
[2]〔清〕戴震：《戴震文集》，中华书局 1980 年版，第 66 页。
[3]〔清〕戴震：《戴震文集》，中华书局 1980 年版，第 44 页。
[4]〔清〕戴震：《戴震文集》，中华书局 1980 年版，第 44 页。
[5]〔清〕段玉裁编：《戴东原先生年谱》，载〔清〕戴震：《戴震文集》，中华书局 1980 年版，第 216 页。

并欲追寻其真相。难怪梁启超发出如此感叹："此一段故事，非惟可以说明戴氏学术之出发点，实可以代表清学派时代精神之全部。盖无论何人之言，决不肯漫然置信，必求其所以然之故，常从众人所不注意处觅得间隙。既得间，则层层逼拶，直到尽头处。"[1]由此，当戴震的学术思想走向成熟后，他必然不会像惠栋一样，认为"凡古必真，凡汉皆好"，而是主张"以谓信古而愚，愈于不知而作，但宜推求，勿为株守"[2]。戴震终身汲汲追求的是"不以人蔽己，不以己自蔽"[3]，试图对经义达至"十分之见"："所谓十分之见，必征之古而靡不条贯，合诸道而不留余议，巨细毕究，本末兼察。"[4]戴震的治学宗旨，在同为皖派的大儒凌廷堪看来，正是"实事求是"的最好样本：

> 昔河间献王实事求是。夫实事在前，吾所谓是者，人不能强辞而非之，吾所谓非者，人不能强辞而是之也，如六书、九数及典章制度之学是也。虚理在前，吾所谓是者，人既可别持一说以为非，吾所谓非者，人亦可别持一说以为是也，如理义之学是也。[5]

正是因为惠栋、戴震对考据学的推崇与对"实事求是"学风的多

---

[1] 梁启超：《清代学术概论》，中华书局 2020 年版，第 65 页。

[2] 〔清〕戴震：《戴震文集》，中华书局 1980 年版，第 47 页。

[3] 〔清〕戴震：《戴震文集》，中华书局 1980 年版，第 143 页。

[4] 〔清〕戴震：《戴震文集》，中华书局 1980 年版，第 141 页。

[5] 〔清〕凌廷堪著，王文锦点校：《校礼堂文集》，中华书局 1998 年版，第 317 页。

维实践，无论吴派还是皖派，学者们都喜爱将自己的治学方法概括为"实事求是"。如钱大昕《卢氏群书拾补序》说："通儒之学，必自实事求是始。"[1] 又在《潜研堂文集》卷三十九《戴先生震传》称赞戴震："实事求是，不偏主一家。"[2] 凌廷堪《校礼堂文集》卷三十《书汪荟文书中星解后》说："自宋以后，儒者率蹈虚言理，而不实事求是，故往往持论纰谬。"[3] 阮元《揅经室集·自序》说："余之说经，推明古训，实事求是而已，非敢立异也。"[4] 总之，在乾嘉时期，"实事求是"的考据学风在暗默数百年之后迎来了全面复兴，并成功形塑了整个清学的特质。

第六节 晚清"经世"思潮下"实事求是" 考据学风的衰落

乾嘉朴学的兴盛，一方面促进了经学的发展，另一方面也让不少学者陷入为考据而考据的深坑。因此，当晚清的大变革来临后，只知道埋首故纸堆的考据学风在"经世"思潮的冲击下，变得无所适从，

[1] 〔清〕钱大昕著，陈文和主编：《潜研堂文集》卷二十五，《嘉定钱大昕全集》，凤凰出版社 2016 年版，第 389 页。

[2] 〔清〕钱大昕著，陈文和主编：《潜研堂文集》卷三十九，《嘉定钱大昕全集》，凤凰出版社 2016 年版，第 629 页。

[3] 〔清〕凌廷堪著，王文锦点校：《校礼堂文集》，中华书局 1998 年版，第 274 页。

[4] 〔清〕阮元撰，邓经元点校：《揅经室集》，中华书局 1993 年版，第 1 页。

只能在时代浪潮的拍打下再次走向衰落。

一、从庄存与到龚自珍：公羊学在晚清的发皇与演变

在乾嘉朴学盛行天下之时，一个呈现出鲜明的今文经学色彩的学派——晚清公羊学派也开始萌苗，并在清朝随后面临的内忧外患中迅速扩大影响，最终成为晚清学界最主流的思潮。如叶德辉曾认为，晚清公羊学的盛行甚至导致了清社的崩颓：

> 仁和龚定庵先生，以旷代逸才，负经营世宙之略，不幸浮湛郎署，为儒林文苑中人，此非其生平志愿所归往也。曩者光绪中叶，海内风尚《公羊》之学，后生晚进，莫不手先生文一编。其始发端于湖、湘，浸淫及于西蜀、东粤，挟其非常可怪之论，推波扬澜，极于新旧党争，而清社遂屋。论者追原祸始，颇咎先生及邵阳魏默深二人。[1]

叶氏之言是对是错暂不讨论。但从他这一段话中，我们可以看到，晚清公羊学对当时的思想界乃至整个社会产生了多么深刻且广泛的影响。晚清公羊学派以《春秋公羊传》为依托，主张经世改制，试图阐述孔子的"微言大义"，对乾嘉学派注重名物训诂、强调考据的

---

[1] 叶德辉：《郎园北游文存·龚定庵年谱外纪序》，载孙文光等编：《龚自珍研究资料集》，黄山书社1984年版，第123—124页。

学术宗旨不感兴趣。晚清公羊学的异军突起，便意味着"实事求是"的考据学风将再次从学界的核心滑落到边缘。因此，我们有必要对晚清公羊学派的发展与演变进程进行简要的梳理。

晚清公羊学派的形成经历了较长时间的酝酿过程，其中常州今文学派的出现，可视为其肇端的标志。因该派的代表人物庄存与、刘逢禄都是常州人，故被称作常州学派。

庄存与（1719—1788 年）是常州今文学派的首创者，于乾隆十年（1745 年）中进士第一甲第二名（榜眼）。作为一位经学家，庄存与想要做的是"于六经皆能阐抉奥旨，不专为汉宋笺注之学，独得先圣微言大义于语言文字之外"[1]，故对乾嘉时期盛行的考据学风颇为不满："自分析文字，繁言碎辞，日益以滋。圣人大训，若存若亡，道不足而强言，似是之非，习以为常，而不知其倍以过言。"[2]所以，庄存与抛开当时学者普遍热衷的博雅考订之学，转而投入孤寂已久的公羊学的研究。庄存与的主要著作是《春秋正辞》，其主要目的是发挥孔子的"微言大义"，他说："《春秋》非记事之史，不书多于书，以所不书知所书，以所书知所不书。"[3]又指出："《春秋》非记事之史也，所以约文而示义也。"[4]因此，在这部著作中，庄存与对公羊学派所主张的"大一统""张三世""通三统"等思想均有自

---

[1]〔清〕阮元：《庄方耕宗伯经说序》，载〔清〕庄存与：《味经斋遗书》，阳湖庄氏清光绪八年刻本。

[2]〔清〕庄存与：《四书说》，《味经斋遗书》，阳湖庄氏清光绪八年刻本。

[3]〔清〕庄存与：《春秋要指》，载〔清〕庄存与：《春秋正辞》，上海古籍出版社 2014年版，第 228 页。

[4]〔清〕庄存与：《春秋要指》，载〔清〕庄存与：《春秋正辞》，上海古籍出版社 2014年版，第 230 页。

己的理解。例如，对于"大一统"思想，庄存与认为"《春秋》所以大一统者，六合同风，九州共贯"，即是说"大一统"所强调的是国家政体和政令的统一，这是任何人都不能违背的。庄氏还特别申明："此非《春秋》事也，治《春秋》之义莫大焉。"[1]其意在于说明，《春秋》一经中虽然并无"大一统"明文，但这是治春秋学的人所必当明晓的"大义"所在。庄存与在乾嘉朴学大盛时，率先举起了今文经学的旗帜，为晚清学风的转换吹响了第一声号角。如龚自珍对庄氏曾有如下赞誉："以学术自任，开天下知古今之故，百年一人而已矣。"[2]

庄存与之后，他的外孙刘逢禄成为清代公羊学第二期发展的代表人物。刘逢禄（1776—1829 年），字申受，三十九岁方中进士。刘逢禄深研于公羊学，学宗何休，认为何休"廓开众说，整齐传义，传经之功，时罕其匹"[3]，著有《春秋公羊经何氏释例》《公羊何氏解诂笺》《发墨守评》《榖梁废疾申何》《箴膏肓评》《左氏春秋考证》《论语述何》等，试图从各方面阐述和发挥公羊学说。如对于"大一统""通三统""张三世"等公羊家法，如果说庄存与还只是尝试性地进行阐释，而刘逢禄则开始大张旗鼓地彰显和宣扬。在其所著的《春秋公羊经何氏释例》中，刘逢禄开篇即讲"张三世"，他先列举出《春秋》若干"张三世"的例证，然后加以阐释说：

---

[1]〔清〕庄存与：《春秋正辞》，上海古籍出版社 2014 年版，第 10 页。

[2]〔清〕龚自珍：《资政大夫礼部侍郎武进庄公神道碑铭》，《龚自珍全集》，上海人民出版社 2015 年版，第 141 页。

[3]〔清〕刘逢禄：《公羊春秋何氏解诂笺叙》，载〔清〕阮元、王光谦编《清经解》第 7 册，上海书店 1988 年版，第 418 页。

（《春秋》）故分十二世，以为三等，有见三世，有闻四世，有传闻五世。于所见，微其词。于所闻，痛其祸。于所传闻，杀其恩。……鲁愈微而《春秋》之化益广，世愈乱而《春秋》之文益治。……"文王既没，文不在兹乎？"（孔子）揪然以身任万世之权，灼然以二百四十二年著万世之治。……《春秋》起衰乱以近升平，由升平以极太平。……"无平不陂，无往不复"，圣人以此见"天地之心"也。[1]

除此之外，刘逢禄还在清儒中较早地表达出改革的主张，如其说："王鲁者，即所谓以《春秋》当新王也。"[2]这反映出刚经历所谓"康乾盛世"的清王朝实际上已经沉疴日重、非改革不可了。

经过刘逢禄的努力，公羊学派在晚清影响日盛。而接替刘逢禄弘扬光大公羊学的，则是龚自珍。龚自珍身处清王朝大厦将倾之际，对汲汲于音韵训诂的考据之学颇为不喜。他曾指出："近日学者风气，徵实太多，发挥太少，有如桑蚕食叶而不能抽丝。"[3]不过，龚自珍并未有专门的公羊学著作，只是在其文章中时有对公羊家法的阐述。如其解释"大一统""张三世"时说：

问："太平大一统，何谓也？"答："宋明山林偏僻士，多言夷

---

[1]〔清〕刘逢禄：《春秋公羊经何氏释例》，载朱维铮主编：《中国经学史基本丛书》，上海书店出版社2012年版，第352—353页。

[2]〔清〕刘逢禄：《春秋公羊经何氏释例》，载朱维铮主编：《中国经学史基本丛书》，上海书店出版社2012年版，第418页。

[3]〔清〕章学诚著，仓修良编注：《文史通义新编新注》，商务印书馆2017年版，第694页。

夏之防,比附《春秋》,不知《春秋》者也。《春秋》至所见世,
吴、楚进矣。伐我不言'鄙',我无外矣。《诗》曰:'无此疆尔
界,陈常于时夏。'圣无外,天亦无外者也。""然则何以三科之
文,内外有异?"答:"据乱则然,升平则然,太平则不然。"[1]

龚自珍对于晚清公羊学派的意义,不在于在学术上达到多么精深
的境地,而在于其能于当时"万马齐喑"的政治文化背景下,发出了
"乱也将不远矣"这种振聋发聩的声音,并称"夜之漫漫,鹖旦不鸣,
则山中之民,有大音声起,天地为之钟鼓,神人为之波涛矣"[2],预
言神州"三千年未有之变"即将到来。因此,梁启超在《清代学术概
论》中曾说:"光绪间所谓新学家者,大率人人皆经过崇拜龚氏之一
时期,初读定庵文集,若受电然。"[3]正是在龚自珍的影响下,康有为
等儒者试图以公羊学改革政治,最终为晚清公羊学派在历史中留下了
浓墨重彩的一笔。

二、义理与考据并重:陈澧对"调和汉宋"的坚持

嘉道之际,不惟晚清公羊学派声势渐盛,宋学亦重新得到了儒者
们的关注,汉、宋之间相互攻驳,局面一度火热化。在如此情形下,

---

[1] 〔清〕龚自珍:《龚定盦全集·续集》,载顾廷龙主编:《续修四库全书》第 1520 册,
  上海古籍出版社 1996 年版,第 62 页。
[2] 〔清〕龚自珍:《龚定盦全集·续集》,载顾廷龙主编:《续修四库全书》第 1520 册,
  上海古籍出版社 1996 年版,第 54 页。
[3] 梁启超:《清代学术概论》,中华书局 2020 年版,第 128 页。

有一派学者为了消弭汉宋之争，提出了调和汉宋的主张，而陈澧正是其中的主将和集大成者。

陈澧（1810—1882年），广东番禺人，字兰甫，号东塾，世称东塾先生。清道光十二年（1832年）举人，系阮元之高足。陈澧精研经学，著述繁多，主要代表作有《东塾读书记》《汉儒通义》《声律通考》等。陈澧年轻时深受乾嘉朴学的影响，至中年以后，发现"今人只讲训诂考据而不求其义理，遂至于终年读许多书，而做人办事全无长进，此真与不读书等耳"[1]，遂决定走一条与乾嘉学者不同的道路。当时的学者是汉则非宋、是宋则非汉，陈澧则认为"汉宋各有独到之处"，不可偏废一方：

合数百年来学术之弊细思之，若讲宋学而不讲汉学，则有如前明之空陋矣。若讲汉学而不讲宋学，则有如乾嘉以来之肤矣。况汉宋各有独到之处，欲偏废之而势有不能者，故余说郑学则发明汉学之善，说朱学则发明宋学之善，道并行而不相悖也。[2]

所以，与其陷于汉、宋之间的偏狭之争，而不如取汉、宋之所长，兼容并蓄，"读书三十年乃知读书之法。汉学、宋学门户之见，消融净尽，惟寻求其切要以窥见古贤之学，庶不虚此一生耳"[3]。为了宣扬这一观点，陈澧从以下三个方面进行了不懈的努力。

首先，陈澧否定了时儒所主张的汉学重在考证训诂的观点，而揭

---

[1]〔清〕陈澧：《陈澧集（二）》，上海古籍出版社2008年版，第358页。

[2]〔清〕陈澧：《陈澧集（二）》，上海古籍出版社2008年版，第337页。

[3]〔清〕陈澧：《陈兰甫先生澧遗稿》，《岭南学报》1931年第2期。

示出汉学亦重义理的本来面向。乾嘉诸儒虽也认同"训诂明而后义理可明",但其治学时往往专心于音韵训诂、繁琐考证,而不再谈及义理。此正如陈澧所归纳的:"今时学术之弊:说经不求义理,而不知经;好求新义,与先儒异,且与近儒异;著书太繁,夸多斗靡;墨守;好诋宋儒,不读宋儒书;说文字太繁碎;信古而迂;穿凿牵强;不读史,叠床架屋。"[1]为救乾嘉儒者"绝不发明义理"之弊,为破宋学家对朴学陷于"饤饤之学"之讥,陈澧编纂《汉儒通义》,试图证明"汉儒善言义理,无异于宋儒"[2]。在该书的《序》中,陈澧强调:"汉儒说经,释训诂,明义理,无所偏尚,宋儒讥汉儒讲训诂而不及义理,非也。近儒尊崇汉学,发明训诂,可谓盛矣。澧以为汉儒义理之说,醇实精博,盖圣贤之微言大义,往往而在,不可忽也。谨录其说,以为一书……窃冀后之君子,祛门户之偏见,诵先儒之遗言,有益于身,有用于世,是区区之志也。"[3]

其次,当时的汉学家言必称郑玄,而宋学家则以朱子是宗,陈澧则兼尊郑、朱,并详论其所同,以瓦解汉宋之争的合理性。陈澧认为,郑玄集汉儒之大成,朱子集宋儒之大成,二人时代不同,立论偏重不同,但有一共同点,即均重考据不废义理,发挥义理不忘考据。这就说明,汉学、宋学二家实有相通之处,可以兼融为一。由此,陈澧曾打算撰写《郑学》《朱学》二书。他说:"汉学、宋学迭相攻击,实无人细读郑、朱两家书。余欲著《郑学》《朱学》二书,盖不得已,

---

[1] 〔清〕陈澧:《陈兰甫先生澧遗稿》,《岭南学报》1931年第2期。

[2] 〔清〕陈澧:《陈澧集(二)》,上海古籍出版社2008年版,第11页。

[3] 〔清〕陈澧:《汉儒通义》,番禺陈氏东塾丛书本。

竟须成此二书，乃一生事业也。"[1]虽《郑学》《朱学》二书由于各种原因最终并未撰成，但陈澧编纂的《郑氏全书》《朱子语类日钞》二书已然体现了其心旨。

最后，为了彻底消弭汉宋之争，陈澧还试图通过考据经学源流，说明汉学、宋学的目的都在于阐明孔子的"微言大义"。因此，从这一角度来说，汉学、宋学是归于一源的。在这一思想的指引下，陈澧著成《学思录》一书，并说：

> 汉儒之书，有微言大义，而世人不知也。唐疏亦颇有之，世人更不知也，真所谓微言大义乖矣。宋儒所说，皆近于微言大义，而又或无所考据，但自谓不传之学。夫得不传，即无考据耳。国初儒者，救明儒之病，中叶以来，拾汉儒之遗，于微言大义，未有明之者也。故予作《学思录》，求微言大义于汉儒、宋儒，必有考据，庶几可示后世耳（汉儒得传，宋儒得不传，皆未可尽信）。[2]

综上，我们可以明显地看出陈澧"调和汉宋"的意图及其理据。所以，在《中国近三百年学术史》中，钱穆对陈澧"调和汉宋"的学术宗旨总结如下："东塾所谓汉宋兼采者，似以宋儒言言义理，而当时经学家则专务训诂考据而忽忘义理，故兼采宋儒以为药。"[3]

---

[1]〔清〕陈澧：《陈兰甫先生澧遗稿》，《岭南学报》1931年第2期。
[2]〔清〕陈澧：《陈兰甫先生澧遗稿》，《岭南学报》1931年第2期。
[3] 钱穆：《中国近三百年学术史（下）》，商务印书馆2005年版，第681—682页。

三、经世致用：晚清"经世派"对考据学风的批评

嘉道之际，清朝的社会危机已然显现，如龚自珍曾说："自京师始，概乎四方，大抵富户变贫户，贫户变饿者。四民之首，奔走下贱，各省大局，岌岌乎不可以支月日，奚暇问年岁。"[1]当清朝在英帝国蓄意挑起的鸦片战争中落败，国势日衰，百姓多哀，而"为考证而考证，为经学而经学"的朴学家虽然占据要职，面对如此大变却表现得束手无策、迂腐无用。在如此情形下，有识之士们纷纷开始放弃考证训诂，而标举"经世致用"之学，试图以此强国富民、抵御外侮。

在晚清的经世思潮中，湖湘学者展现出了耀眼的光芒。如魏源率先对乾嘉学者所推崇的"汉学"展开了激烈的批评：

> 自乾隆中叶后，海内士大夫兴汉学，而大江南北尤盛。苏州惠氏、江氏，常州臧氏、孙氏，嘉定钱氏，金坛段氏，高邮王氏，徽州戴氏、程氏，争治诂训音声，爪剖釽析，视国初崑山、常熟二顾及四明黄南雷、万季野、全谢山诸公，即皆摈为史学非经学，或谓宋学非汉学，锢天下聪明知慧使尽出于无用之一途。[2]

魏源认为，汉学家们"争治诂训音声"，实乃"锢天下聪明知慧

---

[1]〔清〕龚自珍：《龚定盦全集·续集》，载顾廷龙主编：《续修四库全书》第 1520 册，上海古籍出版社 1996 年版，第 21 页。

[2]〔清〕魏源：《魏源集》，中华书局 2009 年版，第 358—359 页。

使尽出于无用之一途"。一个国家，如果人人尽习无用之学，则国家何以不走向衰亡呢？所以，魏源号召要"以实事程实功，以实功程实事"[1]，用尽心力先后编纂了《皇朝经世文编》《海国图志》等以"经世致用"为旨向的书籍，提出了"师夷之长技以制夷"等影响深远的主张，扭转了一代学风。如俞樾曾评价《皇朝经世文编》"数十年来，风行海内，凡讲求经济者，无不奉此书为矩矱，几于家有其书"[2]。

魏源之后，晚清湖湘中兴将相群体莫不以经世致用为务，莫不对务于音韵训诂的考据学风予以摈斥。如曾国藩直接将乾嘉学者引以为傲、藐视其他学术的根本——"实事求是"宗旨——从朴学的考证训诂中完全抽离出来。曾国藩指出，河间献王的"实事求是"之旨其实就是朱子的"即物穷理"："夫所谓事者，非物乎？是者，非理乎？实事求是，非朱子所称即物穷理者乎？"[3]而惠栋、戴震之流以"钩研诂训……薄宋贤为空疏"，"名目虽高，诋毁日月，亦变而蔽者也"[4]。左宗棠亦主张："多读经书，博其义理之趣，多看经世之书，求诸事物之理"[5]。而作为中国走向世界的先知者郭嵩焘，其思想更为先进开放，他不断呼吁"方今要务，莫急于崇尚实学，振兴人文"[6]。而他所提倡的"实学"，其中最重要的内容其实就是学习西学："窃谓

[1] 〔清〕魏源：《魏源集》，中华书局 2009 年版，第 208 页。

[2] 〔清〕俞樾：《皇朝经世文编续编·序》，光绪二十三年武进盛氏思补楼刻本。

[3] 〔清〕曾国藩：《书〈学案小识〉后》，见唐鉴：《唐鉴集》，岳麓书社 2010 年版，第 729—730 页。

[4] 〔清〕曾国藩：《书〈学案小识〉后》，见唐鉴：《唐鉴集》，岳麓书社 2010 年版，第 729—730 页。

[5] 〔清〕左宗棠：《左宗棠全集》第 13 册，岳麓书社 1987 年版，第 88 页。

[6] 〔清〕郭嵩焘：《郭嵩焘奏稿》，岳麓书社 1983 年版，第 283 页。

西洋立国有本有末，其本在朝廷政教，其末在商贾，造船、制器，相辅以益其强，又末中之一节也。故欲先通商贾之气以立循用西法之基，所谓其本未遑而姑务其末者。……舍富强之本图，而怀欲速之心以急责之海上，将谓造船、制器用其一旦之功，遂可转弱为强，其余皆可不问，恐无此理。"[1]

除了湖湘中兴将相群体，其他晚清有志于"经世之学"的学者亦对乾嘉学者的考据之风多有驳斥。如贺瑞麟认为，"本朝考据家宗实事求是之说，何尝有差，但只讨论得许多粗迹、名物、器数，更不向义理上讲究，所以不免支离破碎"[2]。而朱一新则强调，"不知宗旨不可与言学术……汉儒谓之'大义'，宋儒谓之'宗旨'，其揆一也"[3]。按照如此标准，朱一新认为，乾嘉学者所奉为一生守则的"实事求是"的考据学风并非真正的"实事求是"："博考宋、元、明、国初儒者之说，证以汉儒所传之微言大义而无不合，始可望见圣贤之门庭。汉儒所谓实事求是者，盖亦于微言大义求之，非如近人之所谓实事求是也。"[4]甲午战争以后，晚清"经世派"对乾嘉学者所重视的训诂考据更不在意，而开始将西学作为治学的重要内容。如1897年，梁启超手定《湖南时务学堂学约》，其中有云："居今日而言经世，与唐宋以来之言经世者又稍异。必深通六经制作之精意，证以周秦诸子及西人公理公法之书以为之经，以求治天下之理；必博观历朝掌故沿革得失，证以泰西希腊罗马诸古史以为之纬，以求古人治天下之法；必细

---

[1] 〔清〕郭嵩焘：《郭嵩焘奏稿》，岳麓书社1983年版，第345—347页。

[2] 贺瑞麟：《经说》，《清麓遗语》卷二，光绪三十一年正谊书院刻本。

[3] 朱一新：《无邪堂答问》，中华书局2000年版，第13—14页。

[4] 朱一新：《无邪堂答问》，中华书局2000年版，第13—14页。

察今日天下郡国利病，知其积弱之由，及其可以图强之道，证以西国近史宪法章程之书，及各国报章以为之用，以求治今日之天下所当有事，夫然后可以言经世。"[1]

由此，在挽救国家与民族命运的晚清经世风潮的冲击下，以面向文献为宗旨的"实事求是"的考据学风不可避免地走向衰微的道路。

---

[1] 梁启超：《湖南时务学堂学约》，《饮冰室合集》第 1 册，中华书局 1989 年版，第 28 页。

| 第二章 |
传统文化观照现实的实事求是

　　"实事求是"虽最先在汉朝以考据学的命题出现，但其尚实的基本义涵却早已蕴含在先秦儒家的道德伦理之中。"仁之实，事亲是也；义之实，从兄是也"，"诚者，天之道；诚之者，人之道"[1]等诸多论述表明，尚实的品格也体现于儒家对于社会伦常的讨论之中，蕴含了对于天地、社会价值的广泛思考。

第一节　两宋儒学复兴对"实事求是"
##　　　　　命题的重塑

　　面对宋朝内忧外患、国势不张，宋儒所需要解决的不仅有具体的

---

[1] 在古籍中，"诚"与"实"的义涵是可以互通的，表示：真实、实在。在古代词典《广雅》中："实，诚也"。朱熹也表示："诚，实也。"——〔宋〕朱熹：《四书章句集注·大学章句》，中华书局1983年版，第3页。

社会弊政，更有佛老思想对于现实人伦世界的消解。为了回应佛老的挑战，重建士人及统治阶层对儒学的信心，宋儒接过了韩愈批判佛老以复兴儒学的历史使命，在"出入佛老，返归六经"的转变中，开启了对儒学的复兴与重构。他们以"实"之精神自我标榜，一面批判佛老以虚、无为本的思想，一面反思前儒流于浮文华辞的虚学，并在探究义理的进程中，以"明体达用"[1]的架构展开了对儒学的复兴，并在"明体达用"的结构下实现对"实事求是"命题的重塑。

一、性与天道：理学兴起与"实事求是"命题的形上建构

面对佛老对于人伦社会及其价值的消解，宋儒立足于"实"的精神，致力于从"性与天道"的形上层面，为儒家的道德伦理确立了根本性的理论依据，以肯定儒家道德伦理对于现实社会的真实价值。在"天人合一"的结构下，宋儒将"实"的品格从超越的本体

---

[1] 本文"明体达用"的表达吸收了学界已有的相关研究。葛荣晋教授在《中国实学思想史》中指出，"所谓实学，是指宋以后的'实体达用之学'。随着历史的变迁和忧患意识的隐显，实学总是或侧重于'实体'或侧重于'达用'而不断地在转换中向前发展。"——葛荣晋主编：《中国实学思想史·引论》上卷，首都师范大学出版社1994年版，第1页。在此基础上，朱汉民教授在《宋儒义理之学的实学精神》中对宋儒所展现的"实学精神"进行了更为具体的阐发，他认为"当宋儒称自己的学说为'义理之学''理学'时，其意义首先是学术的社会使命与文化功能意义上的，即他们旨在恢复原始儒学的社会文化功能，旨在恢复与建构一种'有体有用之学''内圣外王之学''圣学'以解决社会的人心世道、经邦治国的问题"。——朱汉民：《宋儒义理之学的实学精神》，《实学文化丛书——传统实学与现代新实学文化》2018年4月。综合学界其他的相关研究，"明体达用"这一命题较为准确地概况了宋儒对于儒学的重建。

贯穿于具体的人伦日用。所谓"实事"不仅是人伦日用的道德伦常，还包括了形上存在的宇宙本体。宋儒所展开的"求是"也不只是对事物规律的认知，还有对社会伦理及其背后普遍"天理"的探索与遵循。

随着理学的兴起与发展，从周敦颐、张载到程颢、程颐，分别发展了"太极""气""理"的形上建构，最终在朱熹的理学体系中实现统合，系统地确立了以"理"为本体的道德形上学。此后，这一基本认识也得到了象山心学和湖湘学派的吸收与发展。

周敦颐在《太极图说》中发展了万物化生的宇宙论。在"无极—太极—阴阳—五行—万物"[1]的模式中，他将"太极"作为宇宙本体，以"太极"的运动变化肯定天地万物的存在与发展。而在"惟人也，得其秀而最灵"的认识指引下，周敦颐更是直接将宇宙本体与现实个体相贯通。他认为，相较于万物，作为天地之灵的人直接秉承"太极"本体的"神性"。"惟人也，得其秀而最灵。形既生矣，神发知矣，五性感动而善恶分，万事出矣。圣人定之以中正仁义，而主静，立人极焉。"[2]周敦颐所展现的"太极"—"人极"的价值联系，是基于对"太极"本体的确认，从宇宙本源的角度肯定了儒家仁义道德的价值。"立天之道，曰阴与阳。立地之道，曰柔与刚。立人之道，曰仁

---

[1] "无极而太极。太极动而生阳，动极而静，静而生阴。静极复动。一动一静，互为其根；分阴分阳，两仪立焉。阳变阴合，而生水、火、木、金、土。五气顺布，四时行焉。五行，一阴阳也；阴阳，一太极也；太极，本无极也。五行之生也，各一其性。无极之真，二五之精，妙合而凝。'乾道成男，坤道成女'，二气交感，化生万物。万物生生，而变化无穷焉。"〔宋〕周敦颐：《周敦颐集·太极图说》，中华书局1990年版，第3—5页。

[2]〔宋〕周敦颐：《周敦颐集·太极图说》，中华书局1990年版，第6页。

与义。"[1]

张载则在气本论的视域下更为具体地阐述了万物化生的宇宙论。他提出"太虚即气"命题，认为宇宙间并不存在绝对的虚无，所谓的虚无其实是"气"的本然状态。"太虚无形，气之本体，其聚其散，变化之客形尔。"[2]张载认为，万物存在源于"气"的聚合，而万物消失则是回归于"气"的"太虚"状态，因而有形的物与无形的虚本质上都是"气"。"太虚不能无气，气不能不聚而为万物，万物不能不散而为太虚。"[3]张载强调"气"作为宇宙本体的真实存在，即"至实"，从而为现实世界的真实存在确立了绝对的形上根据。"凡有形之物即易坏，惟太虚无动摇，故为至实。"[4]

由此不难看出，张载将"实"的品格落在了人性的层面。他认为，人之所以为人，其根据就在于"气"赋予人的"天地之性"[5]，虽"天地之性"的彰显会遭受气质的蒙蔽，但其内容却不会因此而损益或消失，因为"天地之性"的存在贯通于宇宙本体。"天所性者通极于道，气之昏明不足以蔽之；天所命者通极于性，遇之吉凶不足以戕

---

[1] 原文出自《周易·说卦传》，被周敦颐引用在《太极图说》中。中华书局 1990 年版，第 7 页。

[2] 〔宋〕张载：《张载集·正蒙》，中华书局 1978 年版，第 7 页。

[3] 〔宋〕张载：《张载集·正蒙》，中华书局 1978 年版，第 7 页。

[4] 〔宋〕张载：《张载集·张子语录》，中华书局 1978 年版，第 325 页。

[5] 关于人性的讨论，张载分辨了"天地之性"与"气质之性"。其中，"天地之性"源于宇宙本体，纯善无恶；"气质之性"则是受到气质障蔽而呈现出的感性欲求。基于"气质之性"的存在，张载肯定人所具有的感性欲求，但他并没有将其视为人之为人的本质特征，而是从性善论的角度将"天地之性"视为人之为人的本质特征。可参见陈来：《宋明理学》，生活·读书·新知三联书店 2011 年版，第 73—74 页。

之。"[1]而"天地之性"的内涵即儒家的仁义道德。"仁义人道，性之立
也。"[2]在"天道性命"的结构下，张载以"天地之性"为枢纽建立起
儒家的道德伦理与宇宙本体的联系，为儒家的人伦道德确立了超越且
永恒的根据。正基于此，张载强调儒家道德伦理恒久常在的真实性。
"道德性命是长在不死之物也，己身则死，此则常在。"[3]

　　与张载从万物化生的发展模式中追溯宇宙本源不同，二程则是从
万物之所以化生的原因处来探究宇宙本体。不同于张载以"气"为
宇宙本体，二程认为，天地万物得以存在变化的根源在于"理"，即
"生生之谓易"所展现的"理"，此"理"贯穿于天地万物，是万物生
生不息的客观规律。"所以谓万物一体者，皆有此理，只为从那里来。
'生生之谓易'，生则一时生，皆完此理。"[4]二程取消了人格神的存
在，认为决定万物得以存在变化的是客观存在的"理"，所谓的"神"
其实是对"理"化生万物之精妙的描述。"天者理也，神者妙万物而
为言者也。"[5]由此，二程将事物间的条理规律上升到了宇宙本体的层
面，将此"理"视为绝对存在的"实体"，即"天理"。二程所论的
"实"是超越于具体现象的绝对真实，强调"天理"的独立性，通过
拉开与具体现象的距离，在宇宙本体层面肯定其真实性、永恒性。

　　不仅如此，二程还直接将超越的"理"与内在的"性"相贯通。
"性即是理，理则自尧、舜至于涂人，一也。"[6]他们认为，人性实际

---

[1]〔宋〕张载：《张载集·正蒙》，中华书局1978年版，第21页。

[2]〔宋〕张载：《张载集·正蒙》，中华书局1978年版，第48页。

[3]〔宋〕张载：《张载集·经学理窟》，中华书局1978年版，第273页。

[4]〔宋〕程颢、〔宋〕程颐：《二程集·遗书》，中华书局2004年版，第33页。

[5]〔宋〕程颢、〔宋〕程颐：《二程集·遗书》，中华书局2004年版，第132页。

[6]〔宋〕程颢、〔宋〕程颐：《二程集·遗书》，中华书局2004年版，第204页。

上是"理"落于人的具体存在，是人之所以为人的本质内容，其内涵为儒家的仁义道德。"自性而行，皆善也。圣人因其善也，则为仁义礼智信以名之。"[1]相比于张载由"气"到"性"的结构，二程"性即理"的结构则更为直接地为儒家的仁义道德确立了永恒的价值根据。他们不仅肯定儒家的道德伦理与超越的本体相贯通，而且还把道德伦理视为人性所本有的内容，彰显儒家道德伦理对于个体的绝对价值。比如，"父子君臣，天下之定理，无所逃于天地之间。"[2]

同时，程颐也将"求是"的内容落在了道德修养的工夫上。在"性即理"的结构下，不仅将人性贯通"天理"，而且认为事物之理也是"天理"的直接下贯：

> 在天为命，在义为理，在人为性，主于身为心，其实一也。[3]
>
> 至显者莫如事，至微者莫如理，而事理一致，微显一源。古之君子所谓善学者，以其能通于此而已。[4]

程颐强调"主敬涵养"与"格物穷理"的修养工夫。基于人性内在，提出以"主敬"涵养自身本性，"学者须是将敬以直内，涵养此意，直内是本"[5]；而面对物理与"天理"的贯通，他则以"格物"

---

[1]〔宋〕程颢、〔宋〕程颐：《二程集·遗书》，中华书局2004年版，第318页。
[2]〔宋〕程颢、〔宋〕程颐：《二程集·遗书》，中华书局2004年版，第77页。
[3]〔宋〕程颢、〔宋〕程颐：《二程集·遗书》，中华书局2004年版，第204页。
[4]〔宋〕程颢、〔宋〕程颐：《二程集·遗书》，中华书局2004年版，第323页。
[5]〔宋〕程颢、〔宋〕程颐：《二程集·遗书》，中华书局2004年版，第149页。

来探究万物之所以然的"天理","格物者适道之始，欲思格物，则固已近道矣"[1]。这既是在道德修养的工夫中体察"天理"，也是在认知"天理"的过程中自觉内在人性、坚定对道德的践履，从而在此过程中将"理"真实地展现在人伦日用之中。在"天理"—人性—道德的逻辑下，二程展现了在理学建构中对于"实事求是"命题的重塑。

作为理学的集大成者，朱熹更为系统地建构了儒家的道德形上学。在宇宙万物的层面，他继承二程以"理"为本体的思想，并以周敦颐"无极而太极"的命题肯定本体之"理"的超越性与真实性，以"无极"来强调"理"相对于万物的超越性，以"太极"来肯定"理"作为本体的真实存在。[2]朱熹强调，"不言无极，则太极同于一物，而不足为万化之根；不言太极，则无极沦为空寂，而不能为万物之根"[3]。同时，朱熹统合了张载的"气化"思想。朱熹认为，虽然在万物化生中，理气不离、不可分别，但是在形上、形下的分辨中，则存在"理先气后"的逻辑秩序。朱熹肯定"理"是终极的实在，是万事万物的本原与根据。"（理气）此本无先后之可言。然必欲推其所从来，则须说先有是理。"[4]基于此，在"理一分殊"的思想下，朱熹强调"天理"与儒家的仁义道德的直接贯通，虽然具体的道德存在差异，但是其本质上都贯通于此本体之"理"：

---

[1]〔宋〕程颢、〔宋〕程颐：《二程集·遗书》，中华书局2004年版，第316页。

[2] 参见冯达文、郭齐勇：《新编中国哲学史》下册，人民出版社2004年版，第67页。

[3]〔宋〕朱熹：《朱子全书·晦庵先生朱文公文集》第21册，上海古籍出版社、安徽教育出版社2002年版，第1560页。

[4]〔宋〕黎靖德编：《朱子语类·卷第一》，中华书局1986年版，第3页。

> 万物皆有此理，理皆同出一原。但所居之位不同，则其理之
> 用不一。如为君须仁，为臣须敬，为子须孝，为父须慈。[1]

因为"理"作为宇宙本体，独立于天地万物，所以在具体道德上，朱熹强调道德伦理相对于具体生活的超越。"未有这事，先有这理。如未有君臣，已先有君臣之理；未有父子，已先有父子之理。"[2]朱熹为儒家的人伦道德直接提供了宇宙本体伦的论证，肯定了儒家道德伦理的永恒价值。

从人性论层面看，朱熹发展了张载人性二分的思想。基于"天理"的贯通，朱熹以"天命之性"确立了人之为人的内在价值根据。虽受到气质的蒙蔽，"天命之性"会堕入气质并与气质混成为"气质之性"[3]。"论天地之性，则专指理言；论气质之性，则以理与气杂而言之。未有此气，已有此性。"[4]但此纯善无恶的"天命之性"源于天理，不会受到任何损益。由于"天命之性"的绝对存在，朱熹肯定了人性为善的本质内容；而基于"气质之性"的存在，又为恶的产生给出了合理的解释，从而强调道德修养的必要性。由此，一方面基于"天命之性"的真实存在和"气质之性"的现实障蔽，朱熹继承了

---

[1] 〔宋〕黎靖德编：《朱子语类·卷第十八》，中华书局 1986 年版，第 398 页。

[2] 〔宋〕黎靖德编：《朱子语类·卷第九十五》，中华书局 1986 年版，第 2436 页。

[3] 相较于张载，朱熹对于"气质之性"与"天命之性"的辨析更为明确。朱熹认为所谓的"气质之性"与"天命之性"并不是独立存在的两种人性。其中，"天命之性"源于"天理"，纯善无恶，是人之为人的价值根据；"气质之性"则是"天命之性"堕入形质之后，受气质蒙蔽之后而展现的现实人性。可参见陈来：《宋明理学》，生活·读书·新知三联书店 2011 年版，第 191—193 页。

[4] 〔宋〕黎靖德编：《朱子语类·卷第四》，中华书局 1986 年版，第 67 页。

程颐"主敬涵养""格物穷理"的工夫路径。另一方面，朱熹强调警惕内心的妄动，使内心保持对自身人性专一，"人之心性，敬则常存，不敬则不存"[1]，同时主张向事物探求事物"所以然之故"，力求通过探究事物之理的方式体认自身的性理，从而在践行道德的过程中展现对人伦日用的通达：

> 如事亲当孝，事兄当弟之类，便是当然之则。然事亲如何却须要孝，从兄如何却须要弟，此即所以然之故。[2]

可见，朱熹在理本论的视域下，将儒家"实事求是"的品格落实在了对"理"的建构上，以"理"独立于天地万物的超越性，确保儒家道德伦理的永恒价值及其绝对真实。其中，最大的"实事"是"理"，是儒家的道德伦常，而"求是"则是对"理"及道德伦常的认知与践行。

与朱熹以"性即理"立论不同，陆九渊则倡导"心即理"的思想。陆九渊在肯定"理"作为宇宙本体的基础上，强调"本心"与"天理"的直接贯通。"宇宙间自有实理，所贵乎学者，为能明此理耳。此理苟明，则自有实行，有实事。"[3]基于对"本心"的确认，陆九渊将"实"的品格从超越的天理拉到了具体的个人。如果说朱熹"性即理"的命题是面向天地万物，陆九渊的"心即理"则是面向人的存在。"天之所以与我者，即此心也。人皆有是心，心皆具是理，心即

---

[1]〔宋〕黎靖德编：《朱子语类·卷第十二》，中华书局1986年版，第210页。

[2]〔宋〕黎靖德编：《朱子语类·卷第十八》，中华书局1986年版，第414页。

[3]〔宋〕陆九渊：《陆九渊集》，中华书局1980年版，第182页。

理也。"[1]陆九渊认为，人对于"理"的认知不在于对外物的探究，而在于对内在"本心"的体认；如果向事物去求"理"，则是将儒家的道德伦理建立在变动不居的外物上。陆九渊强调，人只有基于对"本心"的自觉、"发明本心"，才能真实地体认"理"的存在，忠实践行儒家的仁义道德。可以说，陆九渊在"本心"的基础上展现了"实事求是"的基本精神：

> 此吾之本心也，所谓安宅、正路者，此也；所谓广居、正位、大道者，此也。古人自得之，故有其实。言理则是实理，言事则是实事，德则实德，行则实行。[2]

值得注意的是，作为二程理学南传的一脉，湖湘学派不仅继承了二程的"性即理"思想，同时也发展了"心"的主体意义，从而在"心""性"的统一上建立起独特的宇宙本体论。基于"理"与"性"的贯通，湖湘学派肯定人性是真实存在的宇宙本体。"实然之理具诸其性。有是性，则备是形以生。"[3]基于人性内在的特点，湖湘学派在肯定"性"作为宇宙本体客观真实存在的同时，还强调人对于内在人性的成就。"心也者，知天地，宰万物，以成性者也。"[4]在"性"与"心"的统合下，湖湘学派所追求的实体（"性"）不再是高悬于人的绝对存在，而是存在于"心"的主观能动之中，把"求是"的实践注

---

[1]〔宋〕陆九渊:《陆九渊集》，中华书局1980年版，第149页。

[2]〔宋〕陆九渊:《陆九渊集》，中华书局1980年版，第5页。

[3]〔宋〕张栻:《新刊南轩先生文集》，中华书局2015年版，第954页。

[4]〔宋〕胡宏:《胡宏集》，中华书局1987年版，第328页。

入到了对"实事"的确认上。

总之，在"天道性命"的结构下，宋儒从超越的本体到具体的个人都贯穿了"实"的品格。他们不仅从宇宙本体的层面为儒家的道德伦理确立了超越根据，更从内在人性的角度确立了其内在依据。宣扬人们所面对的"实"不只是超越的本体，还有内在于自身的人性，从而以此确信儒家道德伦常的真实价值。将"求是"的工夫落在了对性理的认知，推崇在个体的道德修养中去展开对国计民生的关怀，即由内圣开出外王。

二、义利之辨：学统四起与"实事求是"的现实张力

在形而上学的建构中，尽管宋儒致力于为儒家道德伦理确立超越且真实的根据，但面向现实，儒学的复兴终究还是要落脚于现实社会的日用伦常。为此，宋儒围绕义利关系展开了丰富的讨论甚至争辩。以二程、朱熹、陆九渊为代表的一派学者，在"天理"的立意下强调真正的实行、实事是对"天理"的践行，认为事功的成就其实是道德修养过程中的自然结果。而与之相对的事功学派则强调以利言义，不能脱离事功而高谈道德，反对程朱专谈心性道德而不求事功的思想，认为所谓对道义的修养其实是蕴含在对功利的实现之中。以胡宏、张栻为代表的湖湘学派则是在义利统合的立意下，力求保持道德与事功的统合，既强调坚持道义的价值原则，同时也警惕"高谈性命"而荒废事功的虚论，展现出了"传道济民"的致用精神。

在儒家一贯的价值追求中，儒者对于义利之辨的讨论清晰地展现了儒家基本的价值取向。不论是孔子的"君子喻于义，小人喻于利"，还是孟子的"舍生而取义"，以及董仲舒的"正其谊不谋其利，明其道不计其功"，无不凸显着崇义非利的价值取向。宋儒基本接续了儒家的这一传统，并将儒家崇尚仁政的王道之治视为政治理想。但是，面对现实的政治环境，宋儒对于义利之辨的具体诠释却展现出了不同的内容。

以二程、朱陆为代表的一批学者，在"天理"与仁义道德相贯通的认知下，自觉展现出了崇义非利的价值取向。在义利之辨的基本认知中，二程展现出了义利之间的截然二分。"大凡出义则入利，出利则入义。天下之事，惟义利而已。"[1]基于个体的价值取向，他们认为义利之辨所展现的是个体对于仁义之心与利欲之心的抉择，二者非此即彼，本质上是对公与私的抉择，比如：

> 孟子辨舜、跖之分，只在义利之间。言间者，谓相去不甚远，所争毫末尔。义与利，只是个公与私也。[2]

在"理"本论的视域下，朱熹自觉地将义利之辨至于天理、人欲之别的讨论中，以凸显仁义之心的绝对价值。朱熹指出："仁义根于人心之固有，天理之公也；利心生于物我之相形，人欲之私也。"[3]而陆九渊基于"本心"的确立，也在"立志"的层面肯定崇义非利的价

---

[1]〔宋〕程颢、〔宋〕程颐：《二程集·遗书》，中华书局2004年版，第124页。

[2]〔宋〕程颢、〔宋〕程颐：《二程集·遗书》，中华书局2004年版，第176页。

[3]〔宋〕朱熹：《四书章句集注·梁惠王章句上》，中华书局2018年版，第202页。

值取向。[1]

在价值层面上，理学家展现出了崇义非利的对立二分，但在具体的事物层面，则强调义利之间的相互统合。基于以"事之宜"释义的认识，朱熹强调，行义所展现的道德践履不是单纯的自我修养，而是对具体事物的切实关注。人正是通过把握并遵循事物的本然状态，使万物能够"各得其宜"，从而能在万物"各得其所"中利己利人。朱熹认为：

> 只万物各得其分，便是利。君得其为君，臣得其为臣，父得其为父，子得其为子，何利如之！[2]

同时由于义与"天理"的贯通，对义的坚守实际上就是对"天理"的遵循。所以在人欲的追逐下，人们只会违背"天理"而损人害己。"循天理，则不求利而自无不利；殉人欲，则求利未得而害己随之。"[3]在崇义非利的价值抉择中，理学家还蕴含着由义生利的实践路径。在义利之辨的讨论中，理学家所高扬的仁政理想不仅体现了儒家对于仁义道德的高扬（义），其中还蕴含了对于平治天下的追求（利）。基于此，理学家表现出对佛教"出世"思想的强烈批判，

---

[1] 参见陆九渊的《白鹿洞书院讲义》。此文中，陆九渊集中讨论以义为志与以利为志的价值区分。"人之所喻由其所习，所习由其所志。志乎义，则所习者必在于义，所习在义，斯喻于义矣。志乎利，则所习者必在于利，所习在利，斯喻于利矣。故学者之志不可不辨也。"——〔宋〕陆九渊：《陆九渊集·白鹿洞书院讲义》，中华书局1980年版，第275—276页。

[2] 〔宋〕黎靖德编：《朱子语类·卷第六十八》，中华书局1986年版，第1705页。

[3] 〔宋〕朱熹：《四书章句集注·梁惠王章句上》，中华书局2018年版，第202页。

从而鲜明地彰显了儒家伦理的现实意义。"某尝以义利二字判儒释，又曰公私，其实即义利也。……惟义惟公，故经世；惟利惟私，故出世。"[1]

王安石虽然也肯定对义的高扬，并同样以公私之别来论义利之辨，但是他所基于的不是个人的价值取向，而是行为对象的选择。王安石认为，义利之辨的核心不在于个体是践行道德规范还是获取物质利益，而在于其目的是为了国计民生还是一己之私。在国计民生的框架下，王安石把为国理财纳入到义的应有内容，认为为国理财虽表现为对利益的追求，但实际上却是为天下苍生计，即公利，合于义的核心价值。"至于为国之体，摧兼并，收其赢余以兴功利，以救艰厄，乃先王政事，不名为好利也。"[2]比如，王安石提出"理财乃所谓义"[3]的口号，强调要从有利于国计民生的角度来衡量义的实现，并开启了以富国强兵为核心的变法运动。但在理学家看来，王安石的思想实际上是将"道义"建立在了事功的基础上，取消了义作为价值原则的独立性，这是他们所不能接受的。所以，理学家认为"王安石欲求近功，忘其旧学，尚法令则称商鞅，言财利则背孟轲"[4]，本质上是以儒家王道之名行法家霸道之事。以致王安石以此所展开的变法遭到了他们强烈反对与批判，"安石挟管、商之术，饰六艺以文奸言，变

---

[1]〔宋〕陆九渊：《陆九渊集》，中华书局1980年版，第17页。

[2]〔宋〕李焘：《续资治通鉴长编》卷二四〇，熙宁五年十一月，中华书局2004年版，第5828页。

[3]〔宋〕王安石：《王安石全集·答曾公立书》，复旦大学出版社2016年版，第1306页。

[4]〔清〕毕沅撰：《续资治通鉴》卷第六十七，岳麓书社1992年版，第891页。

乱祖宗法度。"[1]

同样遭到理学家批评的还有南宋的陈亮与叶适。虽然与朱、陆同处南宋，但陈亮、叶适怀着对时局的忧心，更多地表现出对现实政治的关注，批判当时士人空谈心性而荒废实事的虚妄之风：

> 始悟今世之儒士自以为得正心诚意之学者，皆风痹不知痛痒之人也。举一世安于君父之仇，而方低头拱手以谈性命，不知何者谓之性命乎！[2]

他们反对理学家义利二分的思想，并在追求事功的立意下，强调义、利统一而无法分割。叶适直接批判了董仲舒"正其谊不谋其利，明其道不计其功"之语，认为古人不是不谋利，而是"以利与人而不自居其功"，而董仲舒之语却全然否定了利的存在。后世学者脱离于现实功业高谈道义，而所谓的道义不过是"无用之虚语"，沦为了儒者自我吹捧的虚名。"古人以利与人而不自居其功，故道义光明。后世儒者行仲舒之论，既无功利，则道义者乃无用之虚语尔。"[3]同时，他们也通过诉诸远古圣王的王道政治，来佐证自身的观点，认为圣王对于王道政治的实现，正是基于他们为天下所创造的丰功伟业和巨大财富。陈亮指出："禹无功，何以成六府？乾无利，何以具四德？"[4]

---

[1]〔宋〕赵汝愚编：《宋朝诸臣奏议·论王安石邪说疏》，上海古籍出版社1999年版，第899页。

[2]〔宋〕陈亮：《陈亮集》，中华书局1987年版，第9页。

[3]〔宋〕叶适：《习学记言序目》，中华书局1977年版，第324页。

[4]〔清〕黄宗羲原著，〔清〕全祖望补修：《宋元学案》，中华书局1986年版，第1850页。

叶适也指出："是故以天下之财与天下共理之者，大禹、周公是也。古之人，未有不善理财而为圣君贤臣者也。"[1] 面对内忧外患的严峻形势，陈亮、叶适他们取消了义作为价值原则的超越性，认为儒家道德的实现离不开事功成就，从而在现实层面强调将对义的践履落在了国计民生的实事成绩上。

值得关注的是，湖湘学派坚持了对义作为价值原则的肯定。怀着忧国忧民的情怀，他们在坚持道德义理的基础上，反思"高谈性命"的空虚之言，强调对现实社会的切实关注。胡宏指出："而后知学者多寻空言，不究实用，平居高谈性命之际，亹亹可听，临事茫然，不知性命之所在者，多矣。"[2] 同时，围绕义利之辨，湖湘学派虽然坚持义对于个体价值抉择的独立意义，但没有将现实问题完全至于义的笼罩下。胡宏对"体用合一，未尝偏也"[3] 的理解是，以义为体，以利为用，一方面肯定义作为价值原则的独立性，另一方面基于现实问题，则强调对具体事物的研究，义、利二者合一，不可偏废。

> 学圣人之道，得其体，必得其用。有体而无用，与异端何辨？井田、封建、学校、军制，皆圣人竭心思致用之大者也。[4]

张栻则发展了胡宏的义利"体用合一"的思想，指出义对应个体

---

[1]〔宋〕叶适：《叶适集》，中华书局 2010 年版，第 658 页。

[2]〔宋〕胡宏：《胡宏集》，中华书局 1987 年版，第 124 页。

[3]〔宋〕胡宏：《胡宏集》，中华书局 1987 年版，第 122 页。

[4]〔宋〕胡宏：《胡宏集》，中华书局 1987 年版，第 131 页。

的道德修养，崇高的道德精神是基本前提，目的在于平治天下。"义利之辨大矣，岂特学者治己之所当先，施之天下国家一也。王者所以建立邦本，垂裕无疆，以义故也。而伯者所以陷溺人心，贻毒后世，以利故也。"[1]这正如张栻在其所撰写的《岳麓书院记》中提出的"盖欲成就人才，以传道而济斯民也"，强调在义的价值下，实现对国计民生的关怀。

总之，在当时朝政危机严峻、佛老思想挑战的"双重"背景之下，"实"不仅成为宋儒的核心价值，也成为他们对待时代问题的基本态度。怀着强烈的人文关怀，宋儒立足于儒家的人伦道德，丰富地展现了对于"实事求是"的重构，不仅从形上层面为道德伦理确立了超越的根据，而且在现实层面展现了对道德的具体践行。同时，基于不同视角，宋儒对于儒学的丰富诠释，在差异与共性的对立统一之中，使得儒学呈现出了多重面向。

第二节　明清鼎革之际"实学"思潮的振起及影响

随着"理学"官学化发展，讲求性命道德的宋明理学逐渐成为当时社会思想的主流。如果说程朱的"格物穷理"还保留了"实事求

---

[1]〔宋〕张栻:《新刊南轩先生文集·孟子讲义序》，中华书局 2015 年版，第 972 页。

是"经验性的一面，那么阳明的"心外无物"则是将儒学"实"的品格彻底转向于内在心性。在良知本心的发用下，王阳明展现出集立德、立功、立言于一身的成就，但其后学却在内在心性的探索中，逐渐丢失了对社会现实的关怀，进而造成"无事袖手谈心性，临危一死报君王"[1]的悲惨局面。

面对明清的政权更替，以中原文化自居的儒者在强烈的现实冲击下，陷入了"天崩地解"的悲痛之中。怀着巨大的悲痛与真切的现实关怀，明清之际的儒者展开了对程朱、陆王之学的反思与批判。他们同样以"实"之精神自我标榜，以虚、无直斥前儒性理之学的空洞，并将其视为与佛老同类：

> 昔之清谈谈老、庄，今之清谈谈孔、孟。未得其精而已遗其粗，未究其本而先辞其末，不习六艺之文，不考百王之典，不综当代之务，举夫子论学论政大端一切不问，而曰一贯，曰无言，以明心见性之空言代修己治人之实学。股肱惰而万事荒，爪牙亡而四国乱，神州荡覆，宗社丘墟。[2]

随着社会矛盾的变化，虽然同样是在"黜虚崇实"的价值追求之下，但明清之际的儒者所面临的主要问题，已不再是如何为儒家的道德伦理确立超越的根据，而是如何将儒家的仁义道德真实地落在日用伦常。在此背景下，他们展现出了对前儒所建构的道德形上学的普遍

---

[1]〔清〕颜元：《颜元集·存学编卷一》，中华书局1987年版，第51页。
[2]〔清〕顾炎武：《日知录集释》，上海古籍出版社2006年版，第402页。

反思，试图将高悬于事物的"理"拉回到具体的生活世界，展现了对"实事求是"思想在具体实践中的丰富面向。

一、以气为本："实事求是"在形上层面的本体重构

在"天崩地解"的动荡局势下，反思与批判宋明儒学的道德心性之论成为明清之际的思想家拯救时局、重建儒学的基本路径。他们不仅批判佛老以虚、无为本的思想，更是直斥程朱、陆王之学是脱离于社会现实的空虚之论。同样是在以"实"为本的价值追求下，明清之际的儒者发展了前儒以"气"为宇宙本体的思想，强调"理依于气"，认为所谓的道德追求不能脱离于具体的现实社会，只有立足于对现实社会的发展才能真实地展现道德伦理，并以此彻底转换了宋明儒学"理为气本"的理论架构，从而为他们所高扬的"经世致用"确立了本体层面的理论依据。

学宗王阳明的刘宗周，提倡"诚敬"为主，"慎独"为功，人称"千秋正学"。作为从心学转向气学的学者，刘宗周与其弟子黄宗羲的思想转变在一定程度上体现了当时士人在历史环境下的思想特点。经历了早年秉持程朱理学，到中年转向陆王心学，最后到晚年发展张载气学，刘宗周的学术思想经历了复杂的转变过程。正如他在临终前向学生所指出的"若良知之说，鲜有不流于禅者"[1]。在反思心学的过程中，他逐渐表现出对气学思想的青睐。在宇宙本体层面，刘宗周提

---

[1]〔清〕黄宗羲:《明儒学案·蕺山学案》，中华书局 2008 年版，第 1548 页。

出了"盈天地间一气而已矣"[1]的思想，认为天地万物都由"气"所
化生而来。他反对前儒"理先气后""由理生气"的思想，认为"理"
的存在是基于"气"而言，"理"既不先于"气"，也不独立于"气"。
"理即是气之理，断然不在气先，不在气外。"[2]刘宗周发展出了"道
不离器"的道器论，认为道、器虽有形上、形下之别，但本质上却
是统一不离的。"形即象，象立而道器分，一上一下之谓也。上者即
其下者也。器外无道也，即变通即事业，皆道也，而非离器以为道
也。"[3]基于此，刘宗周否定了前儒以道德伦理超越于具体生活而存在
的认知。他认为，所谓的仁义礼智信等道德实际上都是基于具体的日
用生活而言，没有父子、君臣的存在，所谓的仁义也就无所谈起：

> 无形之名，从有形而起。如曰性，曰仁、义、礼、智信，皆
> 无形之名。然必有心而后有性之名，有父子而后有仁之名，有君
> 臣而后有义之名，推至礼、智、信皆然。[4]

不过，在心性层面上，刘宗周还保留了其心学色彩。他打通
"气"与"心"的联系，在人性的展现中肯定"心"的主导。"有心
而后有性，有气而后有道，有事而后有理。故性者心之性，道者气
之道，理者事之理也。"[5]从理气观、道器论，再到心性论，刘宗周

---

[1]〔明〕刘宗周:《刘宗周全集》第6册，浙江古籍出版社2007年版，第37页。
[2]〔明〕刘宗周:《刘宗周全集》第2册，浙江古籍出版社2007年版，第410页。
[3]〔明〕刘宗周:《刘宗周全集》第1册，浙江古籍出版社2007年版，第234页。
[4]〔明〕刘宗周:《刘宗周全集》第2册，浙江古籍出版社2007年版，第607页。
[5]〔明〕刘宗周:《刘宗周全集》第2册，浙江古籍出版社2007年版，第608页。

致力于统合形上与形下的分界，强调二者的统一，他反对把儒家的仁义道德、伦常礼仪视为先天的、脱离于具体生活世界而存在的内容，试图把士人对超越的天理、心性层面的关注落到具体的人伦日用当中。

刘宗周的这一思想特点同样也体现在其弟子黄宗羲的思想发展中。在"盈天地间皆气"[1]的认识下，黄宗羲明确反对朱熹"理先气后"的思想，提出了"一物而两名"的命题，认为理气本是一物，只不过是从不同层面将其分为理气二名。"理气之名，由人而造，自其浮沉升降者而言，则谓之气，自其浮沉升降不失其则者而言，则谓之理。盖一物而两名，非两物而一体也。"[2]并且他还强调"理为气之理，无气则无理"[3]。黄宗羲把超越的"理"拉回到了具体事物的层面，进而确认了其心学的修养工夫与天地万物的直接联系。天地万物贯通于一"气"，则"人心"之"理"也就与万物之"理"相一致，以此开展心学工夫也就合于天地万物之理。"太虚中无处非气，则亦无处非理。孟子言万物皆备于我，言我与天地万物一气流通，无有碍隔，故人心之理，即天地万物之理，非二也。"[4]

相比于刘、黄二人基于心学而论"气"，王夫之对于"气"的讨论则表现得更为纯粹。在宇宙论的层面，王夫之发展了张载"太虚即气"的气化论。他认为宇宙间不存在绝对的虚无，事物的存在、变化与消散本质上是"气"在运动过程中所呈现的不同状态。"凡虚空皆

---

[1]〔清〕黄宗羲：《黄梨洲文集·姜定庵先生小传》，中华书局2009年版，第79页。
[2]〔清〕黄宗羲：《明儒学案·诸儒学案上》，中华书局2008年版，第1061页。
[3]〔清〕黄宗羲：《明儒学案·河东学案上》，中华书局2008年版，第112页。
[4]〔清〕黄宗羲：《明儒学案·江右王门学案七》，中华书局2008年版，第511页。

气也。聚则显，显则人谓之有；散则隐，隐则人谓之无。"[1]并且王夫之自觉以"实""诚"论"气"，明确肯定"气"作为宇宙本体的绝对真实。"太虚一实也。故曰'诚者天之道也'。"[2]可见，王夫之以"理依于气"的命题也转变了朱熹"理先气后"的理气观。他认为"理"并不是超越于"气"而独立存在，而是"气"在运动变化中所展现的条理与规律。"气者，理之依也。气盛则理达。天积其健盛之气，故秩叙条理，精密变化日新。"[3]"理"的存在是依托于"气"的，王夫之在本体层面取消了"理"的绝对超越。

引申到"道器"层面，王夫之则提出了"道在器中"的观点。基于"气"的"实有"，他强调万物的真实存在，万物本质上都是"气"的变化。接续"理依于气"的思想，王夫之发展出了"道在器中"。"天下惟器而已矣。道者器之道，器者不可谓道之器也。"[4]他认为，所谓的道德伦理并不能独立于具体生活世界，只有基于具体人伦日用才能展现道德伦理的真实存在。对于儒家道德伦理的践行，王夫之就将士人投向于超越天理的目光拉回到具体的人伦日用。在修养工夫上，王夫之提出了"治器"的思想，强调在生活世界的实践中实现对道德的认知与修养。"治器者则谓之道，道得则谓之德。"[5]虽然王夫之的"治器"思想与朱熹的"格物穷理"类似，但正如王夫之所

---

[1]〔明〕王夫之:《船山全书·张子正蒙注》第12册，岳麓书社2011年版，第23页。
[2]〔明〕王夫之:《船山全书·张子正蒙注》第12册，岳麓书社2011年版，第402页。
[3]〔明〕王夫之:《船山全书·张子正蒙注》第12册，岳麓书社2011年版，第419页。
[4]〔明〕王夫之:《船山全书·周易外传》第1册，岳麓书社2011年版，第1027页。
[5]〔明〕王夫之:《船山全书·周易外传》第1册，岳麓书社2011年版，第1028页。

言"有即事以穷理，无立理以限事"[1]，王夫之的"治器"并没有预设"天理"的绝对存在，他所展开的"即事穷理"不是要与超越的"天理"相贯通，而是要在具体的事物探究对事理的真实把握。

在人性论的层面，王夫之反对将人性视为出生一刻就全部被赋予"天理"的"天命之性"，认为人性是伴随人的形质生成与发展的"气质之性"，他指出：

> 形日以养，气日以滋，理日以成；方生而受之，一日生而一日受之。……故天日命于人，而人日受命于天。故曰性者生也，日生而日成之也。[2]

由此，王夫之提出了人性"日生日成"的思想，认为人性其实就是在人展开道德修养、变化气质的过程中得以展现与成就的。从本体、工夫、人性，王夫之的目光始终聚焦在具体的生活世界上。虽然他也谈理气、言心性，但其立论的依据却是具体存在的万物。王夫之将儒家的道德伦理从超越的"天理"拉回到具体的生活，将"实事求是"的精神落在了对经世致用的践行之中。

在理气关系上，颜李学派创始人颜元同样也反对朱熹"理在气先"的思想。他认为，没有脱离"气"而独立存在的"理"。"若无气质，理将安附？"[3]在心性论上，颜元也批判程朱理学以"天命之性"

---

[1]〔明〕王夫之：《船山全书·续春秋左氏传博议》第 5 册，岳麓书社 2011 年版，第 586 页。

[2]〔明〕王夫之：《船山全书·尚书引义》第 2 册，岳麓书社 2011 年版，第 300 页。

[3]〔清〕颜元：《颜元集·存性编卷一》，中华书局 1987 年版，第 3 页。

论人之善性的思想。他认为，人性的存在离不开人的气质，"气质之性"是人性的唯一内容。"非气质无以为性，非气质无以见性。"[1]只有基于气质，人性才能得以显现，展现其真实存在。颜元认为，宋儒将道德伦理诉诸超越的天理，实际上是在无限与有限的分界中隔绝了体（天理）与用（伦理），而只有基于气质之性，才能真实地将道德伦理落在现实日用之中。正所谓："今释氏、宋儒，有伏而无作，有体而无用。不能作之伏，非伏也；无所用之体，非体也。"[2]

　　针对宋儒"理先气后"的观点，戴震则提出了"气化即道"的宇宙观。"道，犹行也；气化流行，生生不息，是故谓之道。"[3]面对宇宙万物的变化与发展，戴震强调的是运动不止的气化过程。他认为所谓的"道"实际上就是"气"在运动变化过程中所展现的内容，批判了宋儒以二元对立来诠释形上、形下的思路。他认为"形而上"是指成形以前，"形而下"是指成形以后，两者只是指气化流行的不同阶段、不同状态而已，并非在阴阳气化之上还有独立的"道""理"存在。"形谓已成形质，形而上犹曰形以前，形而下犹曰形以后。阴阳之未成形质，是谓形而上者也，非形而下明矣。"[4]戴震指出，程朱理学的问题就在于把事物的所以然当成一种"无形无迹"的实体，从而在指导实际生活时"使学者皓首茫然，求其物不得"[5]。所以他肯定张载"不以理为别如一物"[6]的观点，强调在具体事物的发展变化中探

---

[1]〔清〕颜元：《颜元集·存性编卷一》，中华书局1987年版，第15页。

[2]〔清〕颜元：《颜元集·四书正误卷六》，中华书局1987年版，第284页。

[3]〔清〕戴震：《孟子字义疏证·天道》，中华书局1982年版，第21页。

[4]〔清〕戴震：《孟子字义疏证·天道》，中华书局1982年版，第22页。

[5]〔清〕戴震：《孟子字义疏证·理》，中华书局1982年版，第13页。

[6]〔清〕戴震：《孟子字义疏证·理》，中华书局1982年版，第18页。

究其中的所以然。

　　诚然，明清之际的儒者对前儒道德形上学的反思与重建，主要是针对"天崩地解"的社会局势和空谈心性、不顾实际的理学局面。他们反思理学家所高悬的"理"，强调"理"的真实存在不是建立于对天地万物的超越，而是体现在具体社会上的落实。他们基于"气"本论的确立，转换了"理先气后"的本体结构，强调"理"对于"气"的依存；基于对现实生活世界的肯定，在形上层面为"经世致用"精神确立了理论依据。

二、经世致用："实事求是"在现实社会中的多重维度

　　在"气"本论的视域下，伴随着"理""气"关系的转变，明清之际的儒者把儒家的道德伦理从超越的本体层面拉回到了现实的生活世界，在面向具体生活的"实事求是"中展开了对宋儒的反思与突破。在知行关系上，他们反对"终日静坐""空谈心性"的认知论，认为"行可兼知"，凸显"行"（实践）在道德修养上的绝对优先；在伦理层面上，他们批判崇天理（义）而去人欲（利）的价值二分，强调"天理寓于人欲"的思想，发展了事功学派义利双行的观点；在社会层面上，他们批判乃至否定"家天下"的君主专制，在民本思想的基础上强调"天下为主，君为客"的政治理念。

　　针对前儒空谈心性、流于静坐的弊病，明清之际的儒者强调经世致用的精神，其落脚点是对"行"（实践）的重视。吸收了刘宗周晚年思想的陈确认为，前儒空寂之学的问题就在于只强调知而忽略了

行，就如同"若终日坐在家里，虽聪明强记之人，将两京十三省路程稿子倒本烂熟，终亦何益"，而只有通过具体"日用常行"才能获得对事物的"真知"。"学问之事，先论真假……真假之辨，只在日用常行间验之，最易分晓。"[1]在知、行的具体理解上，陈确既否定程朱的"格致之说"，也批判王阳明的"致良知"。在陈确看来，两者工夫本质上都属于知，其内容是对于超越本体的认知，其区分不过是一个向外，一个向内。[2]而真正的知、行则是落向具体的生活实践，以此才能真正地"穷理"。"盖必知行俱到，而后可谓之穷理耳。弟窃语同学：学固不可不讲，然毋徒以口讲，而以心讲，亦毋徒以心讲，而以身讲，乃得也。"[3]由此可见，在"求实"的立场上，陈确发展了心学的"知行合一"思想。正所谓："言知行合一，则天下始有实学。"[4]

同样，王夫之也认为宋明以来所形成的"蹈虚""空谈"的学风，与程朱、陆王等提倡的"浮游之说"密切相关。关于道德伦理的认知与践行，他在"知行相资以为用"[5]的认识上，强调"行"的重要。王夫之一方面肯定知与行之间各有其功用，且二者在道德实践中"相资以互用"；另一方面针对前儒"离行以为知"的问题，他更为强调"行"对于"知"的主导。他认为通过实践可以获得对道德伦理的认知，而只通过道德认知却无法获得道德实践的效果，即"行焉，可以

---

[1] 〔清〕陈确：《陈确集·寄刘伯绳书》，中华书局1979年版，第111页。

[2] 参见侯外庐、邱汉生、张岂之主编：《宋明理学史》下，西北大学出版社2018年版，第1518页。

[3] 〔清〕陈确：《陈确集·答张考夫书》，中华书局1979年版，第592页。

[4] 〔清〕陈确：《陈确集·圣学》，中华书局1979年版，第442页。

[5] 〔明〕王夫之：《船山全书·礼记章句》第4册，岳麓书社2011年版，第1256页。

行知之效也；知焉，未可以得行之效也。"[1]所以，相比于"知"，王夫之更为强调"行"（实践）的重要，只有通过实践才能确认道德认知的真实，即"知者非真知也，力行而后知之真。"[2]

颜元则从实践的角度重释了"格物"，认为"格物"即是"犯手实做其事"[3]。带着强烈的批判意识，颜元指出理学家诉诸天理的观点其实是"不见梅、枣，便自谓穷尽酸、甜之理"[4]。他反对宋儒空谈心性而趋于"习静"的通病，认为儒者只有亲身投入到实际的、具体的社会活动之中，才能在具体的实践中实现对于道德的认知。他说："心中醒，口中说，纸上作，不从身上习过，皆无用。"[5]强调人的道德修养在于对具体事物的亲身实践，"吾辈只向习行上做功夫，不可向言语、文字上着力。"[6]

同时，落实到具体的道德伦理上，他们否定了前儒理（义）、欲（利）二分的价值分辨，并在"理气不离"的认识下，肯定天理与人欲的统一。比如，基于"理依于气"的本体论，王夫之转换了朱熹在"理在气先"视域下所强调的崇义（天理）非利（人欲）的认识，强调"天理寓于人欲"，认为人欲与天理不可截然二分，"天理"的实现蕴含着人欲的满足：

礼虽纯为天理制节文，而必寓于人欲以见……惟然，故终不

[1]〔明〕王夫之：《船山全书·尚书引义》第2册，岳麓书社2011年版，第314页。
[2]〔明〕王夫之：《船山全书·四书训义》第7册，岳麓书社2011年版，第575页。
[3]〔清〕颜元：《颜元集·颜习斋先生言行录卷上》，中华书局1987年版，第645页。
[4]〔清〕颜元：《颜元集·习斋记余卷六》，中华书局1987年版，第492页。
[5]〔清〕颜元：《颜元集·存学编卷二》，中华书局1987年版，第56页。
[6]〔清〕颜元：《颜元集·颜习斋先生言行录卷下》，中华书局1987年版，第663页。

离人而别有天，终不离欲而别有理也。[1]

王夫之指出人的"饮食男女"等私欲的正当性，认为所谓的"天理"就是让每一个体的基本欲求都得以满足，即是"公欲"。他肯定人的感性欲求的合理性，认为所谓的"天理"正是对于每一社会成员基本欲求的肯定、满足与调节，即"私欲之中，天理所寓。"[2]

戴震同样反对前儒理欲二分的观点。在"气化即道"的认识下，戴震表现出了自然人性论的倾向。他以"血气心知"为基础，提出了天理与人欲相统一的伦理观，认为道德伦理的实现是基于对民众感性欲求的满足。"道德之盛，使人之欲无不遂，人之情无不达，斯已矣。"[3]他强调圣人所推行的王道正是通过体恤民情，满足百姓欲求，而得以实现天下大治。"圣人治天下，体民之情，遂民之欲，而王道备。"[4]戴震反对前儒崇理黜欲的思想，他认为，如果忽视百姓的基本欲求而一味以天理要求百姓服从听命，则实际上是在"以理杀人"，是站在道德的高地压榨百姓，而前儒的理欲之辨也就沦为了"忍而残杀之具"。他强调天理、人欲并不截然二分，天理的实现实际上就体现在对于百姓欲求的满足。"非以天理为正，人欲为邪也。天理者，节其欲而不穷人欲也。是故欲不可穷，非不可有；有而节之，使无过情，无不及情，可谓之非天理乎！"[5]

---

[1]〔明〕王夫之：《船山全书·读四书大全说》第6册，岳麓书社2011年版，第913页。

[2]〔明〕王夫之：《船山全书·四书训义》第8册，岳麓书社2011年版，第91页。

[3]〔清〕戴震：《孟子字义疏证·理》，中华书局1982年版，第41页。

[4]〔清〕戴震：《孟子字义疏证·理》，中华书局1982年版，第9页。

[5]〔清〕戴震：《孟子字义疏证·理》，中华书局1982年版，第11页。

颜元也回应了宋儒义（理）利（欲）二分的思想，强调义利之间的统一。指出儒学所要解决的应是切实的国计民生，如果脱离了国计民生而一味读书、静坐，儒学也就沦为了"曲学""异端"：

> 天下皆读、作、著述、静坐，则使人灭弃士、农、工、商之业，天下之德不惟不正，且将无德；天下之用不惟不利，且将无用；天下之生不惟不厚，且将无生；是之谓曲学，是之谓异端。[1]

颜元还反对董仲舒"正其谊不谋其利，明其道不计其功"的讲法，认为真正的儒者是"正其谊以谋其利，明其道而计其功"[2]。

面对当时"天崩地解"的社会局势，明清之际的反思思潮在政治领域也有强烈的表现，主要是对君主"家天下"的专制体制的猛烈批判。比如，黄宗羲对封建专制政体展开了深度反思。在总结明亡教训的《明夷待访录》中，他集中对"家天下"的君主专制体制展开了严厉批判。他认为社会动荡、天下不治的根源就在于"家天下"的君主专制。在"家天下"的政体下，君主将天下视为自己一家的财产，为了其一人一家的利益而不顾民众安危、福祉，甚至还屠毒天下、离散百姓。"是以其未得之也，屠毒天下之肝脑，离散天下之子女，以博我一人之产业，曾不惨然。"[3]所以，臣民视其君如寇仇，称之为独夫、民贼。而君主为了维护自身统治，则以法令要求民众，但是由于君主的不断盘剥，其所导致的只会是"法愈密而天下之乱即生于法之

---

[1]〔清〕颜元：《颜元集·习斋记余卷九》，中华书局1987年版，第565页。

[2]〔清〕颜元：《颜元集·四书正误卷一》，中华书局1987年版，第163页。

[3]〔清〕黄宗羲：《明夷待访录·原君》，凤凰出版社2017年版，第4页。

中"[1]，使社会陷入"非法之法"的混乱局势。由此，为了扭转君主视天下为"一人之产业"的思想，黄宗羲强调"天下为主，君为客"[2]的观点，认为君主应当以服务于天下百姓为自己的使命。为了限制君权，他还提出了"有治法而后有治人"的观点，认为有了好的制度、体制才会塑造出好的君主。

同样，顾炎武也认为"家天下"式的君主专制是导致民生日贫、国势日弱的根本所在。因为满足自身私欲是人之常情，而君主在"一人而私天下"的特权下，为了加强中央集权而设置繁多的法令、官员以掌控地方，在处处的限制、掌控中使地方财政空虚，民生疾苦。顾炎武主张要削弱封建君主的集权政治，加强以郡县为单位的地方自治，从而把对君主一己之私的泛滥转变成对百姓"天下之私"的满足，如此才能使人民的生活得到可靠的保证。"圣人者，因而用之，用天下之私，以成一人之公而天下治。"[3]

唐甄，与王夫之、黄宗羲、顾炎武并称明末清初"四大著名启蒙思想家"。不同于黄宗羲、顾炎武对于"家天下"君主专制的批判，唐甄则是直接对君主进行批评甚至否定。他认为，所谓"天子"并不是主宰之天所确定的神，实际上君主就与普通人一样。他直接取消了上千年来士人、百姓对于君主的迷信，将被奉为"天子"的君主拉下神坛。"天子之尊，非天帝大神也，皆人也。"[4]面对封建社会中的君主对民众的盘剥，唐甄更是予以了严厉批评，并将其视为盗窃天下

---

[1]〔清〕黄宗羲：《明夷待访录·原君》，凤凰出版社 2017 年版，第 9 页。

[2]〔清〕黄宗羲：《明夷待访录·原君》，凤凰出版社 2017 年版，第 4 页。

[3]〔清〕顾炎武：《顾亭林诗文集·郡县论五》，中华书局 1983 年版，第 14 页。

[4]〔清〕唐甄：《潜书·抑尊》，中华书局 1963 年版，第 67 页。

百姓财富的"贼"。"杀一人而取其匹布斗粟，犹谓之贼；杀天下之人而尽有其布粟之富，而反不谓贼乎？"[1]出于对百姓民众的深切关怀，唐甄打破了上千年封建王朝中君权神授的迷信色彩，肯定百姓基本的生存权利与空间。

在"天崩地解"的局势下，秉持对儒家文化的坚守与传承，明清之际的儒者又一次在"实事求是"精神的挺立下，展开了对儒学反思与重建。同样是崇实黜虚，但是此时所暴露的虚空之学已不只是佛老对于现实人伦的消解，更是对前儒高谈心性而脱离国计民生的浮夸。他们怀着经世致用的尚实精神，试图将高悬于现实生活的道德伦理拉回到日用伦常，在具体的社会实践中真实地展现对儒家仁义道德的践行。值得注意的是，随着清廷的把控，明清之际的经世思潮在乾嘉时期很快被考据实学所掩盖，虽然一度沉寂，但是在晚清内忧外患的动荡局势下却重获生机，并为士人救亡图存提供了丰富的思想资源。

第三节　晚清年间理学经世思潮的"卫道"与复兴

晚清时期的理学经世思潮都是围绕着"救亡图存"这一时代主题而展开的。从晚清实学发展的深度与广度而言，可大致分为经世派与

---

[1]〔清〕唐甄：《潜书·室语》，中华书局1963年版，第196页。

洋务派。经世派与洋务派的实学思想之间，既有历史的继承性，又有时代的差异性。在内容上，他们都试图了解、学习西方先进的科学技术，以革新中国传统的格致之学。在精神上，他们都是秉承着经世致用的精神，去践行实事求是的。

一、师夷长技："实事求是"在经世活动中的呈现

无论是对于清王朝还是整个中华民族而言，19世纪都充满了严峻挑战。"乾嘉盛世"逐渐走向衰败，内有不断激化的社会矛盾，外有西方殖民者虎视眈眈。随着国门洞开，西方资本主义经济与文化涌入中国，造成前所未有的"天崩地裂式"的变局，惊醒了埋头于故纸堆的士人学子，经世意识再度萌发。在此期间涌现出陶澍、林则徐、姚莹、贺长龄、龚自珍、魏源、徐继畬等，被后世称为"经世派"。

魏源是经世派的代表人物，与陶澍为湖南同乡。他目睹道咸年间严重的社会危机，不禁感叹时下盛行的汉学、宋学皆"无济于世"。既不认同"皓首穷经"，不问世事的考据家，也不满意于"非朱子之传义不敢言"的理学家：

> 工骚墨之士，以农桑为俗务，而不知俗学之病人更甚于俗吏。托玄虚之理，以政事为粗才，而不知腐儒之无用亦同于异端。彼钱谷簿书不可言学问矣，浮藻饾饤可为圣学乎？释老不可治天下国家矣，心性迂谈可治天下乎？[1]

---

[1]〔清〕魏源：《魏源集·默觚下》，中华书局2009年版，第36页。

骚人墨客"以农桑为俗务""以政事为粗才",殊不知"浮藻饾饤"亦不可为圣学,"心性迂谈"亦不可治天下。魏源对于实践、"实事"的重视,充分体现出"实事求是"之精神。魏源正是怀着实学精神和爱国热忱,完成了影响海内外的《海国图志》,并提出"师夷长技以制夷"之说。

陶澍与林则徐是经世派中的官员代表,他们与诸多经世派人物交谊甚笃,如黄爵滋、包世臣、徐松、姚莹等。经世致用之学在道咸年间已成为一种风尚。陶澍为政期间,政绩斐然:抚安徽,"厘库项亏空",查清了纠结 30 年之久的贪污案;抚江苏,"创行海运,以胜苏、松、常、镇、太仓之漕困";兴修水利,"大疏吴淞、浏河、白茆、孟渎,以酬三吴之积潦";督两江兼司两淮盐政,"汰浮费二百余万,以剂淮南;去坝费,岸费各数十万,改行票盐,以苏淮北"。[1]魏源评价他:"生平所至兴革,务挈大纲,导大窾"。[2]贺长龄曾对朋友黄惺斋说:"我辈读书非关身心性命,即系天下国家,余可概置弗阅,实亦无暇旁及。"[3]在治学上十分强调"经世致用",这也是湖湘精神之实学精神的一大体现。

经世派带动了一批清廷官员兴办"洋务",将"师夷长技"的主张转化为实践。他们"采西学""制洋器",发展近代企业,培养西学人才。尽管他们的实践活动是向西方学习,但是其内核仍是中国传统的"经世致用"。其中最具代表性的人物是曾国藩、左宗棠、李鸿章等。

---

[1]〔清〕魏源:《魏源集·杂篇》,中华书局 2009 年版,第 347 页。

[2]〔清〕魏源:《魏源集·杂篇》,中华书局 2009 年版,第 347 页。

[3]〔清〕贺长龄:《贺长龄集·耐庵文存》,岳麓书社 2010 年版,第 562 页。

曾国藩将"实事求是"转变成治学办事的方法。关于治学方法，曾国藩认为：

欲周览经世之大法，必自杜氏《通典》始矣。马端临《通考》，杜氏伯仲之间，郑《志》非其伦也。百年以来，学者讲求形声、故训，专治《说文》，多宗许、郑，少谈杜、马。吾以许、郑考先王制作之源，杜、马辨后世因革之要，其于实事求是一也。[1]

许慎的《说文解字》、郑樵的《通志》是考察先王创制的源头，杜佑的《通典》、马端临的《文献通考》则是辨明制度在后世的因革。尽管他们的研究对象不同，但是他们秉承的"实事求是"的态度是一致的。这里的"实事求是"指的是治学的态度和方法。

关于办事方法，曾国藩将"实事求是"运用到政治生活中。如他褒扬穆其琛，"巨细躬亲，实事求是，厘剔向来积弊，据实上达；地方应办之事，次第举行"[2]。显然，"实事求是"在当时已经成为一种办事方法和工作作风。正是在"实事求是"的指引下，曾国藩积极推进洋务运动。"师夷智以造炮制船"的事业，开始于安庆内军械所。同治四年（1865年），中国第一个规模最大的近代军工企业——江南制造总局在上海创建。曾国藩事无巨细地过问各项事务。

左宗棠于闽浙总督任上创办了福州船政局（1866年，又名马尾

---

[1] 〔清〕曾国藩：《曾国藩全集·诗文》，岳麓书社1986年版，第250页。
[2] 〔清〕曾国藩：《曾国藩全集·奏稿六》，岳麓书社1986年版，第3219页。

船政局），并在局内设立"求是堂艺局（船政学堂）"以培养洋务人才。"求是堂"之名正来源于"实事求是"。在陕甘总督任上，左宗棠又创立兰州制造局，是西北地区最早的洋务军用工业。

李鸿章也十分重视制造西方的利器。他声称："机器制造一事，为今日御侮之资，自强之本。"[1]他大声疾呼："今日所急唯在力破成见，以讲究实际而已。"[2]正是秉承着经世致用的精神，李鸿章在奕䜣等人的支持下，分别建立江南制造总局和金陵机器局，并接手天津机器制造局，这都是重要的军事工业。

洋务派"师夷智"的经世活动，最初以自行制造坚船利炮为目标。制造坚船利器，必须引入"制器之器"，"制器之器"又与科学技术密不可分，而学习西方科学技术又存在着语言文字上的隔阂。于是，翻译问题自然而然地引起重视。曾国藩对翻译西方科技书籍十分重视，他指出：

> 翻译之事，系制造之根本。洋人制器出于算学，其中奥妙，皆有图说可寻。特以彼此文义托格不通，故虽日习其器，究不明夫用器与制器之所以然。[3]

与江南制造总局同时期的京师同文馆、福州船政局、天津机器

---

[1] 中华书局编辑部、李书源整理：《筹办夷务始末（同治朝）十》，中华书局2008年版，第3977页。

[2] 中华书局编辑部、李书源整理：《筹办夷务始末（同治朝）四》，中华书局2008年版，第1468页。

[3] 中华书局编辑部、李书源整理：《筹办夷务始末（同治朝）七》，中华书局2008年版，第2470页。

局、北洋水师学堂、开平矿务局、金陵机器局、北京海关税务司等洋务企业与机构，都十分看重翻译事宜。

"师夷智"不仅要制造"制器之器"，还要培养"制器之人"。既要"引进来"，即开馆教习，又要"走出去"，即留学海外。同治五年（1866 年），洋务派领袖奕䜣奏请京师同文馆开设"天文算学馆"。此奏遭受守旧派的强烈反对，奕䜣一一加以驳斥，最终获得胜利。自此，自然科学开始融入中国传统教育体系。容闳是最早提出派遣学生出洋留学方案的人。通过丁日昌的引荐，容闳的方案得到了洋务派的重视和支持。清廷陆续派出学生到美国、欧洲学习。继曾国藩、李鸿章之后，时任湖广总督的张之洞也开始积极派遣学生留日，湖北也成为当时留日学生数量最多的省份。

尽管洋务运动投入巨大，但是仍以失败告终，继之而起的是维新变法。不过，无论是经世派，还是洋务派，当时初衷都是高度一致的，都是秉承着经世致用的实学主张，去践行实事求是的。

二、格物致知："实事求是"与西方科学精神的结合

洋务派"师夷智"的经世活动与中国传统知识结构的革新是密不可分的。自康熙末年中断了一百余年的西方科技的输入，在新的历史时期，以更大的规模重新启动。由此引发了"格致之学"的勃兴，以及中国传统的"实事求是"与西方科学精神的结合。除了以外国教会组织和洋务出版机构翻译过来的西方知识书籍为媒介了解世界外，洋务派中的部分人，如郭嵩焘还到西方考察。这一时期中国士人对于世

界的了解，已大大超过了经世派时期。

"格致"一词出自《礼记·大学》："致知在格物，物格而后知至。"原本属于儒家内圣工夫。"物格而后知至，知至而后意诚，意诚而后心正，心正而后身修，身修而后家齐，家齐而后国治，国治而后天下平。"[1]然而，依据其字面意思容易理解为"探究事物的道理以获得知识"。晚明时期，"格物致知"就被一批致力于科学研究的士大夫（如徐光启）和西方来华的耶稣会士（如利玛窦），用以指称西方的科学技术。晚明的"格致"含义又被晚清士人继承。洋务运动时期兴起的"格致之学"，是"外国之格致"，而非"中国之格致"。其用词来源于中国传统文化，实质却是西方近代科学。此"格致之学"的真谛与"实事求是"关联密切。

比如，中国近代著名的数学、天文学、力学和植物学家李善兰，十五岁时读到利玛窦、徐光启所译的《几何原本》前6卷，已能理解其中含义，并对利、徐二人没有译出之后更艰深的几卷，感到遗憾。咸丰二年（1852年），李善兰在上海结识了英国传教士伟烈亚力与艾约瑟。他们对李善兰的才能颇为欣赏，邀请他到墨海书馆共同翻译西方科技书籍。李善兰到墨海书馆后，先与伟烈亚力合作，翻译《几何原本》后9卷，以完成利玛窦、徐光启的未竟之业。在此过程中，艾约瑟又邀请李善兰共同翻译英国人胡威力所著《重学》，所谓"重学"即力学。除了《几何原本》后9卷与《重学》外，李善兰与伟烈亚力还合译了另一本重要的科学理论著作——《谈天》。此后，曾国藩将李善兰招纳至江南制造总局译馆，继续从事西方科技书籍的翻译

---

[1]〔清〕阮元校刻：《十三经注疏》，中华书局 2009 年版，第 3631 页。

工作。

无独有偶，清末著名科学家、堪称中国近代化学启蒙者、中国近代造船工业先驱的徐寿，原本走的也是中国传统士人所走的科举之路。然而，西方列强叩开中国国门之后，徐寿便转为专注格物之学，并对制造技术也有浓厚兴趣。他和自幼酷爱数学的华蘅芳为挚友，一起到墨海书馆学习科学知识，由此结识了李善兰。咸丰十一年（1861年），曾国藩设安庆内军械所，为此广纳格致之人才。徐寿与华蘅芳均在其中。徐、华在既无实际经验，又无详细资料的条件下，自行摸索，于咸丰十二年（1862 年）秋，首先试制出火轮船蒸汽机。同治四年（1865 年），中国第一艘轮船——"黄鹄号"蒸汽轮船诞生。

与此同时，外交也是当时中国了解世界的重要途径。洋务时期的出洋使节不仅肩负外交使命，更负有考察外国国情的任务。中国第一任驻外公使郭嵩焘是湖南湘乡人，自少年时代起便深受湖湘经世精神的熏陶。他在岳麓书院读书期间，与曾国藩、刘蓉结为至交。郭嵩焘曾在日记中详细记录了他出使过程中的所见、所闻、所感，是中国了解外国的早期珍贵资料。通过对西方国情的考察，郭嵩焘深刻地意识到，科学是西方社会进步的根源。"西人格致之学，所以牢笼天地，驱役万物，皆实事求是之效也。"[1]"其言蒙养书院章程，大致以西法佐中法，而实不外古人实事求是之意。实事求是，西洋之本也。"[2]由此，郭嵩焘则将西方近代科学称为"实学"。

---

[1] 〔清〕郭嵩焘：《郭嵩焘全集十一》，岳麓书社 2012 年版，第 19 页。

[2] 〔清〕郭嵩焘：《郭嵩焘全集十》，岳麓书社 2012 年版，第 697 页。

第三章

湖湘文化一脉相承的实事求是传统

钱基博先生在《近百年湖南学风》中指出:"湖南之为省……抑亦风气自创,能别于中原人物以独立。人杰地灵,大儒迭起,罔不有独立自由之思想,有坚强不磨之志节……以开一代风气,盖地理使然也。"[1]湖湘文化作为中华文化核心道统的一种重要传承,除了具有华夏文化的普遍特征之外,还因湖湘地区独特的人文地理环境,形成了有别于其他地域性文化的鲜明特征即崇尚经世致用、注重实事求是。这种崇尚经世致用、注重实事求是的文化特征在宋代湖湘学派形成之时便已经奠定,并逐渐成为湖湘学风与士风的标志。

---

[1] 钱基博:《近百年湖南学风》,岳麓书社2010年版,第1页。

第一节　宋代湖湘学派的"经济之学"与
"实事求是"经学命题的转向

作为两汉经学中的一个重要的考据学命题，"实事求是"在由汉至唐的数百年间对学界产生了深远的影响。彼时的儒生们在诠解经文时大多笃守前人的章句注疏，展现出面向文献的"实事求是"的治学方法与态度。但是，一味遵从古人训解而不跟随时代变化创新经义，也使得经学在唐代中期以降不断走向僵化，难以产生实际作用，遂导致佛老大盛而儒学日微。直到北宋庆历年间，随着宋代"修文偃武"的"祖宗之法"的确定与实施，士子们纷纷以复兴儒学为志向，开始突破汉唐注疏的桎梏，各以己意解经，由是风气一变，一种被称为"宋学"的主张以义理解经的新经学范式蔚然而兴。[1] 与"宋学"勃兴相伴而生的是各地"学统"亦纷然而起，如濂学、洛学、关学、闽学、湖湘学等地方学派相继登上历史舞台，在中国思想与文化史上留下了一道道亮丽的色彩。其中尤为值得注意的是，湖湘学派所倡导的"经济之学"始终以经世致用为宗旨、以实事求是为治学方法，一度在宋人中引领了主践履、重实际的务实风气，让原本作为考据学的"实事求是"命题产生了从面向书本到面向现实的重大转向。

---

[1] 参见马宗霍:《中国经学史》，河南人民出版社 2016 年版，第 109—111 页。

一、"学为治"：胡安国、胡宏与湖湘学派"经济之学"的形成

湖湘学派是两宋之交形成于湖湘地区的一个道学流派，该学派的开创者为二程的私淑弟子胡安国及其子胡宏等。因此，湖湘学派与道南学派一样，都脱胎于二程的洛学。不过，在继承二程性理之学的同时，胡氏父子还基于当时社会、政治的实际需要，极其注重儒家义理与经世致用的结合，发展出了湖湘学派独具特色的"经济之学"。

胡安国（1074—1138 年），字康侯，谥文定，建宁崇安（今属福建）人，金兵南下后，胡安国举家长期隐居在湖南衡山一带，创建书院，潜心讲学、治学，广授门徒，正式开创了湖湘学派。胡安国一生以圣人为标的，强学力行，人品高洁，出处必合乎义，谢良佐曾誉之曰："胡康侯如大冬严雪，百草萎死，而松柏挺然独秀者也。"[1] 由于他亲眼见证了"中原沦没，遗黎涂炭"[2]的靖康之难，如何扫平北敌、恢复中原就成了南渡之后的胡安国日日夜夜所亟思的问题。所以，从治学旨趣上看，胡安国与北宋中期的道学家们产生了明显的不同，即不再全神贯注地沉迷于对理气心性的探析，而是将满腔热情倾注在如何将孔孟之道转化为治国平天下的"经济之学"的探索之上，以图强国富民、康济时艰。胡安国的艰辛探索，"开辟了湖湘学派将心性

---

[1] 〔元〕脱脱等：《宋史·儒林传》，中华书局 1985 年版，第 12915 页。

[2] 〔元〕脱脱等：《宋史·儒林传》，中华书局 1985 年版，第 12915 页。

义理的内圣之质与经世致用的外王之功相结合的优良学风"[1]，塑造了湖湘学派的鲜明特质，对后世儒生尤其是湖湘士子产生了极其深远的影响。

胡安国"深于《春秋》"，视《春秋》为"传心之要典"[2]，其名作《春秋传》在元代即被悬为功令，后儒甚至将之推为"《春秋》第四传"。因此，通过《春秋传》及其相关论著，我们可以摸索出胡安国"经济之学"的基本特点。首先，诚如明儒所言，胡安国作《春秋传》"志在匡时，多借经以申其说"[3]，因此，在《春秋传》中，我们屡屡可以看到胡安国借诠解经义抒发恢复中原之志、攘夷复仇之义。如《春秋》记载："隐公二年，公会戎于潜。"[4]胡安国对此进行了严肃批评：

> 戎狄举号，外之也。……是故以诸夏而亲戎狄，致金缯之奉，首顾居下，其策不可施也。以戎狄而朝诸夏，位侯王之上，乱常失序，其礼不可行也。以羌胡而居塞内，无出入之防，非我族类，其心必异，萌猾夏之阶，其祸不可长也。为此说者，其知内外之旨而明于驭戎之道。正朔所不加也，奚会同之有？书"会

---

[1] 王立新：《湖湘学派的经世思想——胡安国父子的"经济"之学》，《湖湘论坛》1998 年第 6 期。

[2] 〔宋〕胡安国：《春秋传》，岳麓书社 2011 年版，第 1 页。

[3] 明人袁仁之言，见〔清〕永瑢等撰：《四库全书总目》，中华书局 1965 年版，第 232 页。

[4] 〔清〕阮元校刻：《十三经注疏（清嘉庆刊本）·春秋左传正义》，中华书局 2009 年版，第 3731 页。

戒"，讥之也。[1]

胡安国认为，内中国而外夷狄是天地之序，而中国亲夷狄甚至朝拜夷狄则是乱常失序。而且，这种一味讨好夷狄、苟且偷安的做法，只会让夷狄的野心更加膨胀，而无益于中原政权的长治久安。不难猜测，胡安国这番义正词严的评骘明显是针对彼时以纳币求和、偏安一隅为志的南宋统治者而发的。

其次，胡安国在其论著中屡以经世务实为尚，对空言议论者则多有批评。如其之所以潜心于《春秋》的研究，乃是因为"《春秋》经世大典，见诸行事，非空言比"[2]。在《春秋传》中，胡安国亦强调"空言独能载其理，行事然后见其用"[3]，主张治学需切中时弊、有益于治世之用。绍兴元年（1131 年），胡安国除中书舍人兼侍讲，"以《时政论》二十一篇先献之"[4]，涉及定计、建都、设险、制国、恤民、立政等诸方面，充分体现出胡安国知行合一、经世致用的治学特点。当然，胡安国本身还是一位"私淑洛学而大成"[5]的理学家，故在其《春秋传》中，我们可以看到胡安国把尊王、攘夷等《春秋》大义，皆以"理"谓之，并强调"事应虽殊，其理一也"[6]，可见其始终以二程思想中的核心概念"理"来诠释《春秋》文本。胡安国巧妙地实现了理学义理与经世致用的结合，故而朱熹曾称誉云："能解经而

[1]〔宋〕胡安国：《春秋传》，岳麓书社 2011 年版，第 15—16 页。

[2]〔元〕脱脱等：《宋史·儒林传》，中华书局 1985 年版，第 12913 页。

[3]〔宋〕胡安国：《春秋传》，岳麓书社 2011 年版，第 1 页。

[4]〔宋〕脱脱等：《宋史·儒林传》，中华书局 1985 年版，第 12913 页。

[5]〔清〕黄宗羲原著，〔清〕全祖望补修：《宋元学案》，中华书局 1986 年版，第 1170 页。

[6]〔宋〕胡安国：《春秋传》，岳麓书社 2011 年版，第 388 页。

通世务者，无如胡文定。"[1]

在胡安国的言传身教之下，胡氏诸子皆能发扬其"经济之学"，而尤以胡宏为最。胡宏（1105—1161 年），字仁仲，胡安国季子，早年从学于程门高弟杨时，靖康之难后与父兄辗转迁徙，最终隐居湖湘，讲学授业凡二十余年，创建了碧泉书院、道山书院等学术与教育基地，培养了张栻、彪居正、吴翌、胡广仲等一大批经世之才，推动湖湘学派走向兴盛，学者尊称其为"五峰先生"。在胡安国的基础上，胡宏进一步完善了"经济之学"的理论体系。一方面，胡宏建构了"性体心用"的心性论，认为"有是道则有是名也，圣人指明其体曰性，指明其用曰心"[2]，又主张"道者，体用之总名。仁，其体；义，其用。合体与用，斯为道矣"[3]，对"内圣"之学有了新的探索。另一方面，胡宏将心性之学与经世致用空前紧密地结合起来，实现了内圣外王的贯通。胡宏发现，当时不少儒生平日里高谈性命，看似娓娓动听，但一遇事就原形毕露、茫然无措，全然不知性命所在，"而后知学者多寻空言，不究实用，平居高谈性命之际，亹亹可听，临事茫然，不知性命之所在者，多矣"[4]。为了扭转这种"多寻空言，不究实用"的学风，胡宏从以下几个方面采取了行动。首先，胡宏指明了圣人之学的内容不仅仅是理气心性，而是一整套从修身到平天下的内圣外王之道。如其在谈到"孔子十五志于学"时发挥道："孔子十五而志于学，何学也？曰：大学也，所以学修身、齐家、治国、平天下

---

[1]〔宋〕黎靖德编：《朱子语类》，中华书局1986年版，第2458页。

[2]〔宋〕胡宏：《胡宏集》，中华书局1987年版，第336页。

[3]〔宋〕胡宏：《胡宏集》，中华书局1987年版，第10页。

[4]〔宋〕胡宏：《胡宏集》，中华书局1987年版，第124页。

之道也"[1]。其次，胡宏创造性地提出了学圣人之道"得其体，必得其用"[2]的原则，从学理上否定了"多寻空言，不究实用"的学风的合法性。胡宏指出，儒生们学习圣人之道，不仅要学"其体"——以仁、义、礼、智、信为核心的内圣之学，也要学"其用"——包括"井田、封建、学校、军制"[3]等在内的外王之策，如果只是袖手谈心性，"有体而无用"，必然会谬以千里，甚至与异端相类[4]。在前两点的基础上，胡宏最后揭示出学者治学时所应该遵循的目标，即"学者，所以学为治也"[5]。所谓的"学为治"，就是指所学须能服务于治国理政，将儒学的实践性摆在优先的位置。

如此，胡宏便从内容、原则以及目标等多个维度确立了圣人之学应当面向实践、经世致用的宗旨，进一步完善了湖湘学派"经济之学"的理论体系。

二、"圣门实学贵于践履"：张栻对湖湘学派"经济之学"的发展

胡氏父子开创湖湘之学统，至张栻出，湖湘学派遂达至鼎盛。张栻（1133—1180 年），字敬夫，号南轩，南宋名相张浚之子，汉州绵竹（今四川绵竹）人，南宋著名理学家，与朱熹、吕祖谦并称为"东

---

[1] 〔宋〕胡宏：《胡宏集》，中华书局 1987 年版，第 31—32 页。
[2] 〔宋〕胡宏：《胡宏集》，中华书局 1987 年版，第 131 页。
[3] 〔宋〕胡宏：《胡宏集》，中华书局 1987 年版，第 131 页。
[4] 〔宋〕胡宏：《胡宏集》，中华书局 1987 年版，第 131 页。
[5] 〔宋〕胡宏：《胡宏集》，中华书局 1987 年版，第 128 页。

南三贤"，在宋代学术史上占有重要的地位。绍兴二十七年（1157年），张浚任职湖南，张栻随父前往。在此之后，在父亲的授意下，张栻开始频繁给胡宏写信求教，并于绍兴三十一年（1161年）正式拜胡宏为师，很快便为胡氏所器重[1]。由于胡宏在不久后因病去世，张栻受教于胡宏之日实浅，但因为张栻"一闻五峰之说，即默体实践，孜孜勿释。又其天资明敏，其所见解，初不历阶级而得之"，故而"五峰之门，得南轩而有耀"[2]。

张栻之学受之于胡宏，但在不少方面亦超越了胡宏[3]。如仅从"经济之学"的维度来看，张栻对胡宏思想的推进十分明显，主要体现在以下几个方面。

第一，张栻确立了儒学的"实学"定位，进一步深化了湖湘学派务于实际的根本品格。事实上，在先秦儒学那里，对务实重行的强调便已经屡屡可见。如《论语·里仁》载："子曰：'君子欲讷言而敏于行'"。而孟子则强调："言无实不祥，不祥之实，蔽贤者当之"（《孟子·离娄下》）。但是，自西汉以降，儒者们渐渐流连于章句注疏，皓首穷经而不知务于用，以致佛老盛行中原，而儒家收拾不住。北宋庆历之际，不少儒者扛起复兴儒学的大纛，摆落汉唐，独研义理，同时抗击佛老，试图以"明体达用"之学救汉唐儒者陷于章句而不务

---

[1] 胡宏曾许之曰："圣门有人，吾道幸矣。"见〔宋〕张栻撰：《张栻集》，中华书局2015年版，第1637页。

[2] 〔清〕黄宗羲原著，〔清〕全祖望补修：《宋元学案》，中华书局1986年版，第1635页。

[3] 黄宗羲曾指出："南轩之学，得之五峰。论其所造，大要比五峯更纯粹，盖由其见处高，践履又实也。"见〔清〕黄宗羲原著，〔清〕全祖望补修：《宋元学案》，中华书局1986年版，第1635页。

实用之偏，但理学兴起后，部分儒者又开始竞言"道德性命而流入于虚诞"[1]。面对这种情况，胡宏从圣人之学"体用合一"的维度强调了务实重行的重要性，而张栻更进一步，从形而上思辨的维度论证了圣人之学就是"实学"，故而必须以"实行"成其学。当时的佛老以"空""无"为事物之本，而张栻则针对性地提出"物者，实然之理也"[2]。也就是说，我们所能见到的事物都是真实存在的"理"的体现。换言之，世界是物质的，"实理"是事物之本，这就从根本上否定了佛老"舍实理而驾虚说"[3]的合法性。所以，"万物有自然之理，一身有自然之性"[4]，万事万物中都存在着不以人的意志为转移的自然规律，每一个事物中的"理"也是如此，都是客观存在的。因此，学圣人之道不能堕于虚空的纵谈性命，而应该落实到对万事万物的"实理"的体认上来，此即"学可以至于圣，治不可以不本于学，而道德性命初不外乎日用之实"[5]。正是从这一点出发，张栻主张"儒者之政，一一务实"[6]，并屡屡将圣门之学谓之为"实学"，从形上维度强化了儒学的务实品格。

第二，张栻提出了"圣门实学，贵于践履"的主张，将躬行实践放在最重要的位置。身处在南宋的内忧外患之中，无论是张栻之父张浚，还是张栻之师胡宏，都是坚定的主战派，其学均以经世致用为志。张栻深受父、师的影响，反对治学耽溺于理气心性的思辨，主

[1]〔宋〕张栻撰：《张栻集》，中华书局2015年版，第907页。
[2]〔宋〕张栻撰：《张栻集》，中华书局2015年版，第566页。
[3]〔宋〕张栻撰：《张栻集》，中华书局2015年版，第1140页。
[4]〔宋〕张栻撰：《张栻集》，中华书局2015年版，第58页。
[5]〔宋〕张栻撰：《张栻集》，中华书局2015年版，第907页。
[6]〔宋〕张栻撰：《张栻集》，中华书局2015年版，第1153页。

张以治事、救世为急务，并在此基础上形成了其以"务实贵行"为特色的知行观。张栻认为，致知力行是孔门圣学之大端，知与行是相互促发、相互提升的关系："孔子曰：'学而不思则罔，思而不学则殆'。历考圣贤之意，盖欲使学者于此二端兼致其力，始则据其所知而行之，行之力则知愈进，知之深则行愈达"[1]。而且，在知、行二者中，张栻更强调行的优先性：

> 范伯崇云："知之行之，此二者，学者始终之事，阙一不可。然非知之艰，行之惟艰也。"知而不行，岂特今日之患，虽圣门之徒未免病此。如曾点舞雩之对，其所见非不高明，而言之非不善也，使其能践履，实有诸己而发挥之，则岂让于颜、雍哉？惟其于践履处未能纯熟，此所以为狂者也。又况世之人徒务知之，而不以行为事，虽终身汲汲，犹失人也，矧知之而未必得其真欤？[2]

张栻认同范伯崇所言的"知之行之，此二者，学者始终之事，阙一不可"的观点，并就范氏所言的"非知之艰，行之惟艰"（《尚书·说命》）展开了讨论。张栻指出，"知而不行"是古今之儒的通病，哪怕是孔子的学生也不能避免，例如曾点在面对孔子"各述其志"的询问时，答以"莫春者，春服既成，冠者五六人，童子六七人，浴乎沂，风乎舞雩，咏而归"（《论语·先进》）。其所见既高明、所言既善，只是"于践履处未能纯熟"，故非但不及颜回、冉雍，还

---

[1]〔宋〕张栻撰：《张栻集》，中华书局 2015 年版，第 970 页。
[2]〔宋〕张栻撰：《张栻集》，中华书局 2015 年版，第 1216 页。

被视为"狂者"。张栻继而说道，如若世人只知"求知"，而不能实行其事，即便汲汲一生，终有所失，因为其所知未必是"真知"——此即"知德者鲜，以其践履之未至，故不能真知其味"[1]。可见在张栻看来，只有躬行践履才能获得真知。因此，他提出了"圣门实学，贵于践履"[2]，强调孔孟圣学贵在躬行践履，体现出鲜明的面向现实、务于治事的特征。

第三，就治学方法来看，张栻解经重义理而不废训诂，呈现出严谨扎实的特点。理学家解经，多弃汉唐注疏于不顾，而好以己意解经，故而新奇之说梦起猥兴，甚至改传疑经者时而有之。张栻作为宋代最重要的理学家之一，在诠解经文时自然是以义理为主，如其曾批评汉世儒者"号为穷经学古，不过求于训诂章句之间"[3]，而无益于发明圣人之旨。但是，他也不主张完全摆落汉唐、扫除注疏："如笺注、诂训，学者虽不可使之溺乎此，又不可使之忽乎此，要当昭示以用工之实，而无忽乎细微之间，使之免溺心之病，而无躐等之失，涵濡浸渍，知所用力，则莫非实事也。"[4]张栻承认笺注、训诂对理解经义有所帮助，只要不溺之于其间，亦可昭示"用工之实"，有利于成就"实事"。因此，张栻将自身的学术定义为"朴学"："自惟不敏，窃守朴学。顾世衰道微，邪说并作，肯信此者少。"[5]这里的"朴学"虽不能等同于后世所言的"乾嘉朴学"，但也明显具有朴实、诚笃治学

---

[1]〔宋〕张栻撰：《张栻集》，中华书局 2015 年版，第 254 页。

[2]〔宋〕张栻撰：《张栻集》，中华书局 2015 年版，第 157 页。

[3]〔宋〕张栻撰：《张栻集》，中华书局 2015 年版，第 906 页。

[4]〔宋〕张栻撰：《张栻集》，中华书局 2015 年版，第 1168 页。

[5]〔宋〕张栻撰：《张栻集》，中华书局 2015 年版，第 1040 页。

的含义。

值得注意的是，张栻对湖湘学派"经济之学"的开拓不惟体现在思想层面，同时也体现在实践层面。张栻曾在多地任职，每到一处，必有治声。如其在知静江府、经略安抚广西南路任上，先是采取精简州兵、汰冗补阙的策略提升了部属军队的战斗力，然后又积极调解诸溪峒首领的矛盾，维护了社会稳定，接着还就朝廷于横山地区买马所产生的问题"究其利病六十余条，奏革之，诸蛮感悦，争以善马至"[1]。另外，张栻还将其"经济之学"融入到教育实践中。如乾道元年（1165 年），张栻应湖南安抚使刘珙之请担任岳麓书院主教。正是在这一时期，张栻撰写了《岳麓书院记》，提出了一个对后来的湖湘士人影响深远的教育宗旨："盖欲成就人才，以传道而济斯民也"[2]。"传道济民"教育宗旨的确立，让岳麓书院吸引了一大批求道问学的士子，不少学者甚至"以不得卒业于湖湘为恨"[3]，湖湘学派及其"经济之学"由此盛极一时。

三、岳麓诸生对"经济之学"的传阐与"实事求是"实践的转向

淳熙七年（1180 年）二月，一代理学宗师、湖湘学派的领袖张栻病逝于江陵，湖湘学派的发展使命落到了张栻的弟子身上。对于张

---

[1]〔宋〕张栻撰：《张栻集》，中华书局 2015 年版，第 1659 页。

[2]〔宋〕张栻撰：《张栻集》，中华书局 2015 年版，第 900 页。

[3]〔清〕王梓材、〔清〕冯云濠编撰，沈芝盈、梁运华点校：《宋元学案补遗》，中华书局 2012 年版，第 3845 页。

枃去世以后的湖湘学派，一些学者认为其发展陷入中断。如黄宗羲即指出"从游南轩者甚众，乃无一人得其传"[1]。但也有学者不同意这一看法，如全祖望指出，张枃主教岳麓书院时培养的弟子不仅数量多，能力卓越，而且还"多留心经济之学"[2]，延续了湖湘学派的基本学术特征，因此湖湘学派在张枃去世后不仅没有走向低谷，反而得到了与朱熹的闽学一样的长足发展，"谁谓张氏之后弱于朱乎"[3]。全祖望还发现，"南轩先生讲学湘中，蜀人多从之"[4]。故全氏特立《岳麓诸儒学案》，收录张枃在岳麓书院亲传的湖湘弟子三十三人；又立《二江诸儒学案》，收录张枃在湖湘所教导的蜀中弟子十余人。由此可见，湖湘学派的学者群体不仅持续扩大，而且在地域上也不再限于湖南，还盈溢到其他地区。

在一众"留心经济之学"的张门弟子群体中，全祖望认为其"最显者为吴畏斋、游默斋"，吴畏斋即吴猎，游默斋即游九言。以吴、游二人为中心，可探讨岳麓诸生对湖湘学派"经济之学"的传阐情况。

吴猎（1142—1213 年），字德夫，号畏斋，潭州醴陵（今湖南醴陵）人，学界称为畏斋先生，为张枃去世之后湖湘学派的"岳麓巨子"之一，曾担任岳麓书院山长。吴猎之父曾从学于张浚，故而吴猎对张枃的才学人品从小便有耳闻。二十三岁时，吴猎正式拜张枃为师。青年吴猎所展现出来的"弘裕疏畅"的特质，让张枃不禁

---

[1]〔清〕黄宗羲原著，〔清〕全祖望补修：《宋元学案》，中华书局 1986 年版，第 1635 页。

[2]〔清〕黄宗羲原著，〔清〕全祖望补修：《宋元学案》，中华书局 1986 年版，第 2383 页。

[3]〔清〕黄宗羲原著，〔清〕全祖望补修：《宋元学案》，中华书局 1986 年版，第 2368 页。

[4]〔清〕黄宗羲原著，〔清〕全祖望补修：《宋元学案》，中华书局 1986 年版，第 2419 页。

感叹道:"吾道其不孤矣!"[1]在思想方面,吴猎主要继承了张栻的"仁"说。张栻曾强调,"仁"乃孔子"启万事无穷之传"的核心要旨,是"率性立命,知天下而宰万物者也"[2]。据魏了翁为吴猎所撰的"行状"可知,吴猎亦主张"圣贤教人无先于求仁",并曾将"孔门问答及周子、程子以来诸儒凡言仁者粹类疏析"[3],以求教于张栻。张栻对吴猎的思考予以赞赏,进而"授以大义,勉以体察"[4]。得此求仁之要后,吴猎"终身诵而行之"[5]。在践履方面,吴猎始终秉承其师"圣门实学,贵于践履"的务实重行精神,从实践维度将湖湘学派的"经济之学"推进到新的高度。吴猎自登科之日起,一生中的大部分时间多仕于外,所务皆为救民、保国、兴学之事,时相赵雄曾誉之曰:"才资有用,气节甚高,使在要涂,必不负国。"[6]如其在湖南路安抚使潘畤幕府任职时,"会郴、桂大饥",吴猎"取南丰曾公法,率五日计口授泉,惠洽而民不劳。又请发常平金贷下农……全活甚众"[7]。又如在韩侂胄仓促组织的开禧北伐中,吴猎刚开始担任秘阁

[1]〔宋〕魏了翁:《敷文阁直学士赠通议大夫吴公行状》,载曾枣庄、刘琳主编:《全宋文》第三百一十一册,上海辞书出版社、安徽教育出版社2006年版,第47页。

[2]〔宋〕张栻撰:《张栻集》,中华书局2015年版,第900页。

[3]〔宋〕魏了翁:《敷文阁直学士赠通议大夫吴公行状》,载曾枣庄、刘琳主编:《全宋文》第三百一十一册,上海辞书出版社、安徽教育出版社2006年版,第47页。

[4]〔宋〕魏了翁:《敷文阁直学士赠通议大夫吴公行状》,载曾枣庄、刘琳主编:《全宋文》第三百一十一册,上海辞书出版社、安徽教育出版社2006年版,第47页。

[5]〔宋〕魏了翁:《敷文阁直学士赠通议大夫吴公行状》,载曾枣庄、刘琳主编:《全宋文》第三百一十一册,上海辞书出版社、安徽教育出版社2006年版,第58页。

[6]〔宋〕魏了翁:《敷文阁直学士赠通议大夫吴公行状》,载曾枣庄、刘琳主编:《全宋文》第三百一十一册,上海辞书出版社、安徽教育出版社2006年版,第49页。

[7]〔宋〕魏了翁:《敷文阁直学士赠通议大夫吴公行状》,载曾枣庄、刘琳主编:《全宋文》第三百一十一册,上海辞书出版社、安徽教育出版社2006年版,第49页。

修撰知江陵府、主管荆湖北路安抚司公事，他在战前积极备战，"修成'高氏三海'，筑金鸾、内湖、通济、保安四匮"[1]，有效提升了江陵地区的防卫能力；在金兵围襄阳、德安，游骑迫竟陵时，他临危不乱，冒死组织军队反攻，成功击退了外敌。再如其主管一地，必兴学校，以培育经世致用之才。如其在广西路转运判官任上，即"寻宣公旧规修校官，辟漕司酒库以为桂林精舍，与同志共学焉"[2]。由此可见，吴猎全面传承了张栻之学，尤其是在"以学为政"[3]方面作出了突出成绩，故而《宋史》誉其为"一时之英才"[4]，而全祖望亦认为其"有得于宣公求仁之学，而施之于经纶之大者，非区区迂儒章句之陋"[5]。

游九言（1142—1206 年），字诚之，号默斋，初名九思，建州建阳（今属福建）人，与吴猎一样同为"岳麓巨子"。游九言从小胸怀爱国之心、秉性刚直，十岁为文讥刺秦桧之奸，传于乡里。及长，游九言"少从学于南轩张先生栻，南轩教之求放心"[6]，所以与大部分岳麓诸生所不同的是，游九言在学术思想上主要是传扬了张栻的"心学"思想。如游九言认为，"夫人之一心，清明完具，无纤毫

[1]〔元〕脱脱等：《宋史·吴猎传》，中华书局 1985 年版，第 12087 页。
[2]〔宋〕魏了翁：《敷文阁直学士赠通议人大吴公行状》，载曾枣庄、刘琳主编：《全宋文》第三百一十一册，上海辞书出版社、安徽教育出版社 2006 年版，第 52 页。
[3]〔元〕脱脱等：《宋史·吴猎传》，中华书局 1985 年版，第 12102 页。
[4]〔元〕脱脱等：《宋史·吴猎传》，中华书局 1985 年版，第 12102 页。
[5]〔清〕黄宗羲原著，〔清〕全祖望补修：《宋元学案》，中华书局 1986 年版，第 2379 页。
[6]傅璇琮、辛更儒主编：《宋才子传笺证·南宋前期卷·游九言传》，辽海出版社 2011 年版，第 637 页。

翳蚀，此天命之本，人人皆然"[1]，又强调"欲知太极，先识吾心"[2]，已然将心视为本体，开启了湖湘学派的心学倾向。但在践履层面，游九言与其他岳麓诸生一样，始终以实践湖湘学派的"经济之学"为己任。游九言青少年时期便"锐志当世，熟南北事"[3]。出仕以后常以民为重，如任古田尉时"律己严，莅事敏，抚民仁，邑人爱之"[4]。而且始终坚持抗金，多有实绩。魏了翁曾评骘其云："默斋气禀沈实，而早有立志，则知所以自厚其躬矣，矧得一世大儒执经而受学焉，是惟无言，言则贯融精粗，造次理道。使假之年，且见于用，其所成益不止此。"[5]

除吴猎、游九言之外，岳麓诸儒均能传承湖湘学派的"经济之学"，如彭龟年、陈琦、赵方、宋文仲等，无不以"经世致用"为治学宗旨。这充分说明，张栻去世之后，湖湘学派依旧在不断发展。而且，即便与张栻相比，岳麓诸儒在践履上的实绩亦不逊色，他们注重"以学为政"，主动在事上磨炼，推动"实事求是"命题完全从书本转向现实。即便在国家危难、生死存亡之际，湖湘学派诸儒亦谨守以实事求是为特点的"经济之学"，不改"传道济民"的初心，上演了一幕幕保家卫国的壮烈史诗。如《宋元学案》载，"南轩先生岳麓之

[1]〔宋〕游九言：《答滁州范楷秀才书》，载曾枣庄、刘琳主编：《全宋文》第二百七十八册，上海辞书出版社、安徽教育出版社2006年版，第349页。

[2]〔宋〕游九言：《太极图序》，载曾枣庄、刘琳主编：《全宋文》第二百七十八册，上海辞书出版社、安徽教育出版社2006年版，第359页。

[3]徐公喜、管正平、周明华点校：《闽中理学渊源考》，凤凰出版社2011年版，第22页。

[4]傅璇琮、辛更儒主编：《宋才子传笺证·南宋前期卷·游九言传》，辽海出版社2011年版，第639页。

[5]〔宋〕魏了翁：《渠阳集》，岳麓书社2012年版，第138页。

教，身后不衰"[1]，在宋末元兵进攻长沙城时，"岳麓精舍诸生乘城共守。及破，死者无算"[2]。

第二节　从"即物穷理"到"即事穷理"：王夫之与明末清初的实学思潮

进入到明代以后，湖南理学发展迅猛，如《石鼓书院志·凡例》载："成化、弘治、正德、嘉靖以来，湖南理学彬彬称盛"[3]。然自王阳明发明良知之说，流风所扇，海内士子多以"心学"为宗。于是"直指本心"成为修身妙法，而实行践履渐不为学者所重。降至晚明，国家陷于忧患，百姓举步维艰，大多数儒生却依旧袖手空言心性、信从虚悟，而不思富国强兵之策、安民固本之方，于是绵延了二百七十余年的大明王朝在外敌与内乱的双重作用下迅速崩解。目睹九州之乱，身负亡国之恨，以王夫之等为代表的一批士大夫对阳明后学空疏误国之弊痛铭于心，遂掀起以经世致用、务实力行为核心旨归的实学思潮，进一步充实了"实事求是"命题的现实内涵。

---

[1]〔清〕黄宗羲原著，〔清〕全祖望补修：《宋元学案》，中华书局 1986 年版，第 1647 页。

[2]〔清〕黄宗羲原著，〔清〕全祖望补修：《宋元学案》，中华书局 1986 年版，第 1647 页。

[3]〔明〕李安仁、〔明〕王大韶、〔清〕李扬华撰：《石鼓书院志》，岳麓书社 2009 年版，第 10 页。

一、天崩地裂：明社的覆亡与明清之际的学者对阳明心学的批评

王阳明曾读遍朱子之书，然因在入门下手处等方面与"与晦庵时有不同"[1]，故另创"心学"，阐"良知"之教，以求达"知行合一"之境。随着阳明声名、事功之鼎盛，其学遂广传于天下。由于王阳明主张"一念发动处便是行""心即是理"，并对当时学者所热衷的训诂、记诵、辞章之学以及遵循上述治学径路所收获的"记诵之广""知识之多"与"闻见之博"均予以严厉贬斥[2]，故其后学遂易产生轻视实行、崇尚玄虚的弊病。

阳明后学日益展现出来的不学不虑、不思不勉的空疏学风，很快便引来了时儒的批评，而尤以学宗程朱的东林学派群儒的质疑声最为激烈。如东林领袖顾宪成痛斥阳明后学"惟日以寻索本体为务，播扬腾弄，了无实际，至于土苴六经，浮游万物，而犹曰吾犹得于心，甚

---

[1] 〔明〕王守仁著，王晓昕、赵平略点校：《王文成公全书》，中华书局2015年版，第34页。

[2] 阳明曾说："有训诂之学，而传之以为名；有记诵之学，而言之以为博；有词章之学，而侈之以为丽。若是者纷纷籍籍，群起角立于天下，又不知其几家，万径千蹊，莫知所适。世之学者，如入百戏之场，讙谑跳踉，骋奇斗巧，献笑争妍者，四面而竞出，前瞻后盼，应接不遑，而耳目眩瞀，精神恍惑，日夜遨游淹息其间，如病狂丧心之人，莫自知其家业之所归。……记诵之广，适以长其敖也；知识之多，适以行其恶也；闻见之博，适以肆其辨也；辞章之富，适以饰其伪也。"见〔明〕王守仁著，王晓昕、赵平略点校：《王文成公全书》，中华书局2015年版，第69—70页。

者恣情肆欲，惟其意之所便[1]。"东林学派的另一领袖高攀龙亦认为
"自致良知之宗揭，学者遂认知为性，一切随知流转，张皇恍惚，其
以恣情任欲，亦附于作用变化之妙，而迷复久矣"[2]。而且，高攀龙
还进一步指出，王阳明"任心而废学"的理论缺陷是造成儒士鲜有实
悟、实修的主要原因：

> 姚江之弊，始也扫闻见以明心耳，究而任心而废学，于是乎
> 诗、书、礼、乐轻，而士鲜实悟；始也扫善恶以空念耳，究且任
> 空而废行，于是乎名、节、忠、义轻，而士鲜实修。[3]

东林学派的批评很难在短时间内扼阻阳明心学在当时士林中的火
热程度。而当空谈心性的士人面对即将到来的内忧外患，其结果必然
是手足无措、无济于事。崇祯十七年（1644年），李自成率兵攻破北
京，随即清兵南下，明社崩毁。面对山河变色、国破家亡的局面，明
末清初的士人痛感空言误国，于是便对阳明之学展开了全面的批判。

如明清之际三大思想家之一的顾炎武即在《日知录》中痛斥阳明
"心学"让万千士子迷于"明心见性之空言"，而不习"修己治人之
实学"，以致"神州荡覆"，国家灭亡：

> 今日之清谈，有甚于前代者。昔之清谈，谈老庄；今之清谈，
> 谈孔孟。未得其精，而已遗其粗；未究其本，而先辞其末。不习

---

[1]〔清〕黄宗羲编：《明文海》，中华书局1987年版，第2495页。

[2]〔清〕黄宗羲：《明儒学案》，中华书局2008年版，第1424页。

[3]〔清〕黄宗羲：《明儒学案》，中华书局2008年版，第1424页。

六艺之文，不考百王之典，不综当代之务，举夫子论学论政之大端，一切不问，而曰一贯，曰无言，以明心见性之空言，代修己治人之实学。股肱惰而万事荒，爪牙亡而四国乱，神州荡覆，宗社丘墟。[1]

学宗程朱的理学家们对阳明之学更是视若敝屣。如张履祥认为王阳明以"骄吝"立学，所以才一意排古学以尊己学，"一部《传习录》，只'骄吝'二字可以蔽之。姚江自以才智过人，又于二氏有得，逞其长以覆其短，故一意排斥儒先"[2]。陆陇其则直接指出"明之天下不亡于寇盗，不亡于朋党，而亡于学术。学术之坏，所以酿成寇盗、朋党之祸也"[3]。而"学术之坏"，其祸首就在王阳明：

自阳明王氏倡为良知之说，以禅之实而托儒之名，且辑《朱子晚年定论》一书，以明己之学与朱子未尝异。龙溪、心斋、近溪、海门之徒从而衍之，王氏之学徧天下。几以为圣人复起，而古先圣贤下学上达之遗法灭裂无余，学术坏而风俗随之。其弊也，至于荡轶礼法，蔑视伦常。天下之人，恣睢横肆，不复自安于规矩绳墨之内，而百病交作。[4]

---

[1]〔清〕顾炎武著，陈垣校注：《日知录》，安徽大学出版社 2007 年版，第 384 页。

[2]〔清〕张履祥著，陈祖武点校：《杨园先生全集》，中华书局 2002 年版，第 1514 页。

[3] 徐世昌等编纂，沈芝盈、梁运华点校：《清儒学案·三鱼学案》，中华书局 2008 年版，第 469 页。

[4] 徐世昌等编纂，沈芝盈、梁运华点校：《清儒学案·三鱼学案》，中华书局 2008 年版，第 469 页。

而熊赐履则撰著了《学统》一书，以孔、颜、曾、思、孟、周、程、朱为正统，将陆、王心学逐出儒家道统序列。当然，在明清之际对阳明心学及其所带来的虚空学风进行批判的儒者中，还有一位重要的人物不容忽视，此即长期隐居于衡云湘水间的王夫之。一方面，王夫之与大多数儒者一样，对阳明心学深恶痛绝，"姚江王氏阳儒阴释、诬圣之邪说；其究也为刑戮之民，为阉贼之党，皆争附焉，而以充其无善无恶、圆融理事之狂妄，流害以相激而相成，则中道不立、矫枉过正有以启之也"[1]。而另一方面，王夫之为了彻底地"尽废古今虚妙之说而返之实"[2]，还建立了一套从本体到工夫、从内圣到外王相贯通的"实学"体系，推动了清初"实学"思潮的兴起。

二、君子之道，力行而已：王夫之与明末清初"实学"思潮的隆盛

王夫之（1619—1692 年），字而农，湖南衡阳人。因住在湘江之西岸、蒸水之左岸的石船山，故学者尊为船山先生。王船山出生于诗书世家，其父祖崇尚气节，"不与封建官僚往来"[3]。自四岁开始，王夫之在父兄的教导下受学。乃父王朝聘身处明代晚期阳明心学最盛之时，而"独根极理要，宗濂洛正传"[4]，并"以武夷为朱子会心之地，

---

[1]〔清〕王夫之：《张子正蒙注》，中华书局 1975 年版，第 2 页。

[2]〔明〕王夫之：《船山全书》第 16 册，岳麓书社 2011 年版，第 73 页。

[3] 谷方：《王夫之家世新考》，《船山学报》1984 年第 1 期。

[4]〔明〕王夫之：《船山全书》第 15 册，岳麓书社 2011 年版，第 111 页。

志游焉，以题书室，学者称武夷先生"[1]，又"承东郭之传，以真知实践为学"[2]，展现出学宗程朱、兼容时学，且注重躬行实践的特点。另外，王朝聘还精研《春秋》，时时以胡安国《春秋传》为标的，主尊王攘夷，严夷夏之防[3]。可想而知，在这样的家庭氛围中成长，王夫之对民族大义的坚持、对践履的注重程度自然会超乎常人。崇祯十七年（1644 年），清兵南下，明廷覆灭，时年 26 岁的王夫之开始了其艰苦卓绝的抗清斗争，直至清顺治十七年（1660 年），事无可为，方才隐居于衡阳县金兰乡高节里，以"六经责我开生面"的精神埋头著述以终。

在明清之际三大思想家中，顾炎武长于经学，黄宗羲专于史学，而若论哲学思想之博大精深，则非王夫之莫属。在王夫之自撰的墓志铭上，对其一生的所志与所学进行了总结："抱刘越石之孤愤，而命无从致；希张横渠之正学，而力不能企。"[4]正是在继承张载"气本论"思想的基础上，矢志于抗清复国的王夫之建构出了一套以"重行务实"为突出特点的思想体系，既从学理层面对阳明心学进行了全面驳斥，又接续上了宋代湖湘学派的"经济之学"，将儒家的理论重心再次转移到践履之上，由此引领了清初"实学"思潮的产生。

与程朱以"天理"为本体，阳明以"心"为本体不同，王夫之接过张载的话头，认为"气"才是世间万物的本原。王夫之指出，气无

---

[1]〔明〕王夫之：《船山全书》第 15 册，岳麓书社 2011 年版，第 110 页。

[2]〔明〕王夫之：《船山全书》第 15 册，岳麓书社 2011 年版，第 112 页。

[3]〔明〕王夫之：《船山全书》第 5 册，岳麓书社 2011 年版，第 105—106 页。

[4]〔清〕王夫之：《王船山诗文集》，中华书局 1962 年版，第 116 页。

处不有，无时不在，"太极之在两间，无初无终而不可间也，无彼无此而不可破也，自大至细而象皆其象，自一至万而数皆其数"[1]。事物由气聚而成形，气散则归于太虚，但"气犹是气"[2]，只会"复其缊缊之本体，非消灭也"[3]。换言之，"气"是实存的实体，而非虚非空，"阴阳一太极之实体"[4]，"天用者，升降之恒，屈伸之化，皆太虚一实之理气成乎大用也"[5]。如此，王阳明"心外无物"说的理论基础便被直接击破。除此之外，王夫之还通过对理气关系的讨论取消了程朱"理本论"的合法性：

> 理只是以象二仪之妙，气方是二仪之实。健者，气之健也；顺者，气之顺也。天人之蕴，一气而已。从乎气之善而谓之理，气外更无虚托孤立之理也。[6]

王夫之指出，现实世界乃是由实存的"气"构成，而不由抽象的"理"构成。所谓的"理"，只是对"从乎气之善"的描述，"气外更无虚托孤立之理"。这样，程朱所强调的"理先气后"就成了无稽之谈，"理即是气之理，气当得如此便是理，理不先而气不后"[7]。

通过上述对"气"的讨论，王夫之进而指出，世界上的事物不是

---

[1]〔清〕王夫之：《周易外传》，中华书局1977年版，第191页。
[2]〔清〕王夫之：《张子正蒙注》，中华书局1975年版，第8页。
[3]〔清〕王夫之：《张子正蒙注》，中华书局1975年版，第5页。
[4]〔清〕王夫之：《张子正蒙注》，中华书局1975年版，第9页。
[5]〔清〕王夫之：《张子正蒙注》，中华书局1975年版，第131页。
[6]〔清〕王夫之：《读四书大全说》，中华书局1975年版，第660页。
[7]〔清〕王夫之：《读四书大全说》，中华书局1975年版，第660页。

抽象地存在的，而是具体地存在的，即"天下惟器而已矣"[1]。为了深入阐明这一发现，他还着重讨论了道与器的关系。一方面指出道是对"器"即广大事物之内在规律的具体表达：

> 道者，物所众著而共由者也。物之所著，惟其有可见之实也；物之所由，惟其有可循之恒也。既盈两间而无不可见，盈两间而无不可循，故盈两间皆道也。[2]

所以，道与器之间不能混为一谈，两者存在着形上、形下的区别，"统此一物，形而上则谓之道，形而下则谓之器"[3]。另一方面，王夫之又强调道在器中，两者是一体而存的关系，此即"上下无殊畛，而道器无易体"[4]。但是，要想认识"道"，就必须从对"器"即具体事物的探究着手，也就是说"尽器则道在其中矣"[5]。在这一基础上，他提出了一个著名的观点："有即事以穷理，无立理以限事"[6]。也就是说，人只能通过对事物本身的探究来获得其内在的规律，而不能预先设立一个理来限制客观事实。这不仅是对阳明学派"拒物而空之"[7]的学风的一种纠偏，更让"实事求是"的命题逐渐具有了认识论的意味。

---

[1]〔清〕王夫之:《周易外传》，中华书局1977年版，第203页。

[2]〔清〕王夫之:《周易外传》，中华书局1977年版，第178页。

[3]〔清〕王夫之:《思问录》，中华书局2009年版，第30页。

[4]〔清〕王夫之:《周易外传》，中华书局1977年版，第203页。

[5]〔清〕王夫之:《思问录》，中华书局2009年版，第30页。

[6]〔明〕王夫之:《船山全书》第5册，岳麓书社2011年版，第586页。

[7]〔清〕王夫之:《尚书引义》，中华书局2009年版，第123页。

　　既然对事物内在规律的认识只有通过"即事穷理"的方式才能实现，那么在王夫之看来，要想认识事物就必须要注重躬行实践。事实上，湖湘学派的诸位大儒，如胡宏、张栻等，都是强调"力行"，反对空言。王夫之对躬行实践的重视，既是其思想体系的自然导出，也是其对湖湘学派"经济之学"传统与"实事求是"方法的自觉传承。而且，王夫之对知行的认识颇有创新之处。

　　首先，王夫之对"知"的内涵与范围进行了重新定义，将先儒所欲知的人伦纲常之理扩展为天地万物之理。如其认为人所当知的"理"包括两个方面的内容：

　　　一则天地万物已然之条理，一则健顺五常、天以命人而人受为性之至理。二者皆全乎天之事。[1]

　　所谓的"健顺五常、天以命人而人受为性之至理"，指的是人伦世界中的道德行为规范，而"天地万物已然之条理"，说的是自然世界的构成或发展规律。因此，在王夫之看来，君子所应该知晓的，就不仅仅是程、朱、陆、王所反复言道的"吾心喜怒哀乐之节"，还当有"万物是非得失之几"[2]，即万事万物兴衰荣枯的变化规律。

　　其次，王夫之指出，行既是知的基础，也是检验真知的唯一标准。他之所以推崇"力行"，在于其发现行是获得真知的基础，"行可兼知，而知不可兼行……君子之学，未尝离行以为知也必矣"[3]，"行

---

[1]〔明〕王夫之：《船山全书》第 6 册，岳麓书社 2011 年版，第 716 页。

[2]〔明〕王夫之：《船山全书》第 4 册，岳麓书社 2011 年版，第 1483 页。

[3]〔清〕王夫之：《尚书引义》，中华书局 2009 年版，第 68 页。

而后知有道，道犹路也"[1]。而且，王夫之还发现，要想检验"真知"，也只有依靠"行"，"夫知也者，固以行为功者也。行也者，不以知为功者也。行焉可以得知之效也，知焉未可以得行之效也"[2]。"知"只有通过"行"才能成就实功，而在"行"的过程中，也可以检验"知"的效果。所以，王夫之提出了"行必统知"的观点："凡知者或未能行，而行者无不知……是故知有不统行，而行必统知矣"[3]。

同时，王夫之对程朱的"知先行后"说和阳明的"知行合一"说均提出了批评，认为"知非先，行非后"[4]，两者之间当是"相资并进"的关系。王夫之一方面认为陆王的"知行合一"说是"知者非知，行者非行"[5]，另一方面也指出程朱的"知先行后"说是在知、行间"立一划然之次序"，最终只会导致知也未透，行亦不得，"且荡然失据"，与"圣人之道相异"[6]。因此，陆王、程朱可谓殊途同归，其理论最终导向的都是"不行"。针对于此，王夫之提出了"知非先，行非后"的主张，并认为两者之间的关系是"知行相资并进"：

> 诚明相资以为体，知行相资以为用，惟其各有致功而亦各有其效，故相资以互用，则于其相互益知其必分矣。同者不相为用，资于异者乃和同而起功，此定理也。[7]

---

[1] 〔清〕王夫之:《思问录》，中华书局 2009 年版，第 4 页。

[2] 〔清〕王夫之:《尚书引义》，中华书局 2009 年版，第 67—68 页。

[3] 〔清〕王夫之:《读四书大全说》，中华书局 1975 年版，第 423 页。

[4] 〔清〕王夫之:《尚书引义》，中华书局 2009 年版，第 66 页。

[5] 〔清〕王夫之:《尚书引义》，中华书局 2009 年版，第 66 页。

[6] 〔清〕王夫之:《尚书引义》，中华书局 2009 年版，第 65 页。

[7] 〔明〕王夫之:《船山全书》第 4 册，岳麓书社 2011 年版，第 1256 页。

王夫之认为，知与行之间的功能和作用确实各不相同，即"各有致功""各有其效"，不能像阳明后学一样将两者混而为一。但是知行之间是不分先后而相互支撑、相互资用的。强调学者绝不能"离行以为知"，不然"其卑者，则训诂之末流，无异于词章之玩物而加陋焉；其高者，瞑目据梧，消心而绝物，得者或得，而失者遂叛道以流于恍惚之中。异学之贼道也，正在于此"[1]。

正是在对知行问题进行了创造性的诠释并得出"行可兼知""行必统知"等关键性的认识之后，王夫之正式将"实践"范畴引入到知行问题的讨论中。如其在《张子正蒙注》中说道："知之尽，则实践之而已。实践之，乃心所素知，行焉皆顺，故乐莫大焉。"[2]王夫之认为，人既要认识现实世界，也要在现实世界中实践其所知，而重点尤在后者。因为只有这样，才能获得真知与精神上的满足。虽然王夫之眼中的"实践"还未达到改造现实社会、现实世界的高度，但这一范畴的提出，仍为"实事求是"命题社会实践面向的开启奠定了一定的基础。

三、必以力行为归：王文清与清前中期岳麓书院的"实行"学风

长期以来，学界似乎形成了如下共识，即清代前中期的湖南经学，除了王夫之孤峰耸立外，其余学者几无大的建树。如梁启超在

---

[1]〔清〕王夫之：《尚书引义》，中华书局2009年版，第68页。
[2]〔清〕王夫之：《张子正蒙注》，中华书局1975年版，第173页。

《近代学风之地理的分布》一文中说道：

> 湖南自衡阳王船山（夫之）以孤介拔俗之姿，沉博多闻之
> 学，注经论史，评骘百家，著作等身，巍然为一代大师。虽
> 然，壤地窵僻，与东南文物之区，不相闻问；门下复无能负荷而
> 广大之者，是以其学不传。自兹以往，百余年间，湖湘学者无
> 述焉。[1]

梁启超的观点影响甚大。直至今日，学者们对清前中期的湖南经
学仍旧缺乏足够的关注。实际上，清前中期的湖南经学虽未能说大鸣
于时，但经师传承不绝，名儒亦不鲜见。其中如王文清者，不仅在经
学上有较为突出的成绩，与王夫之、王闿运、王先谦并称为清代湖南
"四王"；还因其长期担任岳麓书院山长，倡导"力行"学风，故在作
育人才、传承湖湘学派"经济之学"等方面尤为有功。

王文清（1688—1779 年），字廷鉴，号九溪，湖南宁乡人。雍正
二年（1724 年）进士，授九溪卫（今湖南慈利县）学正，转岳州府
教授，以忧归。乾隆元年（1736 年），王文清充任三礼馆纂修官，并
在此后兼任律吕、经史诸馆职。乾隆十一年（1746 年），诸馆书成，
"吏部议叙第一"，后"以父老再请终养，遂归"[2]。返回湖南后，王
文清于乾隆十三年（1748 年）、乾隆二十九年（1764 年）两度出任
岳麓书院山长共 9 年，培养了大批优秀人才。王文清淹贯经籍，尤深

---

[1] 梁启超：《近代学风之地理的分布》，《清华学报》1924 年第 1 期。
[2] 秦薰陶：《王九溪先生年谱》，《湖南人物年谱》（一），湖南人民出版社 2013 年版，
第 381 页。

于礼，在三礼馆时，为桐城方苞所推挹[1]，都人甚至有"记不明，问文清"[2]之谚。其著作丰硕，主要有《考古源流》《考古略》《仪礼分节句读》《周礼会要》《三礼图》《丧服解》《祭礼解》《乐制考》《乐律问对》《周易中旨》《阴符经发微》等。

在治学风格上，虽然《清儒学案》认为王文清乃是"船山私淑"[3]，但细审王氏今存的学术著作，其治学的方法与路径已经呈现出乾嘉朴学的一些特点。如其解经注重音韵训诂，在他的代表作《考古略》中，卷首三节便是《经文字音考略一》《经文字音考略二》和《四书字音考略》；同时其治礼多宗郑注、贾疏，而不以宋儒为尊。因此，李肖聃在《湘学略》中指出："（王文清）独治朴学，淹贯群籍，卓然为一代鸿儒。"[4]张舜徽的《清儒学记》亦认为"（王文清）研究经学，造诣很深，实开湖湘朴学之风，是一位承先启后、很有影响的人物"[5]。

除了在学术旨趣上开湖湘朴学之先外，王文清在担任岳麓书院山长时还极力倡导务实力行的学风，培养了一大批崇尚经世致用、讲求实事求是的人才，为晚清湖南中兴将相群体的形成奠定了基础。如其重新制定了《岳麓书院学规》：

[1] 王钟翰点校：《清史列传》卷六十八，中华书局 1987 年版，第 5483 页。

[2] 〔清〕邓显鹤编纂，欧阳楠校点：《沅湘耆旧集》，岳麓书社 2007 年版，第 665 页。

[3] 徐世昌等编纂，沈芝盈、梁运华点校：《清儒学案》，中华书局 2008 年版，第 431 页。

[4] 李肖聃：《湘学略·九溪学略》，转引自朱汉民、邓洪波：《岳麓书院史》，湖南教育出版社 2013 年版，第 431 页。

[5] 张舜徽：《清儒学记》，华中师范大学出版社 2005 年版，第 211 页。

一、时常省问父母。一、朔望恭谒圣贤。

一、气习各矫偏处。一、举止整齐严肃。

一、服食宜从俭素。一、外事毫不可干。

一、行坐必依齿序。一、痛戒讦长毁短。

一、损友必须拒绝。一、不可闲谈废时。

一、日讲经书三起。一、日看纲目数页。

一、通晓时务物理。一、参读古文诗赋。

一、读书必须过笔。一、会课按刻蚤完。

一、夜读仍戒晏起。一、疑误定要力争。[1]

上述学规共十八条，不仅对重孝道、尊圣贤、矫气习等传统儒家素来重视的修身问题颇为重视，还特别强调在治学上要"通晓时务物理"。所谓的"时务"，就是指社会时事，而"物理"，指的是社会、事物发展变化的规律。这样，"通晓时务物理"，就是要求岳麓学子在学习时要关注国计民生，探索社会和事物发展的规律，体现出对宋代以来岳麓书院传道济民、经世致用传统的延续。

而且，王文清还为学子们指出了阅读经史的入门之径。除了手订《读史六法》，还有《读经六法》：一正义，二通义，三余义，四疑义，五异义，六辨义[2]。"正义"，是指学子阅读儒家经典，要能够读懂每个字、每句话，理解经典的本义。"通义"，疏通大义，是指将经典

---

[1]〔清〕丁善庆纂辑，邓洪波校点：《长沙岳麓书院续志》，岳麓书社 2012 年版，第 559 页。

[2]〔清〕丁善庆纂辑，邓洪波校点：《长沙岳麓书院续志》，岳麓书社 2012 年版，第 559 页。

融会贯通、明白其主旨思想。"余义"，本义之外的衍生义、派生义，是指能举一反三，明白经典中所蕴含的"言外之旨"。"疑义"，存疑的含义，是在阅读儒家经典后，能对其不能弥缝之处提出疑问。"异义"，异于前人所理解的含义，是指能对经典中所存在的问题进行思考，提出与前人不同的观点。"辨义"，辨别不同的观点并确定其最终含义，是指学子需要在辨别不同观点的基础上细密地阐述自己的观点，使之成为学界立得住的观点。"读经六法"不仅是一套系统的治学方法论，还蕴含着发现问题、解决问题的实践思想，正义、通义、余义是对事物进行全面的认识的过程，疑义、异义是在全面认识事物的基础上发现并提出问题，辨义则是通过反复研究最终解决了问题，明显具有经世致用的色彩。

第三节　晚清湖南士人群体对"实事求是"思想的高度推崇与创造性诠释

在经历了所谓的"康乾盛世"后，清朝在嘉道之际即迅速由盛转衰，社会矛盾愈演愈烈，"富户变贫户，贫户变饿者"[11]，而士大夫们却仍旧孜孜于"为考证而考证"的乾嘉朴学之中，对形势之变、民

---

[11]〔清〕龚自珍：《龚定盦全集·续集》，载顾廷龙主编：《续修四库全书》第1520册，上海古籍出版社1996年版，第21页。

生疾苦充耳不闻。道光二十年（1840 年），英国侵略者发动了鸦片战争，庞大的清王朝出乎意料地一败再败，并最终签订了丧权辱国的《南京条约》。在如此情形下，湖湘有识之士如魏源、曾国藩等纷纷抛开考证训诂而大倡经世致用之学，并对"实事求是"进行了创造性的诠释，试图以"经术"为"治术"，实现富民兴邦、抵御外侮的目标。

一、魏源的"实学"思想及其"西学化"特征

当外国侵略者凭借坚船利炮进犯神州时，清朝统治者一方面盲目自大，未能提前部署，而另一方面又手足无措、应对无方，最终吞下败果。在群士懵然之际，魏源已经认识到西方科技全面领先于中国的实际情况，并据此提出了"师夷之长技以制夷"的应对措施，倡导"以实事程实功"的务实学风，为晚清"洋务运动"的开展奠定了思想基础，被后世学人誉为"睁眼看世界的第一人"。

魏源（1794—1857 年），字默深，湖南邵阳人。少而聪颖，八岁受书，即解大义[1]。十五岁，补县学弟子员，后入岳麓书院学习。由于成绩一直名列前茅，得到了历任湖南学政如李宗瀚、徐松、汤金钊，以及岳麓书院山长袁名曜的赏识。嘉庆十八年（1813 年），魏源成功通过拔贡考试被选为拔贡生，次年便启程前往京师求学应考。在京期间，魏源"问宋儒之学于姚敬塘先生学塽，学公羊于刘申受先生逢禄，古文辞则与董小槎太史桂敷、龚定菴礼部自珍诸公

---

[1] 姚永朴：《魏默深先生传》，载〔清〕魏源撰，魏源全集编辑委员会编校：《魏源全集》第 20 册，岳麓书社 2004 年版，第 650 页。

切磋焉"[1]，学术由此大进。道光二年（1822年），魏源举顺天乡试，但在随后的会试中落第。直到道光二十四年（1844年），魏源中礼部会试第十九名。次年，中乙巳恩科三甲九十三名进士，以知州发江苏，权兴化县，后授高邮知州。咸丰七年（1857年），魏源卒于杭州。

19世纪前期的清朝，虽然统治者仍沉浸在"天朝上国"的虚幻梦境中，但其时的清朝已然危机四伏——不仅外有强敌环伺，而国家内部也已经病入膏肓，魏源对此即有论述：

> 无一岁不虞河患，无一岁不筹河费，此前代所无也；夷烟蔓宇内，货币漏海外，漕醝以此日敝，官民以此日困，此前代所无也；士之穷而在下者，自科举则以声音诂训相高，达而在上者，翰林则以书艺工敏、部曹则以胥史案例为才，举天下人才尽出于无用之一途，此前代所无也；其他宗禄之繁，养兵之费，亦与前世相出入。[2]

在此论述中，魏源一一展现了清朝在河患治理、鸦片管控、财政、经济、选才、士风等方面日益困顿的情景，并反复强调"此前代所无"，以凸显其危机之深。而更让魏源揪心的是，彼时的士大夫群体在"朴学"大纛的指引下，纷纷埋首于章句训诂，对经济之学与国际、国内的形势变化漠不关心：

---

[1]〔清〕魏源著，中华书局编辑部编：《魏源集》，中华书局2009年版，第947—948页。

[2]〔清〕魏源著，中华书局编辑部编：《魏源集》，中华书局2009年版，第163页。

自乾隆中叶后，海内士大夫兴汉学，而大江南北尤盛。苏州惠氏、江氏，常州臧氏、孙氏，嘉定钱氏，金坛段氏，高邮王氏，徽州戴氏、程氏，争治诂训音声，爪剖釽析，视国初昆山、常熟二顾及四明黄南雷、万季野、全谢山诸公，即皆摈为史学非经学，或谓宋学非汉学，锢天下聪明智慧使尽出于无用之一途。[1]

正如魏源所指出的，自乾隆中期以降，"朴学"炙热，名家辈出。而且，这些学者既以"朴学"名世，故对经世致用之学颇为抵制，以致将清初的经学大家顾炎武、顾祖禹、黄宗羲、万斯大、全祖望等人都排斥在经学之外。面对人人"争治诂训音声"而不顾实务的局面，魏源直斥"朴学"是"锢天下聪明智慧使尽出于无用之一途"。为了打破这一"万马齐喑"的局面，魏源通过对儒家的发展脉络进行梳理，从学理上否定了单靠"争治诂训音声"的"朴学"路径可以达致圣王之道的合法性：

三代以上，君师道一而礼乐为治法；三代以下，君师道二而礼乐为虚文。古者岂独以君兼师而已，自冢宰、司徒、宗伯下至师氏、保氏、卿、大夫，何一非士之师表？"小德役大德，小贤役大贤"，有位之君子，即有德之君子也，故道德一而风俗同。自孔、孟出有儒名，而世之有位君子始自外于儒矣；宋贤出有道

---

[1] 〔清〕魏源著，中华书局编辑部编：《魏源集》，中华书局2009年版，第358—359页。

学名，而世之儒者又自外于学道矣。雅、颂述文、武作人养士之政，瞽宗、辟雍、振鹭、西雍、棫朴、菁莪，至详且尽，而十三国风上下数百年，刺学校者，自子衿一诗外无闻焉；春秋列国二百四十年，自郑人游乡校以议执政外无闻焉；功利兴而道德教化皆土苴矣。有位与有德，泮然二途；治经之儒与明道之儒、政事之儒，又泮然三途。[1]

魏源认为，三代以上，君师合一，礼乐是治世之法，故从君至大夫，均为士之师表，君子的位与德是一体的。但是，在孔、孟开创儒学以后，君、师分立，有位之君子与有德之君子渐分两路。待到宋儒标举道学之后，儒家内部又析为治经、明道、政事三脉，因而与完整的圣王之道愈加疏离。"朴学"家们只是治经之儒之余裔，他们越是汲汲于音韵训诂，不仅不能优入圣域，反而南辕北辙，与圣王之道愈来愈远，"以诂训音声蔽《小学》，以名物器服蔽三《礼》，以象数蔽《易》，以鸟兽草木蔽《诗》"[2]。而且，只顾埋首书斋的"朴学"家，一旦居其位而临其事，往往会显露出"上不足制国用，外不足靖疆圉，下不足苏民困"[3]的无能丑态。有鉴于此，魏源指出，儒者要想寻得圣王之道，就必须从章句训诂中跳脱出来，将治经、明道、政事结合为一休，即"贯经术、故事、文章于一"[4]，且"以经术为治术"[5]，方能

[1]〔清〕魏源著，中华书局编辑部编：《魏源集》，中华书局2009年版，第23页。
[2]〔清〕魏源著，中华书局编辑部编：《魏源集》，中华书局2009年版，第24页。
[3]〔清〕魏源著，中华书局编辑部编：《魏源集》，中华书局2009年版，第36页。
[4]〔清〕魏源著，中华书局编辑部编：《魏源集》，中华书局2009年版，第152页。
[5]〔清〕魏源著，中华书局编辑部编：《魏源集》，中华书局2009年版，第24页。

实现"富强之王道"[1]。

魏源所倡导的"以经术为治术",要求儒者们将主要精力放在治国经邦的具体实践上。但由于当时士人好以诂训相高,而不以实行为志,故而魏源不得不屡屡强调"亲身实践"的重要性。如其指出,"披五岳之图,以为知山,不如樵夫之一足;谈沧溟之广,以为知海,不如估客之一瞥;疏八珍之谱,以为知味,不如庖丁之一啜"[2],又说"善琴弈者不视谱,善相马者不按图,善治民者不泥法;无他,亲历诸身而已"[3]。而且,魏源还认识到"实践"对于人的认知具有检验的作用。如其强调"善言心者,必有验于事矣。……善言人者,必有资于法矣。……善言古者,必有验于今矣"[4],并常常感叹"以匡居之虚理验诸实事,其效者十不三四"[5]。值得注意的是,魏源还提出了一条重要的实践原则,即"以实事程实功,以实功程实事"[6]。这是说经世致用的干事能力需要体现在治国经邦的实际功效上,而只有治国经邦的实际功效才能衡量经世致用的干事能力。由此,魏源就为"实事求是"命题注入了实践性的内涵。

尤为值得注意的是,魏源不仅是经世致用的倡导者,更是经世致用的力行者。如道光六年(1826年),年仅32岁的魏源就为时任江苏布政使的贺长龄编选了《皇朝经世文编》一书,辑录了从清初至道

---

[1]〔清〕魏源著,中华书局编辑部编:《魏源集》,中华书局2009年版,第36页。

[2]〔清〕魏源著,中华书局编辑部编:《魏源集》,中华书局2009年版,第7页。

[3]〔清〕魏源著,中华书局编辑部编:《魏源集》,中华书局2009年版,第49页。

[4]〔清〕魏源著,中华书局编辑部编:《魏源集》,中华书局2009年版,第156页。

[5]〔清〕魏源著,中华书局编辑部编:《魏源集》,中华书局2009年版,第35页。

[6]〔清〕魏源撰,魏源全集编辑委员会编校:《海国图志·原叙》,岳麓书社2004年版,第2页。

光五年（1825 年）之间 640 余位儒士的奏议、文集和方志等文献中
"存乎实用"的文章共 2236 篇，分为学术、治体、吏政、户政、礼
政、兵政、刑政、工政等 8 个门类，直接促进了清代经世致用学风的
兴起。在《皇朝经世文编·五例》中，魏源开篇即阐述该书的编选目
的："书各有旨归，道存乎实用……既经世以表全编，则学术乃其纲
领。"[1]围绕这一目的，魏源提出了以下三条编纂原则，一是"凡高之
过深微，卑之溺糟粕者，皆所勿取矣"，二是"凡古而不宜，或泛而
罕切者，皆所勿取矣"，三是"凡于胜国为药石，而今日为筌蹄者，
亦所勿取矣"。[2]由此可见，该书从内容到形式均体现了"以实事程
实功，以实功程实事"的原则，对引导长期沉迷于考据训诂的儒生们
将目光重新聚焦到"实事"上来说，无疑具有重要意义。因此，晚清
汉学大师俞樾曾说："《皇朝经世文编》数十年来风行海内，凡讲求经
济者，无不奉此书为矩镬。几于家有其书。"[3]

　　道光二十年（1840 年），英国侵略者悍然发动鸦片战争，给中国
人民带来了深重的苦难。魏源不仅亲赴前线参与抗英斗争，还受林则
徐的嘱托编撰了《海国图志》，于 1842 年刊行第一版的五十卷本，之
后在 1848 年和 1852 年又将《海国图志》分别扩展到六十卷和一百卷。
在《海国图志》的《原叙》中，魏源直抒胸臆道："是书何以作？曰：

---

[1]〔清〕魏源撰，魏源全集编辑委员会编校：《魏源全集》第 13 册，岳麓书社 2004
　　年版，第 1 页。

[2]〔清〕魏源撰，魏源全集编辑委员会编校：《魏源全集》第 13 册，岳麓书社 2004
　　年版，第 1 页。

[3]〔清〕俞樾：《〈皇朝经世续编〉序》，载〔清〕葛士濬：《皇朝经世续编》，文海出版
　　社 1972 年版，第 1 页。

为以夷攻夷而作，为以夷款夷而作，为师夷长技以制夷而作。"[1]即此书的撰著目的是为了应对及战胜西方列强的入侵而作，尤其是"师夷长技以制夷"之理念的提出，不仅让魏源的思想展现出明显的"西学化"特征，更对中国近代的发展走向产生了极其深远的影响。在该书中，魏源在吸收西方自然科学发展的最新成果的基础上，详细介绍了西方各国的科技发展、教育模式、武器制造、地理格局、政治体制、风土人情等各方面的情况，尤其是对如何学习西方的军事武器、练兵方法和战争思维进行了重点论述，不仅将在"天朝上国"的迷梦中沉睡的中国人及时唤醒，还为他们指引出了一条"保国保种"、富民兴国的道路。

总之，"不忧一家寒，所忧四海饥"[2]的魏源一生都秉承传道济民、实事求是的精神，为了民族振兴、国家富强而上下求索。晚清大儒陆心源曾动情地说道："余年十五、六，即闻当代贤豪魁杰之士，首推邵阳魏默深先生。后得先生所著《诗古微》《圣武记》《海国图志》读之，益信先生之学，实事求是，可以传，可以行，余益心仪其为人。"[3]

二、曾国藩对湖湘文化"实事求是"传统的创新

黄濬曾在《花随人圣庵摭忆》中写道："耦耕刊《经世文编》一

---

[1]〔清〕魏源撰，魏源全集编辑委员会编校：《魏源全集》第4册，岳麓书社2004年版，第1页。

[2]〔清〕魏源著，中华书局编辑部编：《魏源集》，中华书局2009年版，第580页。

[3]〔清〕魏源撰，魏源全集编辑委员会编校：《魏源全集》第20册，岳麓书社2004年版，第674页。

书，魏默深所辑，三湘学人诵习成风，士皆有用世之志。"[1]可见在魏源的影响下，湖湘地区经世致用的文化基因被迅速激活，一大批湖湘士子怀揣传道济民之志走上了历史舞台。在晚清风云变幻的危局中，他们一方面建立了不朽的功业，在"中兴将相群体"中占据了最主要的位置；而另一方面也在实践中重塑了"实事求是"命题，使之转变为一种认识世界的方法论。而曾国藩，无论是从立功还是立言的角度来说，都是这个群体中最重要的人物之一。

曾国藩（1811—1872 年），原名子城，子伯涵，号涤生，湖南湘乡人。其家原本世代务农，至曾国藩的祖父曾玉屏时始慕向学，曾父麟书"累困于学政之试"[2]，至道光十二年（1832年）四十三岁时方考中秀才。曾国藩从小在父亲的教导下习读四书五经，道光十四年（1834 年），曾国藩来到岳麓书院，拜师于欧阳厚均门下，并于当年中举。道光十八年（1838 年），曾国藩考中进士，并在随后的朝考中表现出色，授翰林院庶吉士，由此开始其十余年的京官生涯，累迁内阁学士、礼部侍郎，署兵部[3]。在此期间，曾国藩结识了理学大师唐鉴，跟随其治"义理之学"。咸丰二年（1852 年），其母去世，曾国藩回籍奔丧。此时洪秀全已经起兵并进入湖南，为"保护桑梓"，丁忧在家的曾国藩奉命担任湖南帮办团练大臣，创立了湘军，历十余年征战，最终于同治三年（1864 年）六月攻克太平天国的首都金陵。

[1] 黄濬：《花随人圣庵摭忆》，山西古籍出版社、山西教育出版社1999年版，第335—336 页。
[2]〔清〕曾国藩：《曾国藩全集》第 14 册，岳麓书社 2011 年版，第 365 页。
[3]〔清〕赵尔巽等撰，中华书局编辑部点校：《清史稿·曾国藩传》，中华书局 1977年版，第 11907 页。

此后，曾国藩先后担任两江总督、直隶总督、武英殿大学士等显职，封一等毅勇侯。同治十一年（1872年），曾国藩病逝，谥曰文正。

前人指出，曾国藩的赫赫事功乃是"本于学问"[1]。而在曾国藩的思想体系中，"实事求是"无疑具有重要的地位。曾国藩的"实事求是"思想，主要有以下三个方面的渊源。一是家庭的熏陶。如前文所述，曾国藩出生在"耕读"之家，其父、祖皆为务实重行之士。如其祖父曾玉屏曾教导子弟云："凡菜茹手植而手撷者，其味弥甘；凡物亲历艰苦而得者，食之弥安也"[2]，而其父曾麟书在太平军进入湖南时，曾积极"率乡人修治团练，戒子弟，讲阵法，习技击"[3]。在这样的家庭环境下成长，曾国藩自然不会像"朴学"家一样，只知音韵训诂，而不知践履实行。二是业师的教导。曾国藩在岳麓书院求学时，时任山长欧阳厚均十分注重"培植人才，为有体有用之学"[4]，如其倡导学生写文章要"骋研神秘，各抒所长，或以理胜，或以气胜，或以才胜，平奇浓淡，不拘一体。总之，惟其是尔"[5]。这里的"惟其是"，指的就是要符合事物的规律与实际情况。三是湖湘地区推崇经世致用、讲求实事求是的文化传统的浸染。自湖湘学派兴起以后，湖湘学人即多治"经济之学"，后经王夫之、魏源等湖湘大儒赓续、传扬与创新，到道光年间以降，"经世致用"风气再次笼罩湖南学坛。而且，曾国藩本人对王夫之、魏源之学颇为钦服。如在曾国藩的日记中，对

---

[1]〔清〕赵尔巽等撰，中华书局编辑部点校：《清史稿·曾国藩传》，中华书局1977年版，第11908页。

[2]〔清〕曾国藩：《曾国藩全集》第14册，岳麓书社2011年版，第367页。

[3]〔清〕曾国藩：《曾国藩全集》第14册，岳麓书社2011年版，第365页。

[4]〔清〕欧阳厚均：《欧阳厚均集》，岳麓书社2013年版，第182页。

[5]〔清〕欧阳厚均：《欧阳厚均集》，岳麓书社2013年版，第181页。

魏源《皇朝经世文编》的研读记录屡见不鲜[1]，并曾说"经济之学，吾之从事者二书焉，曰《会典》，曰《皇朝经世文编》"[2]；另外，船山思想的发扬光大，则尤赖于同治四年（1865 年）曾氏兄弟在金陵重新刊刻《船山遗书》的义举。《船山遗书》收录船山著作五十六种、二百八十八卷，曾国藩亲自参与校勘并作序，船山之学由此广为人知。

正因如此，曾国藩虽然学宗程朱，但并不沉溺于空谈心性，而是时刻强调实行、实功与实用。如道光二十三年（1843 年）正月十七日，曾国藩给诸弟写信，以亲身经历告诫其应注重躬行实践，"今年得一二良友，知有所谓经学者、经济者，有所谓躬行实践者，始知范、韩可学而至也，马迁、韩愈亦可学而至也，程、朱亦可学而至也"[3]。又当年，曾国藩还曾致信贺长龄云：

> 仕途积习，益尚虚文，奸弊所在，蹈之而不怪，知之而不言，彼此涂饰，聊以自保，泄泄成风，阿同骇异。故每私发狂议，谓今日而言治术，则莫若综核名实；今日而言学术，则莫若取笃实践履之士。[4]

曾国藩对"益尚虚文"且"彼此涂饰"的仕途积习进行了批判，

---

[1] 仅以道光二十一年（1841 年）七月来看，曾国藩即连续多日阅读《皇朝经世文编》。见〔清〕曾国藩撰：《曾国藩全集》第 16 册，岳麓书社 2011 年版，第 93、94 页。
[2]〔清〕曾国藩撰：《曾国藩全集》第 16 册，岳麓书社 2011 年版，第 236 页。
[3]〔清〕曾国藩撰：《曾国藩全集》第 20 册，岳麓书社 2011 年版，第 49 页。
[4]〔清〕曾国藩撰：《曾国藩全集》第 22 册，岳麓书社 2011 年版，第 5 页。

并认为若论治国之术，则应讲求"综核名实"，若谈治学之术，则应推崇"笃实践履"。在日记中，他也告诫自己要随时求"实"，即"不说大话，不鹜空名，不行架空之事，不谈过高之理"[1]。因此，对于朴学家只知埋首于音韵训诂却不知实行的丑态，曾国藩给予了尖锐的批评，直斥此类儒生与"牧猪奴"无异，"虽使能文能诗，博雅自诩，亦只算识字之牧猪奴耳，岂不谓之明理有用之人也乎"[2]。而更为重要的是，曾国藩对"实事求是"命题进行了创造性的诠释，使其从一种经学考据学方法嬗变为一套面向实践的哲学认识论：

> 近世乾嘉之间，诸儒务为浩博。惠定宇、戴东原之流，钩研诂训，本河间献王"实事求是"之旨，薄宋贤为空疏。夫所谓"事"者，非物乎？"是"者，非理乎？实事求是，非即朱子所称"即物穷理"者乎？名目自高，诋毁日月，亦变而蔽者也。[3]

由上可知，以惠栋、戴震为代表的乾嘉学者虽然标举"实事求是"的大旗，但只是与西汉河间献王刘德一样，将其视为一种经学考据学的方法，进而凭之埋头于"钩研诂训"之中，不可自拔。而在曾国藩看来，"实事求是"中的"事"与朱子"即物穷理"中的"物"一致，都是指具体的事物，而"实事求是"中的"是"和朱子"即物穷理"中的"理"亦相同，都是指代事物中的内在规律，"求"与"穷"则是从事物中研究探索其内在规律的过程。这样，"实事求是"

[1]〔清〕曾国藩撰：《曾国藩全集》第17册，岳麓书社2011年版，第87页。
[2]〔清〕曾国藩撰：《曾国藩全集》第20册，岳麓书社2011年版，第35页。
[3]〔清〕曾国藩撰：《曾国藩全集》第14册，岳麓书社2011年版，第229页。

命题就完全变成了一套"致知"的方法论了。

纵观曾国藩成就事功的过程，"实事求是"正是作为他认识事物的根本方法而被反复强调的。如其商议军事，屡言"实事求是"，"细阅营规各条，用心极周，条理极密，具见实事求是"[1]，"承示派兵梭巡陵寝，酌定劝惩章程，并勤加稽查，认真操练，仰见讲求营务，实事求是，良以为珮"[2]。曾氏推荐或褒奖官员，亦以能"实事求是"者为高：

> 该员自履任后，巨细躬亲，实事求是，厘剔州县向来积弊，据实上达；地方应办之事，次第举行。[3]
>
> 候选训导向师棣，湖南人，志趣卓越，实事求是。[4]
>
> 据禀各条，不独于丁漕利弊确切指陈，且于江省各州县衙门积习疏剔明畅，足见该令素日留心吏治，实事求是，殊可嘉奖。[5]

在曾国荃初任封疆大吏时，曾国藩曾写信在其弟幕府任职的何璟，嘱咐何氏要以"实事求是"的原则辅佐曾国荃治理鄂中吏事：

> 鄂中吏事，自胡文忠后久成虚枵之象，金玉其外，败絮其

---

[1]〔清〕曾国藩撰：《曾国藩全集》第 13 册，岳麓书社 2011 年版，第 295 页。

[2]〔清〕曾国藩撰：《曾国藩全集》第 31 册，岳麓书社 2011 年版，第 77 页。

[3]〔清〕曾国藩撰：《曾国藩全集》第 6 册，岳麓书社 2011 年版，第 88 页。

[4]〔清〕曾国藩撰：《曾国藩全集》第 6 册，岳麓书社 2011 年版，第 546 页。

[5]〔清〕曾国藩撰：《曾国藩全集》第 13 册，岳麓书社 2011 年版，第 533 页。

中，固宜实事求是，重加综核，然转移之妙，正在施之以渐，而不自居其名。舍弟初膺疆寄，锐意求治，尚望阁下弼以远猷，剂之和雅，于明作有功之中，更昭惇大成裕之意，尤以为荷。[1]

而在《批候补知县宋祖骏禀察看郓巨一带情形》一牍中，候补知县宋祖骏因未能践行"实事求是"之道而得到了曾国藩的批评：

资遣湖团，不为东人所愿，夫人而知之，该员所禀情形，只泛论，非查看也。本部堂所谓查勘者，须访亲族是否有人，田业是否尚有一二，郓、巨是否别有空地，村落是否繁庶。纵不能一一指出，亦当得其大端。如该员所论，乃局外悬揣之谈，非实事求是之道也。[2]

由上可知，曾国藩眼中的"实事求是"之道，是必须深入到郓、巨一带细致调查其"亲族是否有人，田业是否尚有一二，是否别有空地，村落是否繁庶"等诸方面的真实情况。而候补知县宋祖骏或许并未到实地察访，故而在禀报时只能作"局外悬揣之谈"，因此受到了曾国藩的严肃批评。总而言之，在曾国藩心中："实事求是，不徒托诸空言，是办事第一义"[3]。

[1]〔清〕曾国藩撰：《曾国藩全集》第 29 册，岳麓书社 2011 年版，第 441 页。

[2]〔清〕曾国藩撰：《曾国藩全集》第 13 册，岳麓书社 2011 年版，第 495 页。

[3]〔清〕曾国藩撰：《曾国藩全集》第 30 册，岳麓书社 2011 年版，第 54 页。

三、郭嵩焘以"实事求是"沟通西学的尝试

面对西方列强纷至沓来的侵略和中国落后闭塞、民不聊生的局面，有一位儒士以惊人的胆识对抗着时代的挫折，凭借着先知先觉的理智率先开始了以"实事求是"命题沟通西学的尝试，为闭关锁国的晚清打开了通向世界的窗口。这位儒士就是被后人誉为"孤独前驱"的郭嵩焘。

郭嵩焘（1818—1891年），字伯琛，号筠仙，湖南湘阴人，曾自署南岳老人，晚号玉池老人，又称养知先生。郭嵩焘自幼跟随父亲读书。道光十六年（1836年），郭嵩焘进入岳麓书院求学，在深受湖湘经世致用精神熏陶的同时还结交了曾国藩、刘蓉等一生挚友。次年，郭嵩焘乡试中举，但直至道光二十七年（1847年）才考中进士，旋授翰林院庶吉士。咸丰二年（1852年），太平军攻至长沙，丁忧在籍的郭嵩焘劝说左宗棠、曾国藩等投身军务以抗击太平军，并入曾国藩幕予以襄助。咸丰八年（1858年），郭嵩焘供职翰林院，随即又入值南书房，得到咸丰帝的多次召见。之后的几年间，郭嵩焘先后担任过江苏苏松粮储道、两淮盐运使、署理广东巡抚等职。光绪元年（1875年），英国以"马嘉理"案为由，要求清朝派人赴英谢罪。郭嵩焘不顾士林横议，毅然应命担任中国首任驻英公使，并于次年十月从上海出发。在出使期间，郭嵩焘将一路上的所见所闻写成《使西纪程》一书寄回总理衙门刊刻出版，因书中对西方文明有所称赞，而致"清流"士大夫群起而攻之，副使刘锡洪亦乘机罗织郭嵩焘的"十大罪"上书朝廷。在万般无奈之下，郭嵩焘只能奏请辞职，并于光绪五

年（1879年）正月返回家乡，自此闭门从事著述，直至光绪十七年（1891年）六月因病去世。

就郭嵩焘青年时期的成长经历、所接受的教育来看，与传统的士大夫并无明显区别，但因其对湖湘经世致用精神的自觉传承以及其在"知行观"上的独特创新，使他能在国家危亡之际主动地了解洋务、学习西学并创造性地提出"实事求是，西洋之本"[1]的论断。在学术旨趣上，对郭嵩焘影响最大者是王夫之——他不仅将船山视为"阐扬正学的先知"，更尊其为"星日昭垂二百馀年的旷世之师"[2]。根据目前所见的材料，可从以下几个方面看出郭嵩焘对船山的"私心之契"。首先，郭嵩焘毕生都在推介船山的著作及其思想。道光二十二年（1842年），湘人邓显鹤首刻《船山遗书》，郭嵩焘不仅较早地读过此书，还曾于道光二十五年（1845年）亲至新化邓氏所居的南村草堂拜谒。咸丰四年（1854年）邓氏《船山遗书》书版毁于战火，郭嵩焘又积极协助曾国藩、曾国荃兄弟新刻《船山遗书》五十八种二百八十卷，也正由此次刊刻，王船山死后"凡历二百余年，而其书始大显"[3]。同时，遍观郭嵩焘的著作，其引船山之言处多不胜数，这些引言或助其阐发义理、评判人事，或助其考订史籍、发覆宏旨，足

---

[1] 〔清〕郭嵩焘撰，梁小进主编：《郭嵩焘全集》第10册，岳麓书社2012年版，第697页。

[2] 此处化用郭嵩焘所撰的《船山先生像赞》，原文为：濂溪浑然，其道莫窥，幸于先生，望见端压。约礼明性，达变持危，阐扬正学，是曰先知。二百馀年，星日昭垂，私心之契，旷世之师。见于〔清〕郭嵩焘撰，梁小进主编：《郭嵩焘全集》第15册，岳麓书社2012年版，第681页。

[3] 〔清〕郭嵩焘撰，梁小进主编：《郭嵩焘全集》第15册，岳麓书社2012年版，第649页。

以看出郭嵩焘对船山"建芳馨于私淑，资模楷于遗书"的心迹[1]。其次，郭嵩焘不仅破除万难为船山建祠立像，还向朝廷奏请让船山从祀文庙。如在《请以王夫之从祀文庙疏》中，郭嵩焘说道："我朝经学昌明，远胜前代，而黯然自修，精深博大，罕有能及衡阳王夫之者……所著经说，言必徵实，义必切理，持论明通，确有据依……如王夫之学行精粹，以之从祀两庑，实足以光盛典而式士林。"[2]即便在晚年居家期间，郭嵩焘还打造了一系列祭怀船山精神、宣传船山思想的重要平台。如光绪六年（1880 年），禁烟公社一周年纪念，郭嵩焘与禁烟公社同仁选择在船山诞辰之日即阴历九月初一集会于曾文正公祠之浩园，公祭王船山。而且自光绪七年（1881 年）思贤讲舍开馆后到郭嵩焘逝世前的两三年间，他几乎每年都会在船山诞辰之日率众致祭船山祠。特别是讲学授业时，也多借船山之言晓喻湖湘士子。

正是在船山思想的影响下，郭嵩焘始终以经世致用为治学宗旨，推崇"求实效而不为虚语，务力行而不责近功"[3]的务实学风。在知行问题上，郭嵩焘主张"知行并进"[4]，强调凡事必须亲自经历、实践才能得到"真知"，"凡事非由亲历，知事之曲折与其人之始终本末，

---

[1]〔清〕郭嵩焘撰，梁小进主编：《郭嵩焘全集》第 15 册，岳麓书社 2012 年版，第 679 页。

[2]〔清〕郭嵩焘撰，梁小进主编：《郭嵩焘全集》第 4 册，岳麓书社 2012 年版，第 351—352 页。

[3]〔清〕郭嵩焘撰，梁小进主编：《郭嵩焘全集》第 4 册，岳麓书社 2012 年版，第 810 页。

[4]〔清〕郭嵩焘撰，梁小进主编：《郭嵩焘全集》第 2 册，岳麓书社 2012 年版，第 735 页。

而其识量又足以通知一切以能有所断制，仅据传闻之辞、记载之文，以臆度其贤否得失，鲜不失之"[1]。在此基础上，他还提出了"知者，以行为程者也"[2]的重要观点。程，作名词用有"标准、度量衡"之义，知以行为"程"，其意即为"行是检验知的标准"。这一观点的提出充分证明了郭嵩焘已经意识到要全面客观地认识某一事物必须要通过行的反复检验，即所谓的"艰难磨炼""几经阅历"。也正因此，对于"朝廷多取浮言，不求实济"[3]"士大夫务虚言而无实际"[4]的现象，郭嵩焘常常予以尖锐的批评。

19 世纪中期的清朝，虽然已经遭受列强蹂躏，国家蒙辱、人民蒙难、文明蒙尘，但是大多数士大夫或沉浸于"训诂考据"，或陷于"天朝上国"的自我麻醉中，只知守旧与虚议，而别无长策。面对如此局面，务实重行且立志做"天下不可少之人"[5]的郭嵩焘，其所作所为自然与守旧士大夫不同。他不仅怀揣炙热的爱国之情投入到保国保种的征程之中，还在实践中认识到清朝在科学技术方面全面落后于西方的实际情况，于是积极倡导学习西方先进的科学技术以富国强兵，并率先用"实事求是"命题诠释西方科学探索的实践精神，在中

---

[1] 〔清〕郭嵩焘撰，梁小进主编：《郭嵩焘全集》第 8 册，岳麓书社 2012 年版，第 468 页。

[2] 〔清〕郭嵩焘撰，梁小进主编：《郭嵩焘全集》第 8 册，岳麓书社 2012 年版，第 446 页。

[3] 〔清〕郭嵩焘撰，梁小进主编：《郭嵩焘全集》第 8 册，岳麓书社 2012 年版，第 159 页。

[4] 〔清〕郭嵩焘撰，梁小进主编：《郭嵩焘全集》第 8 册，岳麓书社 2012 年版，第 349 页。

[5] 〔清〕郭嵩焘撰，梁小进主编：《郭嵩焘全集》第 15 册，岳麓书社 2012 年版，第 756 页。

国近代史上产生了重要的影响。

其实，早在襄助曾国藩办理军务时，郭嵩焘便已经与西人打过交道，初步了解了西方列强在武器与科学技术上的显著优势。如在看过西人的印刷机后，郭嵩焘曾在日记中感叹："西人举动，务为巧妙如此。"[1]而出使英法的经历，让郭嵩焘更有了全面了解西方社会的机会。据郭嵩焘的日记可知，在担任驻外公使的两年多时间里，他积极主动地到英、法等国的工厂、军事基地、实验室、学校、政府机构等参观调研，结交了许多一流科学家，深入了解了西方政治、经济、文化、教育、科学、技术等各方面的实际情况，以致更加坚定了他救国必先"知洋情"的主张，"能知洋情，而后知所以控制之法；不知洋情，所向皆荆棘也"[2]。

所需知的"洋情"究竟包括哪些内容？郭嵩焘提到以下几个方面。一是要知晓西方的政教模式，"嵩焘窃谓西洋立国有本有末，其本在朝廷政教，其末在商贾、造船、制器……"[3]尤其在西方社会强调"民主"和"三权分立"等问题上，郭嵩焘记载较细；二是要知晓西方的经济制度，"西洋各国以通商为制国之本，广开口岸，设立领事，保护商民，与国政相为经纬，官商之意常亲"[4]；三是要知晓西方的社会风俗与礼仪文化，如他在参加德国舞会后记载道："其风教实

---

[1]〔清〕郭嵩焘撰，梁小进主编：《郭嵩焘全集》第 8 册，岳麓书社 2012 年版，第 32 页。

[2]〔清〕郭嵩焘撰，梁小进主编：《郭嵩焘全集》第 10 册，岳麓书社 2012 年版，第 10 页。

[3]〔清〕郭嵩焘撰，梁小进主编：《郭嵩焘全集》第 4 册，岳麓书社 2012 年版，第 776—784 页。

[4]〔清〕郭嵩焘撰，梁小进主编：《郭嵩焘全集》第 4 册，岳麓书社 2012 年版，第 826 页。

远胜中国，从未闻越礼犯常，正坐猜疑计较之私实较少也"[1]。

而最重要也最急迫的，就是要知晓西方的"实学"。郭嵩焘这里所说的"实学"，"洋语曰赛莫（英）斯（Science）"[2]，即西方的科学技术。郭嵩焘屡屡强调，西方的社会及科技的发展，都是因为"实学"，"西洋政教、制造，无一不出于学"[3]，国人的当务之急就是要"知实学"，"稍使之有实学，以挽回一世之人心，允为当今之急务矣"[4]。对于西方"实学"的发展史，郭嵩焘也作过扎实的了解，如其指出"英国讲求实学者自毕尔庚（培根）始"[5]，与马克思"英国唯物主义和整个现代实验科学的真正始祖是培根"[6]的论断十分契合。

必须指出的是，郭嵩焘援引古人常说的"实学"概念指称西方的科学（Science），是一个极巧妙的创举，既契合西方科学特点，又便于中国人理解与接受。而正是在这一基础上，当郭嵩焘通过实地考察了解到西方科学通过实验探索真知的过程后，便自然而然地将其与"实事求是"命题等同了起来。如其指出，"格物家讲求化学，实

---

[1]〔清〕郭嵩焘撰，梁小进主编：《郭嵩焘全集》第 10 册，岳麓书社 2012 年版，第 488 页。

[2]〔清〕郭嵩焘撰，梁小进主编：《郭嵩焘全集》第 10 册，岳麓书社 2012 年版，第 164 页。

[3]〔清〕郭嵩焘撰，梁小进主编：《郭嵩焘全集》第 11 册，岳麓书社 2012 年版，第 72 页。

[4]〔清〕郭嵩焘撰，梁小进主编：《郭嵩焘全集》第 11 册，岳麓书社 2012 年版，第 72 页。

[5]〔清〕郭嵩焘撰，梁小进主编：《郭嵩焘全集》第 10 册，岳麓书社 2012 年版，第 256 页。

[6]《马克思恩格斯全集》第二卷，人民出版社 1957 年版，第 163 页。

事求是"[1]。在这里，郭嵩焘所言"实事"指的就是客观存在的事物，"求是"就是通过科学实验探究其中的规律。换言之，"实事求是"就是指像西方科学研究一样从客观事物当中探寻出客观规律的认知与实践过程。而且，郭嵩焘清醒地明白，正是在"实事求是"精神的指引下，西方科学才能取得快速进步，"西人格致之学，所以牢笼天地、驱役万物，皆实事求是之效也"。也正是在这一维度上，郭嵩焘总结道："实事求是，西洋之本也。"[2]

在郭嵩焘的眼中，清朝与西方的主要差距并不在时儒所认为的器物方面，而是在决定政教之本的"道"的层面，而西方政教之"道"的核心要旨即为"实事求是"。在出使期间，郭嵩焘常常对西方求实、清朝务虚的现状感到痛心疾首：

> 其民人周旋，一从其实，不为谦退辞让之虚文。国家设立科条，尤务禁欺去伪。自幼受学，即以此立之程，使践履一归诚实。而又严为刑禁，语言文字有诈伪，皆以法治之，虽贵不贷。……其风俗之成，酝酿固已深矣。世安有无政治教化而能成风俗者哉？西洋一隅为天地之精英所聚，良有由然也。[3]
>
> 西夷之专求实用，由中国虚文无实，相推相激以赞成之，亦

---

[1]〔清〕郭嵩焘撰，梁小进主编：《郭嵩焘全集》第 10 册，岳麓书社 2012 年版，第 355 页。

[2]〔清〕郭嵩焘撰，梁小进主编：《郭嵩焘全集》第 10 册，岳麓书社 2012 年版，第 697 页。

[3]〔清〕郭嵩焘撰，梁小进主编：《郭嵩焘全集》第 10 册，岳麓书社 2012 年版，第 377 页。

岂非天道然哉？[1]

西方列强的民众在日常生活中"一从其实"，不务繁文缛节、空虚之文，国家立法维护契约精神，儿童教育皆以"实"字贯之，所以久而成俗，精英汇聚。在西方列强"专求实用"、发展一日千里之时，"中国"则沉溺于"虚文无实"。两相对比，常常令其长叹不已。

因此，郭嵩焘回国之后，一有机会便向年轻学子倡导西方的"实学"以及其"实事求是"的精神。如其在复建湘水校经堂时，即"议分建四堂，分经，分史，分文，分艺"[2]，其中的"艺"，讲授的就是近代自然科学知识，后来还因此被人用匿名书攻击"不讲时文试贴，而讲天文算学"。又其评议人才时，亦常以是否能"实事求是"为优劣标准[3]。总之，在晚清士大夫群体对西学或抗拒排斥、或无从下手时，郭嵩焘以"实事求是"命题诠释西方科学研究探索新知的过程，巧妙地铺开了以"中学"范畴沟通"西学"的桥梁，促进了知识分子群体对西方科学技术的接受与理解，同时也让"实事求是"命题从此实现了科学内涵与实践性格的融合。

著名学者柳定生曾指出，郭嵩焘"勋名虽不比曾、左、李之煊赫，而其德行政事文学，皆足抗古人而参时贤，与中兴元功，赢绌相权，实无所让，而识解之宏通，议论之精辟，或犹豫不犹过

---

[1]〔清〕郭嵩焘撰，梁小进主编：《郭嵩焘全集》第13册，岳麓书社2012年版，第262页。

[2]〔清〕郭嵩焘撰，梁小进主编：《郭嵩焘全集》第11册，岳麓书社2012年版，第142页。

[3]〔清〕郭嵩焘撰，梁小进主编：《郭嵩焘全集》第13册，岳麓书社2012年版，第380页。

之"。纵观洋务、内政与治学，郭嵩焘都有超乎其时代之处，而他对"实事求是"命题的创造性诠释，无疑是其思想光芒最闪亮的地方之一。

| 第四章 |

在马克思主义指导下实现
湖湘实事求是传统的思想升华

从湖湘传统实事求是精神到党的实事求是思想路线，其间的超越和确立归功于马克思主义的伟大改造。系统考察毛泽东推动实事求是思想的孕育形成，对于整体把握湖湘文化涵育意蕴、深刻理解"两个结合"、坚持和发展实事求是思想路线具有重要意义。

第一节　实事求是思想的早期孕育

中国共产党的成长历程就"像一个人一样，有他的幼年、青年、壮年和老年"[1]。在党诞生之初，外有劲敌入侵，内部阶级矛盾日益尖

---

[1]《毛泽东选集》第四卷，人民出版社 1991 年版，第 1468 页。

锐，党内存在党员人数少、革命形势了解不够、理论准备不足等实际问题，后又出现陈独秀右倾机会主义等严重错误，使党领导的人民解放和自身建设事业遭受严峻挑战。毛泽东早年投身革命时就十分重视运用马克思主义基本原理调查研究中国国情与社会现状，深化对马克思唯物思想的认识。同时，中国共产党人仍认真总结大革命失败以来的经验教训，确定革命斗争的方向和任务。在这一时期，毛泽东坚持理论与实践相结合原则的发展理路逐渐明晰，"实事求是"思想也在探索中初步显现。

一、从《中国社会各阶级的分析》到《湖南农民运动考察报告》

作为一个马克思主义者，毛泽东不仅是调查研究思想的倡导者，也是带头深入群众和社会基层开展调查研究的践行者。当时国情极其复杂、反动势力极为强大、经验尤为匮乏，有关中国在人口、国土、经济、教育等实际情况资料缺乏，民用地图、军事地图等基本工具资料的全面性和正确性都无法保证，毛泽东深刻意识到调查研究、了解国情的重要性。他自觉运用历史唯物主义和辩证唯物主义，围绕中国工人运动、社会阶级、农民运动、农民土地等问题进行了广泛的调查研究，与调查对象交心，了解真正的实情，善用各种科学方法分析研究，认真思考总结并完成了许多事实充分、思想透彻的论著和调研报告，为准确把握革命规律、克服教条主义提供了理论准备和有效条件。

其一，关于工人运动的调查研究。1921年11月，毛泽东被分配到湖南负责组建中共湘区执行委员会，先后组建了多个工人俱乐部和工会。一批多谋善断、有勇有为的共产党员和共青团员，一起编写《劳动法案大纲》，掀起了湘区工人运动的澎湃浪潮。其中，毛泽东对工人运动的调研影响较大的有以下几次：安源煤矿工人运动调研，长沙泥木工运动调研，湖南水口山铅锌矿工人运动调研等。在这些社会调研过程中，毛泽东下到最艰苦的工作面和工人促膝谈心，广泛地接触工人，亲身体验工人的疾苦生活，改变与工人群众不合拍、不同腔的毛病，虚心向工人们学习，不仅深入了解工人的劳动条件、生活条件、经济和政治上的要求等，还会进一步调查工人们的反抗史、工矿企业的发展史以及资本家的剥削史，甚至用工人的真实经历向工人讲述革命道理，全面综合分析各方情况，从斗争实际出发，定方略、指方向，组织工人斗争。由此在毛泽东的指导下，安源煤矿工人、长沙泥木工人、水口山铅锌矿工人，都先后举行了罢工，经过艰苦卓绝的斗争最终取得了不同程度的胜利，培养了大批的革命骨干，从现实层面推进了中国共产党人与中国革命实际的深度融合，为之后革命运动的开展提供了组织基础、积蓄了力量，也引发了他对中国革命道路的思考。

其二，关于中国社会阶级状况的调查研究。为了帮助革命者分清敌友，团结真正的朋友以斗争真正的敌人，毛泽东深入农村走访，体察民情，在1925年发表了《中国社会各阶级的分析》一文。他在掌握了大量一手材料的基础上，运用马克思主义阶级分析的方法，将"半无产阶级"划分为半自耕农、贫农、小手工业者、店员、小贩等五种，认为绝大部分半自耕农和贫农是农村中一个数量极大的群众，还具体分析了半自耕农和贫农的三种不同的经济状况及其不同的革命性。毛泽东在科学分析各阶级情况之后，得出这样的结论："一切勾结帝国主义的军阀、官僚、买办阶级、大地主阶级以及附属于他们的一部分反动知识界，是我们的敌人。工业无产阶级是我们革命的领导力量。一切半无产阶级、小资产阶级，是我们最接近的朋友。那动摇不定的中产阶级，其右翼可能是我们的敌人，其左翼可能是我们的朋友——但我们要时常提防他们，不要让他们扰乱了我们的阵线。"[1]1926 年 1 月 1 日，毛泽东发表《中国农民中各阶级的分析及其对于革命的态度》一文，详细分析了农村各阶级和阶层的经济地位以及他们的政治态度，体现了他以"实事求是"的态度解决革命现实问题。

其三，关于农民运动的调查研究。在大革命时期，毛泽东多次作了关于农民运动的考察、调研，听取工会、农协、妇女、青年等群众团体的汇报，邀请有代表性的农民及从事农运的同志开调查会，找寻懂得"三教九流"的下层人士、小职员、开明绅士等交谈，倾听群众的呼声，观察农民运动的实情，及时解决农民运动中的问题。1925年在组织和领导韶山农民运动的过程中，他收集了许多关于农民生产和生活的材料，再加上在湘潭西乡同佃农张连初等交谈所得情况，运用一般和个别相结合的逻辑方法，写成了《中国佃农生活举例》一文，深刻揭露了中国农村封建重租制度对农民的罪恶剥削。1926 年5 月，毛泽东在主持广州第六届全国农民运动讲习所工作期间，引导学员坚持社会调查的同时，也向他们了解各地农村各方面的情况。之后毛泽东从广州调到上海工作，他又对江苏和浙江两个省的土地状况进行了详细的调查研究，促使他认识到土地问题是农民的根本问题。

---

[1]《毛泽东选集》第一卷，人民出版社 1991 年版，第 9 页。

1927年，毛泽东又深入到湘潭、湘乡、衡山、醴陵、长沙五县农村作调查，广泛接触和认真听取经验丰富的农运参与者的亲身经历，开展形式多样的讨论会，将32天的所见所闻、所思所想，写成了《湖南农民运动考察报告》，对农民运动作出了高度评价，指出贫农有很高的革命热情，应解决贫农的土地问题和资本问题，在农村中大力发展党的组织，以应付急剧发展的革命形势。这个报告不仅真实、具体地记录了湖南农民运动的伟大实践，而且还强调了动员组织农民参加革命、组织农民武装、建立革命政权的极端重要性，以及团结任何可以团结的力量，共同促进革命的最终胜利的必要性，得出了农民运动是"必然的，必需的"[1]科学结论，为其后来成功开辟农村包围城市的革命道路，形成新民主主义革命理念起到非常重要的作用。毛泽东所作的考察报告，其主要目的看似指向当时党内外对农民运动的责难与抨击，实际上是《中国社会各阶级的分析》的补充和发挥，是阶级分析的具体化。

其四，关于土地问题的调查研究。毛泽东在考察农民运动的过程中，倾听民众诉求，秉承了一切从实际情况出发的原则，揭示土地问题是农民运动亟待解决的最为本质的问题，并提出了适合当时政治经济情况的土地政策。1927年4月22日，毛泽东出席土地委员会第三次扩大会议，会议主要讨论了毛泽东参加起草的《解决土地问题决议草案》。毛泽东认为，土地问题必须解决，解决土地问题对于全盘革命是有利益的。没收土地，从地区和被没收的人来说，都是"部分的"，不是全部，这是"根据客观事实"来说的，从湖南没收

---

[1] 中共中央文献研究室编：《毛泽东农村调查文集》，人民出版社1982年版，第22页。

土地这个事实来说，"是很明显的"。对于如何解决土地问题，他提出了四点主张：第一，解决土地问题必须分两步进行。第一步是政治没收。"现在所决定为政治没收，如土豪劣绅军阀等等的土地"。第二步是经济没收。"凡自己不耕种而出租于他人的田，皆行没收。"[1]先实行政治没收，是合适的。如果要求全国一步做到经济没收，则是空想。第二，解决土地问题必须因地制宜，根据不同地区的不同情况，实行不同的土地没收政策。经济没收在湖南已不成问题，农民正在自行分配土地。但是"湖北不能与湖南比，河南又不能与湖北比，其解决当然不同"。[2]第三，在条件成熟的地区，必须实行经济没收。"专就湖南的状况说，用政治没收的形式是不够的"[3]"湖南农民口号是平均地权，实在是平分佃权"。即没收地主和富农出租的土地。不这样，革命在湖南是"无出路的"，将"立遭失败"。第四，没收办法，就是农民"不缴租给地主"，并非没收一律"归国家"。也就是说，没收土地"归农民"，不同外国土地"国有化"。[4]毛泽东解决当时土地问题的这些主张，是从当时的实际情况出发，在方法、步骤和没收标准等方面，提出解决土地问题的正确的适当的方案。它既反对了不分地区、步骤，要求全国"一步做到经济没收"的"左"的倾向；又反对了不敢发动群众去彻底消灭封建剥削的

[1] 沙健孙主编：《中国共产党史稿（1921—1949）》第2卷，中央文献出版社2006年版，第372页。

[2] 中国革命博物馆、湖南省博物馆编：《湖南农民运动资料选编》，人民出版社1988年版，第689页。

[3] 中共中央文献研究室编：《毛泽东年谱（1893—1949）》（修订本）上册，中央文献出版社2013年版，第193页。

[4] 高菊村等著：《青年毛泽东》，中央文献出版社2008年版，第374—375页。

右的倾向。

总之，从《中国社会各阶级的分析》到《湖南农民运动考察报告》，再到后来的井冈山调查、兴国调查、寻乌调查等，可以看到，毛泽东是何等的坚持和倡导调查研究的。每当面对复杂而重大的问题，他总是实事求是、身体力行，坚持从切实的调查研究入手，把实际情况弄清楚，掌握了社会基本问题，摸索出了革命斗争的规律，最终制定出正确的斗争策略。这种不"唯上唯书"只"唯实"的精神，使毛泽东等人在革命危急存亡的关头，找到了一条新的革命路线，正确把握了中国革命的脉搏。虽然当时毛泽东还没有提出"实事求是"这一马克思主义化了的命题，但是他这种不"唯上唯书"只"唯实"的主张，却是理论联系实际，一切从实际出发的马克思主义"实事求是"的表达与做法。

二、自觉深化马克思唯物主义思想认识

习近平总书记在纪念马克思诞辰 200 周年大会上的重要讲话中指出："马克思主义不仅深刻改变了世界，也深刻改变了中国。"[1]湖南自治运动的经验教训使毛泽东清醒地认识到，和平改造社会的方式在当时的中国是行不通的。十月革命一声炮响，给中国送来了马克思列宁主义，为苦苦探寻救亡图存出路的中国人民提供了全新的选择，找到了科学的理论武器。毛泽东敏锐地看到，只有信仰马

---

[1] 习近平：《在纪念马克思诞辰 200 周年大会上的讲话》，人民出版社 2018 年版，第 11 页。

克思主义，走俄国式的道路才能救中国。他经过反复比较、艰辛探求，自觉选择并坚定了马克思主义，并注意联系中国实际进行思考，不断深化马克思唯物主义思想认识。"我一旦接受了马克思主义对历史的正确解释以后，我对马克思主义的信仰就没有动摇过。"[1]而"到了一九二〇年夏天，在理论上，而且在某种程度的行动上，我已成为一个马克思主义者了，而且从此我也认为自己是一个马克思主义者了。"[2]

其一，在本质上接受马克思主义实践观。马克思主义之所以能被毛泽东所接受，除了其科学性、真理性和价值性以外，还有一个重要原因就是马克思主义在本质上是一种倡导求真务实的实践哲学，其革命性契合了当时中国内外交困的时代背景，科学性解决了中国该往何处去的问题。马克思在《关于费尔巴哈的提纲》中指出："哲学家们只是用不同的方式解释世界，问题在于改变世界。"[3]这种"改变世界"不是一个理论和观念上的问题，而是一个诉诸现实感性活动的实践问题："对实践的唯物主义者即共产主义者来说，全部问题都在于使现存世界革命化，实际地反对并改变现存的事物"[4]，深刻说明了马克思主义哲学与以往一切旧哲学或其他理论思潮的本质区别。它将实践引入认识论，使哲学家们从故纸堆中走出来关注现实，从书斋里走出来用实践改造世界，力图通过活生生的实践去最大限度地争取和维护广大人民群众的权益。可以说，这种实践的诉求和主旨与湘学中务

[1] [美] 埃德加·斯诺：《西行漫记》，董乐山译，东方出版社 2005 年版，第 147 页。

[2] [美] 埃德加·斯诺：《西行漫记》，董乐山译，东方出版社 2005 年版，第 147 页。

[3]《马克思恩格斯选集》第一卷，人民出版社 2012 年版，第 136 页。

[4]《马克思恩格斯选集》第一卷，人民出版社 2012 年版，第 155 页。

实践履的"实事求是"传统从内在精神上是同频共振的。马克思主义积淀着与中华文化相容并颇具亲和力的文化特质，能为我们民族传统文化所认同、吸收和融化，并转化为新的民族意识和国民的价值观念。因而，从传统的承继角度来看，深受湘学经世务实传统影响的青年毛泽东接受马克思主义也就显得顺其自然了。正如毛泽东指出："自从中国人学会了马克思列宁主义以后，中国人在精神上就由被动转入主动。"[1]

其二，在比较中深化马克思主义唯物论认识。如果将毛泽东在这个时期的哲学思想同他在党成立以前接受马克思主义，确立无产阶级科学世界观，成为坚定共产主义者时比较，那么一方面对马克思主义哲学的传播上则表现为，从对马克思主义唯物史观的确认到对包括唯物史观在内的整个马克思主义宇宙观的阐发。1926年夏，继他在1921年初给蔡和森的复信中提出"唯物史观是吾党哲学的根据"[2]之后，进一步提出唯物史观是观察国家命运，研究社会历史的工具，并认为只有以唯物史观作为研究社会历史的武器，才能破除剥削阶级的偏见，恢复历史的本来面目，树立劳动人民创造历史的科学观点。因而把自己原来的观点具体化了，并开始注入了中国革命的内容。尤为重要的是，他用对照比较的方法宣传了包括唯物史观在内的整个马克思主义宇宙观。他指出，从世界观上说，"现在世界上的主义"主要可区分为"唯心（主观）"与"唯物（客观）"两派。这两派分别代表资产阶级和无产阶级的利益，其代表人物分别是德国的康德和马

---

[1]《毛泽东选集》第四卷，人民出版社1991年版，第1516页。

[2]《毛泽东书信选集》，人民出版社1983年版，第15页。

克思。唯心派"代表资产阶级的，他不须要谋生活，而希望休息成佛的"，而唯物派则"是代表无产阶级利益的主张推翻资产阶级，无产者握政权"[1]。这简明扼要地说明了马克思主义哲学的根本观点、阶级属性和社会作用。这些尽管还只是基于原则而展开的论述，甚至还有不够准确的地方，但这是他第一次且全面地阐明两派区别。另一方面，如果从对马克思主义哲学的政治实践上看，毛泽东明确认定"俄式系诸路皆走不通了新发明的一条路"[2]。这同以前曾经认为克鲁泡特金的"温和方法"比马克思的"激烈方法""更广，更深远"[3]的看法对照起来，显然是他思想上的一大飞跃。党的一大以后，毛泽东竭尽全力发动、组织和领导或参与领导各种革命斗争。同时进行了马克思主义的研究，坚持从实践和理论两个方面，不断了解中国国情，探索中国革命问题，总结中国革命经验，写出一系列关于中国革命的论著，逐步形成和提出了关于中国革命的最初战略构想。这一中国革命最初战略构想，在一定程度和层次上体现了马克思主义基本原理和中国革命具体实际的相结合，即它既符合半殖民地半封建中国的特殊国情，又合乎马克思主义的基本观点。

其三，在实践中运用马克思主义阶级斗争思想。1920年1月，毛泽东到北京期间加入了少年中国学会。也正是在这一时期，毛泽东精心研读了马克思恩格斯的《共产党宣言》、考茨基的《阶级斗争》

---

[1] 广东农民运动讲习所旧址纪念馆编：《广州农民运动讲习所资料选编》，人民出版社1987年版，第205页。

[2] 《毛泽东文集》第一卷，人民出版社1993年版，第1页。

[3] 中共中央文献研究室编：《毛泽东年谱（1893—1949）》（修订本）上册，中央文献出版社2013年版，第52页。

和柯卡普的《社会主义史》这三本书，思想上发生了深刻的革命变化，逐步建立起对马克思主义的信仰。1925年11月，32岁的毛泽东在填写《少年中国学会改组委员会调查表》中更是写道："本人信仰共产主义，主张无产阶级的社会革命。"[1]旗帜鲜明地表达了自己的崇高理想和远大志向。对于这些变化，毛泽东于1941年秋在延安所作的一次讲话中作了简要回忆，并提到通过阅读这些著作，他"才知道人类自有史以来就有阶级斗争。阶级斗争是社会发展的原动力，初步得到了认识问题的方法论"[2]。阶级斗争是贯穿《共产党宣言》的一个根本观点，这是毫无疑问的，可是考茨基的《阶级斗争》特别是柯卡普的《社会主义史》并非马克思主义的科学书。因而除了说明毛泽东从一开始研读马克思主义著作和其他著作，就能够独立思考、分辨真伪，理解马克思主义的精神实质，掌握阶级斗争这一马克思主义中最根本的东西以外，还明确表示马克思主义阶级斗争观点当作一种普遍适用的方法论，联系中国革命的实际，老老实实地研究实际的阶级斗争。自中国共产党成立以来，毛泽东不仅把自己的决心付诸实践，把研究和从事实际的阶级斗争当作自己的重点和主攻方向，亲自发动、组织和领导或参与领导工农各界革命民众，反对帝国主义，反对买办地主阶级的革命阶级斗争和革命战争，还写出了一系列光辉论著，将阶级斗争实践上升为科学思想，提出了既适合中国国情，又合乎马克思主义原理的独到见解，使马克思主义阶级斗争观点和阶级分析方法在中国有了多方面的运用和展开。

---

[1]《毛泽东文集》第一卷，人民出版社1993年版，第18页。

[2] 中共中央文献研究室编：《毛泽东农村调查文集》，人民出版社1982年版，第21—22页。

其四，从理论上总结马克思唯物主义思想并开展具体实践。据统计，《新青年》（1921 年 7 月至 1926 年 7 月）、《向导》（1922 年 9 月至 1927 年 7 月）、《中国青年》（1923 年 10 月至 1927 年 10 月）、《新时代》（1923 年 4 月至 7 月）四种刊物先后发表了 56 篇与马克思主义哲学相关的文章，其中宣传和介绍性质的文章有 15 篇，而实际运用、解决中国革命具体问题的文章有 19 篇，批判各种反马克思主义哲学思潮的文章有 22 篇。[1]

毛泽东是在经过对各种思想流派和革命学说进行探讨、比较之后，才选择马克思主义的。而一旦认定马克思主义是唯一能够救中国的真理，他便坚定不移地信仰马克思主义、孜孜不倦学习马克思主义，千方百计地运用马克思主义武装头脑。另外他又重视无字之书，具有丰富的实践经验，既善于把理论与实践相结合，更善于抓住马克思主义的立场、观点、方法指导实践。由此他实现了世界观的转变，进一步发展了唯物主义思想原则，更加自觉地把从实际出发当作改造中国的指导方针；强调实践在社会改造中的意义，认识到实际的运动比理论更为重要；在历史观上，确立了阶级斗争和无产阶级专政的思想。可见，马克思主义在中国早期传播是毛泽东将马克思主义基本原理与中国具体实际不断结合、改造传统"实事求是"思想的重要逻辑起点。

---

[1] 庄福龄、杨瑞森、余品华主编：《毛泽东哲学思想史》，中国人民大学出版社 2011 年版，第 130 页。

第二节　初步界定实事求是思想路线

土地革命时期，毛泽东在大量调查研究的基础上发表《反对本本主义》，公开提出与教条主义根本对立的思想原则，初步界定了中国共产党人的思想路线。

一、从《井冈山的斗争》到《星星之火，可以燎原》

面对"红旗到底能打多久"的疑问，毛泽东在对一年的井冈山斗争实践进行认真思考与总结的基础上，精心撰写了《中国的红色政权为什么能够存在？》和《井冈山的斗争》两篇著作。两篇文章皆阐释和论证了红色政权之所以能够在"白色恐怖"的重重包围下持久存在和发展的条件和原因，第一次明确提出了"工农武装割据"的著名思想，坚定了边界军民对敌斗争必胜的信心和信念。为了坚持正确的革命道路，坚决反对党内错误思想，毛泽东发表了《关于纠正党内的错误思想》，提出"主观主义，在某些党员中浓厚地存在，这对分析政治形势和指导工作，都非常不利"[1]的观点，毛泽东认为主观主义的存在对政治形势和革命发展产生消极影响，对这种

---

[1]《毛泽东选集》第一卷，人民出版社 1991 年版，第 91 页。

跳脱实践、脱离现实的主观主义应予以批判。"教育党员用马克思列宁主义的方法去作政治形势的分析和阶级势力的估量，以代替主观主义的分析和估量。"[1]同时由于对革命形势的认知不准确以及对革命前途的不自信等因素，致使党内部分同志尚未形成建立红色政权根据地的观念，更没有意识到红色革命根据地的巩固与扩大能够成为促进中国革命取得胜利的影响因素。为此，毛泽东于1930年发表了《星星之火，可以燎原》，以中国革命实情为基础，强调建立农村革命根据地，发展红军和游击队，以及进行土地革命等一系列巩固政权的政策、方针的重要性和必要性，批判了不符客观实际的"城市中心论"的错误思想，提出将革命的工作中心由城市向农村转移的战略决策。这些著作是毛泽东在吸取中国历代农民领袖、山大王和封建军阀的经验教训，尤其是总结湘赣边界工农武装斗争经验的基础上逐渐形成的，是把马克思主义基本原理同中国革命实际相结合后得出的科学结论和独创理论，是马克思主义中国化的重要起点。

率先攻取大城市的武装起义相继失败，农村革命根据地建设事业蓬勃发展，这些历史教训和经验告诉我们，"城市中心起义"这一马克思主义革命理论在一定时期、一定国情下的成功范例，并不适合我们这样一个半殖民地半封建的国家，我们不能再继续盲目地坚持将城市作为突破口来武装夺取政权。中国工人阶级还不是很强大，但在共产党领导下，在军阀割据的形势下，一定地域内农村革命根据地的建立和发展，"是半殖民地中国在无产阶级领导之下的农民斗争的最高形式，是半殖民地农民斗争的发展的必然结果"，根据地波浪式推进

---

[1]《毛泽东选集》第一卷，人民出版社1991年版，第92页。

政权建设、深入土地革命、扩大人民武装这一套办法，才能坚定全国各民族群众的信仰，才能给反动统治阶级以甚大的困难，动摇其基础而促进其内部的瓦解。正如习近平总书记指出，实事求是、敢闯新路，是井冈山精神的核心。这一农村包围城市的革命理论既符合当时中国的具体国情，也符合马列主义的基本原则，本质上是开辟了一条与俄国十月革命不同的道路，是中国共产党实事求是思想路线的初步体现。

二、反对本本主义

针对教条主义，1930 年 5 月，毛泽东基于大量实地考察和理论研究，以创造性的理论勇气和革命性的政治胆略提出了"反对本本主义"的重大命题，强调"没有调查，就没有发言权""中国革命斗争的胜利要靠中国同志了解中国情况"等，蕴含着实事求是、群众路线、独立自主的基本思想，丰富和发展了马克思主义认识论和历史唯物主义，堪称中国共产党实事求是思想路线的雏形。

其一，毛泽东首次提出无产阶级革命政党的思想路线和革命方向，即共产党人"从斗争中创造新局面的思想路线。"[1]中国共产党要制定正确的斗争策略，就必须确立正确的和积极的思想路线，反对错误的和保守的思想路线。这种正确的思想路线，就是马克思主义的从实际出发的思想路线。所谓的"从斗争中"，是指外有日本帝国主义入侵，内有与国民党反动派之间的对立关系，共产党人所制定的革

---

[1]《毛泽东选集》第一卷，人民出版社 1991 年版，第 116 页。

命路线要符合客观实际，切忌照搬照抄、主观臆断，更要避免本本主义，从而强调"一切从实际出发"在革命实践中的重要作用。而"创造新局面"，要科学运用马克思主义的"本本"对我国的具体革命实践进行指导，从而创造性形成符合我国实际国情的新局面，开创认识的新境界。反之，我们党到底需要什么样的思想路线来指导，不实地调查，只相信"本本"，认为只要听信书本教条就能保证万无一失的想法是必须抛弃的。这不是共产党人从实践斗争和实际调查中得出的正确结论，这是一种保守路线，如果不丢掉将会给革命造成无法估量的损失。因此，从根本上说，正确的思想路线不是从原则出发、从头脑到实践、从思想到物质的唯心主义思想路线，而是从实际出发、从实践到认识、从物质到思想的唯物主义思想路线。这里的说法，就是中国共产党从实际出发、实事求是思想路线的初步概括和早期表述形式。

其二，毛泽东认为反对主观主义任务的重点是反对本本主义，即教条主义。他指出，"为什么党的策略路线总是不能深入群众，就是这种形式主义在那里作怪"[1]。毛泽东将本本主义分为两个层次。第一个层次是指把马克思主义教条化的"唯书"，"唯书"采用的是利用理论来对现实进行束缚的方式，其出发点和着力点都落在了书本或者马克思主义经典作家话语方面，与实际情况是相互脱节的。因此，摆脱"唯书"的传统思想，不要认为书上的一切都是对的，要避免出现开口闭口"拿本本来"，一味盲目执行的情况。毛泽东特别强调，在学习马克思主义思想和理论的过程中，革命需要理论的指导，学习

---

[1]《毛泽东选集》第一卷，人民出版社 1991 年版，第 111 页。

"本本"虽然是十分必要的，但在实际的学习过程中，需要充分结合我国的实际情况。第二个层次是指上级的指示神圣化的"唯上"，这一情况体现出在以往各项党的活动开展过程中，往往会出现无条件服从上级的指示的现象。但是，上级领导机关所下达的各种指示并不一定全部都是正确的。只有内容是科学的、合理的，可以满足实际斗争主观、客观情势的指示才是正确的。当时在具体的执行过程中，无异议地执行上级的各种指示并不能达到理想的执行效果。毛泽东指明要依靠中国同志了解中国情况而"独立自主、自力更生"进行创造，制定出正确的方针和策略。也就是从中国具体的现实国情出发，若开口闭口"拿本本来"或是盲目执行上级指示，其结果不是机会主义便是盲动主义。毛泽东告诫大家，马克思主义之所以是正确的，是因为相关理论和思想是积极的、客观的、正确的，而绝不是针对马克思这一个体而言。毛泽东对于党内出现的背离了马克思主义和脱离了客观实际的"本本主义"进行严肃批判，体现了毛泽东不唯书、不唯上、只唯实的思想观念。

其三，毛泽东提出了"没有调查，没有发言权"这个当时使人耳目一新的口号。他指出，"一切结论产生于调查情况的末尾，而不是在它的先头"[1]，"调查就是解决问题"[2]，要纠正脱离实际的本本主义，"只有向实际情况作调查"[3]。在这里，毛泽东实际上把调查研究作为贯彻党的正确思想路线和工作方法的基本要求和基础一环，作为实现马克思主义普遍原理同中国革命具体实际相结合的基本途径和方法加

---

[1]《毛泽东选集》第一卷，人民出版社 1991 年版，第 110 页。

[2]《毛泽东选集》第一卷，人民出版社 1991 年版，第 110 页。

[3]《毛泽东选集》第一卷，人民出版社 1991 年版，第 112 页。

以提倡的。毛泽东批评和抨击了党内若干同志们解决问题的错误方式，不能只凭脑中臆想去解决问题，不能不去调查研究问题。毛泽东强调，解决问题的唯一方式就是去调查问题，只有深入人民群众的生活，向群众寻求真理，才能得出正确的思想认识，最终才能做出正确的判断，并达到解决问题的目的。对各阶级的社会经济进行调查研究的原因在于，只有明确社会各阶级的财政盛衰的现实状况，才能确保阶级的正确估量，以此制定正确的、适宜的斗争决策。对此，他提出"调查就像'十月怀胎'，解决问题就像'一朝分娩'。调查研究就是解决问题"[1]。为此，党内同志要积极了解中国情况，不要安于现状，真正做到与人民群众的密切联系，在实际的工作生活中主动参与调查研究，做出丰富的实践成果，中国的革命才能有把握取得胜利。可见，毛泽东不仅把调查研究提高到认识路线即思想路线的高度，以此作为反对唯心主义、形式主义、教条主义的有力武器，还把它提高到政治层面，即认为调查研究关乎"斗争策略"的制定和中国革命的胜利。此外，毛泽东对社会调查的重要意义以及调查的目的、对象、内容、方法和一些技术细节的认识和阐释十分系统详细，标志着其社会调研理论已基本形成。

总之，《反对本本主义》一文，实际上是反对了当时党内和红军内的一种错误的思想路线即本本主义的路线，代表了一条正确的思想路线，即把辩证唯物主义的认识论运用于党的实际工作，提倡向实际情况调查研究，反对"唯书""唯上"，是主张把马克思主义同我国实际情况相结合的思想路线。它集中体现了毛泽东社会调研理论的核

---

[1]《毛泽东选集》第一卷，人民出版社 1991 年版，第 110—111 页。

心精神和精华，反映了毛泽东实事求是思想雏形，是对马克思主义认识论和方法论的升华。

第三节　实事求是内涵的科学阐发

为了从根本上彻底扭转思想认识、解决问题，毛泽东先后写出《实践论》《矛盾论》等哲学著作，力求在全党范围确立实事求是的思维方式和行为准则。在党的六届六中全会上，毛泽东向全党提出"使马克思主义中国化"[1]的命题，提倡马克思主义同中国实际相结合的科学态度，首次使用了"实事求是"这个概念，并在《改造我们的学习》一文中对"实事求是"作出了创造性的科学阐释。通过党的七大把毛泽东思想写在党的旗帜上，将"实事求是"正式写入党章，实事求是思想路线在全党得到深刻认同与最终确立。

一、从《实践论》到《矛盾论》

1937 年发生了震惊中外的"七七事变"，在这一历史发展的关键

---

[1] 中共中央文献研究室编：《毛泽东思想年编：1921—1975》，中央文献出版社 2011 年版，第 211 页。

时刻，迫切要求党内统一思想认识，对形势作出科学分析，制订出正确路线和策略。毛泽东撰写《论反对日本帝国主义的策略》《中国革命战争的战略问题》，分别从政治、军事路线上批判了关门主义、教条主义的错误。毛泽东越来越感觉到，"一切大的政治错误没有不是离开辩证唯物论的"[1]。如果对这些问题和之前遭受的挫折不能从思想理论高度上加以解决，中国革命就不能前进一步。毛泽东指出，马克思主义有几门学问，基础是马克思主义哲学。因此就需要对中国革命的经验予以系统的哲学总结，在此基础上揭穿教条主义者所披的马克思主义外衣的虚伪性，确立我们党正确的思想路线。毛泽东参阅了大量的辩证唯物主义书籍，进行了深入的哲学钻研，写成了简明扼要、意蕴深刻的哲学讲义。这些笔记的核心，组成了他 1937 年 7、8 月间在延安抗日军政大学讲授马克思主义哲学的讲课底稿：《辩证法唯物论（讲授提纲)》。提纲中的第二章第十一节和第三章第一节形成了后来著名的《实践论》和《矛盾论》。

其一，毛泽东批判教条主义中的立场。教条主义在本质上是主观先验论，"把一般真理看成是凭空出现的东西，把它变成为人们所不能够捉摸的纯粹抽象的公式，完全否认了并且颠倒了这个人类认识真理的正常秩序"[2]，与实践是相分离的。无论在现实中他们表现为何种形式，比如机会主义、冒险主义，都是对马克思主义哲学唯物主义立场的抛弃。毛泽东在《实践论》开篇就明确指出，马克思以前的唯物论，在认识问题上离开了人的社会性、离开了人的历史发展，因此不

---

[1]《毛泽东哲学批注集》第 11 册，中央文献出版社 1988 年版，第 312 页。

[2]《毛泽东选集》第一卷，人民出版社 1991 年版，第 310 页。

能了解社会实践（生产和阶级斗争）对认识的决定性关系，认识对社会实践的依赖关系。其主旨正是要求把马克思主义的普遍真理与中国革命的实际结合起来，批判了脱离中国客观实际的或"左"或右的思想错误的根源，指出这些错误思想都是"以主观和客观相分裂，以认识和实践相脱离为特征的"[1]。毛泽东在《矛盾论》开篇就表示对德波林理论脱离实践、哲学脱离政治的唯心论和机械唯物论十分厌恶，中国的教条主义思想也有对这个学派的遵从。毛泽东认为，通过这种主观主义的立场无法如实地反映客观世界，不仅无法得出与战争或革命有关规律性的认识和方法，还会误判革命形势、采取错误的革命措施，从而导致我国革命事业遭受重大挫折。"两论"都坚持了唯物主义的基本观点，都反映了主体在认识世界的过程中必须固守的原则。在以实践为基础的认识活动中，人们需要把主观与客观、理论与现实统一起来，而在对世界的矛盾分析中，人们也需要认识清楚世界存在的矛盾，并最终在思维方式上自觉地运用矛盾分析法，实现主观世界与客观世界的统一。这些都体现了"实事求是"的精髓：一切从实际出发，在"客观事物"中探求"规律"，最终达到认识世界、改造世界的目的。

其二，毛泽东批判教条主义中的形而上学性质。他指出，辩证法与形而上学是两种对立的宇宙观。辩证法主张从运动、联系、发展的角度看待理论和实践，"从一事物对他事物的关系去研究事物的发展"[2]的观点，只有用辩证（正确）的方法去认识事物，才能由内

---

[1]《毛泽东选集》第一卷，人民出版社 1991 年版，第 295 页。

[2]《毛泽东选集》第一卷，人民出版社 1991 年版，第 301 页。

而外、由此及彼、由浅入深，最终达到认识事物全貌的目的。而教条主义者采取的则是形而上学的宇宙观，"这种宇宙观把世界一切事物、一切事物的形态和种类，都看成是永远彼此孤立和永远不变化的。如果说有变化，也只是数量的增减和场所的变更。而这种增减和变更的原因，不在事物的内部而在事物的外部，即是由于外力的推动。"[1]这恰恰就是教条主义者的一贯作风，对现实的变化熟视无睹，恪守经验和主观的认知，没有掌握基本的认识方法。正如毛泽东所说："中国的教条主义和经验主义的同志们所以犯错误，就是因为他们看事物的方法是主观的、片面的和表面的。"[2]没有掌握科学方法论，教条主义者无法发现事物的相互联系以及内部规律，只能从固定不变的理论出发去进行革命，最终以主观的定论来掩盖客观的事实。教条主义者的又一失误是他们只讲普遍性，不讲特殊性；只讲共性，不讲个性；只讲绝对性，不讲相对性；只懂得马克思主义的一般原理，不懂得中国革命的特殊国情；只知道照抄照搬俄国的一般做法，不知道探索中国的可行方案；只知道机械执行共产国际的指示，不知道研究中国贯彻指示的条件……一言以蔽之，教条主义不懂得矛盾精髓，抛弃了辩证法。毛泽东毫不客气地表明，教条主义者往往以能背诵马克思主义经典作家的词句为荣，拒绝从事物特有的性质出发去认识事物的全貌，无法根据时间、地点、场合的不同及时调整自己的作战思维和策略，不仅在党内形成了极坏的作风，最终使革命错失时机、陷入困境。毛泽东也正是通过阐释矛盾问题的精

---

[1]《毛泽东选集》第一卷，人民出版社1991年版，第300页。

[2]《毛泽东选集》第一卷，人民出版社1991年版，第313页。

髓、辩证法的灵魂，一针见血指出教条主义在哲学上所犯的形而上学的错误，从而为实事求是探索中国革命道路赢得了马克思主义的话语权。

其三，毛泽东对教条主义违背认识论原则开展批判。他认为："辩证唯物论的认识论把实践提到第一的地位。"[1]而教条主义者恰恰否认了实践的重要性，将理论看作是从天而降的东西，要么将别国的经验直接嵌套在中国革命身上，要么异想天开地主观臆断革命的进程。毛泽东对此进行了批判："世上最可笑的是那些'知识里手'，有了道听途说的一知半解，便自封为'天下第一'，适足见其不自量而已。知识的问题是一个科学问题，来不得半点的虚伪和骄傲，决定需要的倒是其反面——诚实和谦逊的态度。"[2]教条主义者们闭目塞听、同客观外界根本绝缘，这样是不可能获得正确的认识的，对于右倾机会主义者来说，"这些人看不出矛盾的斗争已将客观过程向前推进了，而他们的认识仍然停止在旧阶段。一切顽固党的思想都有这样的特征。他们的思想离开了社会的实践，他们不能站在社会车轮的前头充任向导的工作，他们只知跟在车子后面怨恨车子走得太快了，企图把它向后拉，开倒车。"[3]而左翼空谈主义，"他们的思想超过客观过程的一定发展阶段，有些把幻想看作是真理，有些则把仅在将来有现实可能性的理想，勉强地放在现时来做，离开了当前大多数人的实践，离开了当前的现实性，在行动上表现为冒险主义。"[4]除此之外，毛泽

---

[1]《毛泽东选集》第一卷，人民出版社 1991 年版，第 284 页。

[2]《毛泽东选集》第一卷，人民出版社 1991 年版，第 287 页。

[3]《毛泽东选集》第一卷，人民出版社 1991 年版，第 295 页。

[4]《毛泽东选集》第一卷，人民出版社 1991 年版，第 295 页。

东还指出："马克思主义的哲学认为十分重要的问题，不在于懂得了客观世界的规律性，因而能够解释世界，而在于拿了这种对于客观规律性的认识去能动地改造世界。"[1]因为将理论束之高阁，不用于指导实践，也不随着实践的变化而发展理论，这样的认识只具有相对的真理性，教条主义之所以犯错误的原因就是不懂得实践是检验和发展认识的根本途径。

总之，"两论"创造性地阐述了认识与实践、普遍性与特殊性的辩证统一这一马克思主义经典原理，从辩证唯物主义的高度总结和概括了中国革命艰苦卓绝斗争实践的经验和教训，批判和扫除了危害革命的主观主义，特别是教条主义的错误思想，科学回答了马克思列宁主义的普遍真理，如何同中国革命具体实践相结合，并且系统地提出实现这种"结合"的思想方法就是实事求是的思想路线。"两论"作为马克思主义哲学与中国革命实践、中国传统哲学优秀成果三者相结合的产物，已经从经验上升成为理论，成为十分宝贵的理论形态，丰富和发展了马克思主义认识论和辩证法，为后来毛泽东提出马克思主义中国化、形成实事求是思想打下了坚实的哲学基础。

二、共产党员应是实事求是的模范

在党的六届六中全会上，毛泽东正确地分析了抗日战争的形势，指明了党在抗战新阶段的任务，分清了路线是非。从明确提出"马克思主义的中国化"的指导原则，并在《中国共产党在民族战争中的地

---

[1]《毛泽东选集》第一卷，人民出版社1991年版，第292页。

位》一文中第一次使用了"实事求是"的概念，到《〈共产党人〉发刊词》中第一次完整提出了马克思列宁主义的理论和中国革命的实践相结合的命题，再到发表《新民主主义论》，毛泽东系统而完整阐述了新民主主义革命的基本理论、基本路线和基本纲领，精辟论证了党在民主革命时期的政策和策略，标志着毛泽东思想走向成熟，进一步巩固了全党对实事求是思想的认同。

其一，毛泽东首次使用马克思主义中国化的"实事求是"概念。为了总结抗战以来的经验教训，统一全党的认识和步调，毛泽东在党的六届六中全会上作了题为《论新阶段》的政治报告，指出"抗日民族战争与抗日民族统一战线发展"进入"新阶段"。《中国共产党在民族战争中的地位》是《论新阶段》的第七部分，对中国共产党的各方面建设提出了具体的方针、任务和方式、方法。这些对共产党员如何认识自己、加强自己、团结自己，发挥先锋模范作用具有启示意义，堪称中国共产党建设史上的纲领性文献。在报告中，毛泽东第一次明确提出了马克思主义中国化的"实事求是"命题："共产党员应是实事求是的模范，又是具有远见卓识的模范。因为只有实事求是，才能完成确定的任务；只有远见卓识，才能不失前进的方向。"[1]充分肯定了共产党员在中国革命的积极作用。毛泽东还提出共产党员应起到模范带头作用，领导全民学习马克思主义，通过言传身教的方式将马克思主义的经典传递给文化不高的党员，要求广大党员要把务实、实干的精神态度与远大的革命理想结合起来，做一个标准的共产党员；并强调"只有向民众学习，向环境学习，向友党友军学习，了解

---

[1]《毛泽东选集》第二卷，人民出版社 1991 年版，第 522—523 页。

了他们，才能对于工作实事求是，对于前途有远见卓识"[1]。就现有资料来看，这是毛泽东第一次将进行了马克思主义改造的"实事求是"作为每个共产党员必须遵守的准则。虽然还没有提高到思想路线的高度，但实事求是的思想路线已经呼之欲出。"实事求是"这一中国化的概念表述和科学命题，是对全党推进马克思主义中国化基本的认识论和方法论要求，从此成为中国共产党思想路线的核心内容，成为党领导人民夺取社会主义革命与建设不断取得胜利的思想保证。

其二，毛泽东首次提出马克思主义中国化的科学论断。在党的六届六中全会上，毛泽东创造性地提出了"马克思主义中国化"的革命任务和发展道路，强调"马克思列宁主义的伟大力量，就在于它是和各个国家具体的革命实践相联系的"[2]。强调要学会把马列主义的理论与中国实际结合起来——即包括将马列主义与中国的传统文化结合起来和与中国的现实实际结合起来两部分，并将之应用于中国的具体的实践环境，成为中华民族的一部分，"离开中国特点来谈马克思主义，只是抽象的空洞的马克思主义"[3]。因此要"按照中国的特点去应用它"，必须"学会把马克思列宁主义的理论应用于中国的具体的环境"，这是"全党亟待了解并亟须解决的问题"[4]。全会号召全党要"学会灵活的把马克思列宁主义及国际经验应用到中国每一个实际斗争中来"。同时，毛泽东在此基础上，对实事求是内涵进行了阐述，指出马克思主义是"放之四海而皆准"的真理，不能把其"当作教

[1]《毛泽东选集》第二卷，人民出版社1991年版，第523页。

[2]《毛泽东选集》第二卷，人民出版社1991年版，第534页。

[3]《毛泽东选集》第二卷，人民出版社1991年版，第534页。

[4]《毛泽东选集》第二卷，人民出版社1991年版，第534页。

条"，而应该当作"行动的指南"，不仅要了解其"一般规律的结论"，更要学习其"观察问题和解决问题的立场和方法"[1]。为反对"言必称希腊"的教条主义，他认为"从孔夫子到孙中山，我们应当给以总结，承继这一份珍贵的遗产"[2]，要通过中国字、中国话、中国文化表达出来，才能为广大党员和人民群众所熟悉、所掌握，才能形成"新鲜活泼的、为中国老百姓所喜闻乐见的中国作风和中国气派"[3]。针对党内对马克思主义的研究很不普遍、不深入的问题，毛泽东号召"来一个全党的学习竞赛"，认真研究马列主义，培养一批"系统地""实际地"而不是"零碎地""空洞地"理解马克思主义的党员干部。[4]

其三，毛泽东系统提出新民主主义理论。抗日战争进入相持阶段后，国民党顽固派的反共宣传变本加厉，"毕其功于一役"[5]。于是，回答中国向何处去、怎样引导中华民族得到解放之路的问题，成为一个事关重大的理论和现实问题。1939 年 10 月，毛泽东在《〈共产党人〉发刊词》中高度强调"马克思列宁主义的理论和中国革命的实践相结合"[6]的重要性，把能否善于"结合"看作中国共产党成熟的"尺子"；深入分析了中国的历史和社会发展状况，系统地阐述了统一战线、武装斗争与党的建设三大法宝的科学内容及其相互关系。1940 年 1 月，毛泽东在《新民主主义论》中分析这一问题时，认为"科学的态度是'实事求是'，'自以为是'和'好为人师'那样狂妄的态度

[1]《毛泽东选集》第二卷，人民出版社 1991 年版，第 533 页。
[2]《毛泽东选集》第二卷，人民出版社 1991 年版，第 534 页。
[3]《毛泽东选集》第二卷，人民出版社 1991 年版，第 534 页。
[4]《毛泽东选集》第二卷，人民出版社 1991 年版，第 533 页。
[5]《毛泽东选集》第二卷，人民出版社 1991 年版，第 685 页。
[6]《毛泽东选集》第二卷，人民出版社 1991 年版，第 611 页。

是决不能解决问题的"[1]。想要找到正确的革命道路,不能靠主观的臆想,而必须依靠客观的实践,实现主观、客观与实践的高度统一。由此可以看出,该文对于实事求是的理解,开始与"理论与实践一致"联系起来。毛泽东已经开始探索将实事求是视为科学的认识世界、改造世界的思想武器,更加侧重将实事求是作为中国共产党人分析革命形势、探索革命道路时的认识方法、思想方法、实践方法的方法论原则。毛泽东的概括进一步丰富了不同类型国家、处于不同发展阶段国家走向社会主义的可能性,不但将"马克思主义中国化"中"化"的对象从马克思主义理论扩展到世界无产阶级革命经验的领域,而且突破了"马克思主义中国化"由马克思主义理论向中国转化的单向度,实现了"使中国革命丰富的实际马克思主义化"[2]的双向互动。不少学者认为,这是在实践基础上对革命经验的总结,中国"已经产生了一些发展马克思主义的理论,因此也就有了自己的马克思主义"。

三、实事求是科学内涵的创造性阐发

1941年,毛泽东在高级干部会议上作《改造我们的学习》报告,拉开了整风运动的序幕。毛泽东总结中国共产党领导中国革命的经验教训时深刻指出:中国共产党的历史"就是马克思列宁主义的普遍真理和中国革命的具体实践日益结合"[3]的历史。他认为,要"使我们在将马克思列宁主义的普遍真理和中国革命的具体实践互相结合的

---

[1]《毛泽东选集》第二卷,人民出版社1991年版,第662—663页。

[2]《毛泽东文集》第二卷,人民出版社1993年版,第374页。

[3]《毛泽东选集》第三卷,人民出版社1991年版,第795页。

伟大事业中更进一步"[1]，就要认真研究实际，正确对待和学习马克思列宁主义，坚持理论和实际相统一的原则。毛泽东提出，要通过系统的周密的调查对实际进行全面、系统、历史的研究；对待和学习马列主义要有科学的态度，不要把马列主义当作万古不变的教条，而应当从其中找立场，找观点，找方法。要有的放矢，"的"就是中国革命，"矢"就是马列主义。"我们中国共产党人所以要找这根'矢'，就是为了要射中国革命和东方革命这个'的'的。"[2]与此同时，毛泽东对实事求是的科学含义予以马克思主义的界定，深刻揭示实事求是的科学内涵和基本要求，赋予这一中国古老学风以当今时代特色的内涵，指出："'实事'就是客观存在着的一切事物，'是'就是客观事物的内部联系，即规律性，'求'就是我们去研究。我们要从国内外、省内外、县内外、区内外的实际情况出发，从其中引出其固有的而不是臆造的规律性，即找出周围事变的内部联系，作为我们行动的向导。"[3]在1941年"九月会议"上，毛泽东指出，这种"实事求是的马克思主义"是同主观主义"相对抗的"。这就把实事求是提升到了马克思主义哲学的高度，并使之具有了理论的形态，蕴含着理论和实践、唯物论和辩证法的高度统一。此后，"实事求是"已然成为中国共产党人奉行的马克思主义思想路线的中国化、通俗化的表述，成为马克思主义哲学的基本命题，成为中国共产党人思想路线的简明概括。

　　1942年2月，为了教育全党同志，毛泽东连续发表了《整顿党

---

[1]《毛泽东选集》第三卷，人民出版社1991年版，第796页。

[2]《毛泽东选集》第三卷，人民出版社1991年版，第801页。

[3]《毛泽东选集》第三卷，人民出版社1991年版，第801页。

的作风》和《反对党八股》的演说，开始发动全党的整风运动，决心把全党"从主观主义、教条主义的蒙蔽中间解放出来"[1]，使"在中国生活的共产党员，必须联系中国的革命实际来研究马克思主义"[2]。毛泽东特别强调指出：一切主观主义、教条主义的货色，我们都要抵制，一方面，我们自己应当"学会应用马克思列宁主义的立场、观点和方法，认真地研究中国的历史，研究中国的经济、政治、军事和文化，对每一问题要根据详细的材料加以具体的分析，然后引出理论性的结论来"[3]；另一方面，我们对于任何东西都要用鼻子嗅一嗅，鉴别其好坏，"对任何事情都要问一个为什么，都要经过自己头脑的周密思考，想一想它是否合乎实际，是否真有道理，绝对不应盲从，绝对不应提倡奴隶主义"[4]。毛泽东强调党八股的危害极大，因此在这里进一步明确告诫全党："要使革命精神获得发展，必须抛弃党八股，采取生动活泼新鲜有力的马克思列宁主义的文风。"[5]毛泽东又一次更深一步地指出，中国的共产党人不仅要做到纯熟地运用马克思列宁主义的理论，还要将其应用到中国的历史和现实的革命实际的研究之中，作出中国在解决当前问题需要的理论创新之处，这才能称之为理论和实际密切联系，这是毛泽东更深入地阐述说明党的实事求是思想。经过普遍的马克思主义教育运动，实事求是成为全党上下公认的思想路线。

---

[1]《毛泽东选集》第三卷，人民出版社 1991 年版，第 827 页。

[2]《毛泽东选集》第三卷，人民出版社 1991 年版，第 844 页。

[3]《毛泽东选集》第三卷，人民出版社 1991 年版，第 814—815 页。

[4]《毛泽东选集》第三卷，人民出版社 1991 年版，第 827 页。

[5]《毛泽东选集》第三卷，人民出版社 1991 年版，第 840 页。

　　1945 年 4 月，党的六届七中全会通过的《关于若干历史问题的决议》，肯定了毛泽东路线代表着正确的方向，把"实事求是"与"自以为是"的教条主义的对立，变成了全党的普遍共识。《决议》表明，要争取中国革命的更大胜利，必须以马克思列宁主义同中国革命实践相结合的毛泽东思想为指导。党的七大在修改通过的《中国共产党党章》中第一次对党的指导思想做了规定：毛泽东思想是"马克思列宁主义的理论与中国革命实践之统一的思想"，是党的"一切工作的指针"[1]，又将实事求是正式写入了党章。至此，毛泽东就把马克思主义的"理论与实际相结合"进行了中国化的表述，也将"实事求是"这一中国古老命题具体化为中国式的党的学风与思想路线，成为改造主观世界和客观世界的有力的思想武器。

---

[1] 金冲及：《毛泽东传（1893—1949）》，中央文献出版社 2004 年版，第 738 页。

| 第五章 |
湖湘实事求是传统深刻影响
实事求是思想的四重维度

毛泽东对中国传统实事求是精神的马克思主义改造脱不开湖湘文化。作为湖湘文化的重要精神内核和显著特质，湖湘传统实事求是精神对青年毛泽东的深刻影响，可以从湖湘环境浸润、先贤师道相传、岳麓书院熏陶默化以及同学朋辈影响等四重维度加以梳理考察。

第一节　湖湘文化的环境浸润

马克思认为："个体是社会存在物。因此，他的生命表现，即使不采取共同的、同其他人一起完成的生命表现这种直接形式，也是社会生活的表现和确证。"[1]毛泽东前30年主要在湖南成长学习与革命实践，处于"拔节孕穗期"的青年毛泽东浸润其中，湖湘文化对其世界观、人生观、价值观的养成有着重要影响。

一、千年学府学风的社会涵养

湖湘文化千年绵延之功当首推岳麓书院。岳麓书院坚持弘扬经世致用、实事求是学风，并凭借其"湖南道学之宗""兴文教于湖南"的绝对地位和影响力，深刻影响了三湘大地的社会风气。这种社会塑造与成风化人在总体上是历史性、不间断性的，也正是这种具有鲜明岳麓书院烙印的湖湘社会风气，对于青年毛泽东实事求是的文化性格的形塑产生了直接或间接的影响。

湖湘文化究其肇端，可追溯到尧帝农耕文化、舜帝道德文化、荆楚文化。具体而言，可以胡安国率三子胡寅、胡宏、胡宁南迁湖南南岳（今湖南湘潭碧泉乡），筑碧泉书院授徒讲学、创立湖湘学派为标志。在千年历史长河里，湖湘士人（含湖南本土和迁移至湖南的外省人）在湖南地区建立了以书院为中心的学术教育基地，除碧泉书院，湖湘之地还创建了长沙城南书院、衡阳文定书院、湘乡涟滨书院、湘潭主一书院、衡山南岳书院等庞大的书院群，而这个书院群的核心就是岳麓书院。自南宋张栻掌教起，岳麓书院奉行"以真可以经世而济用"[2]的治学理念，以"盖欲成就人才，以传道而济斯民"为

[1]《马克思恩格斯全集》第三卷，人民出版社2002年版，第302页。
[2]〔宋〕张栻：《张栻全集》，长春出版社1999年版，第1162页。

办学宗旨，确立了道治"体用一源"[1]的学术旨趣和崇尚经世致用的湘学传统，并在全国产生深刻影响，以至"四方来学之士得以传道授业解惑"[2]，出现"人才辈出，有非他郡国所可及"[3]的鼎盛局面。岳麓书院由此成为湖湘学派的大本营，求学士子"以不得卒业于湖湘为恨"[4]，湖南地区其他书院则"不有以继岳麓之盛，而称湖南道学之宗"[5]。岳麓书院"湖南道学之宗"的社会影响力和文化传播力，对湖南文化教育产生了深远持久、成风化人的重大影响，以致"三湘学人，诵习成风，士皆有用世之志"[6]。岳麓书院在推进湖湘文化发展繁荣的同时，也促进了三湘大地的社会教化，尤以经世致用学风深刻影响了湖南一域的社会风气，使得经世致用、实事求是这种湖湘特质不断成为广大民众习惯。集中体现在视野上观照国家的文化自觉、方法上抓"大本大源"的探究精神、行动上注重务实力行的实践品格，渗透到湖南人日常生活的方方面面。一心修学储能、生于斯长于斯的青年毛泽东，自然受其强烈感染，并逐步形成了"要引入实际研究事实和真理"的文化性格。

湖湘义化观照国家。无论是胡氏父子的逃难授徒、王船山的避祸著书，还是曾国藩的扶清卫道、谭嗣同的维新流血，以及杨昌济

[1]〔宋〕胡宏：《释疑孟》，《胡宏集》，中华书局 2009 年版，第 319 页。

[2]〔宋〕朱熹：《潭州措置岳麓书院牒》，《晦庵先生朱文公文集》卷一百，《朱子全书》第 25 册，上海古籍出版社 2002 年版，第 4629 页。

[3]〔宋〕真德秀：《劝学文》，《西山文集》卷四十，《文津阁四库全书》第 1178 册，商务印书馆 2006 年版，第 452 页。

[4]〔清〕黄宗羲原著，〔清〕全祖望补修：《宋元学案》，中华书局 1986 年版，第 3368 页。

[5]〔明〕李棠：《益阳龙洲书院志序》，见〔清〕罗汝怀编纂：《湖南文征》卷二十八，岳麓书社 2008 年版，第 677 页。

[6] 黄濬：《花随人圣庵摭忆》，上海古籍书店 1983 年版，第 200 页。

的栽木柱天，其所洋溢的"心忧天下"精神深刻影响着毛泽东，使得他重视对政治国家、实际事物的学习，以达到"改造中国与世界"的目的。

湖湘文化探究"大本大源"，认为人生需要解决的是"大本大源"的根本问题。湖湘文化以圣贤为祈向，探求大本大源。湖湘士人将修身、事功这两大儒家人生最高境界与湖湘士风相结合，生成了追求"内圣""外王"的独特湖湘品质。毛泽东在《讲堂录》《伦理学原理批注》都有不少类似记载："夫本源者，宇宙之真理。天下之生民，各为宇宙之一体，即宇宙之真理，各具于人人之心中。"[1]同时，毛泽东还将"本源"看作是"思想道德"，并主张"从哲学、伦理学入手，改造哲学，改造伦理学，根本上变换全国之思想"[2]，唯有实现伦理主体的道德律，才能实现改造世界的目标，达到普遍的宇宙意义。"吾从前主固无我论，以为只有宇宙而无我。今知其不然。盖我即宇宙也。各除去我，即无宇宙。各我集合，即成宇宙"[3]。这种由人道实现天道达到天人合一的思想正是湖湘文化由"内圣"到"外王"的特质体现。毛泽东在《讲堂录》中还摘录了杨昌济引用王夫之的话："豪杰而不圣贤者有之矣，未有圣贤而不豪杰者也。"如何区分"圣贤"

---

[1] 毛泽东：《致黎锦熙信》（1917 年 8 月 23 日），见中共中央文献研究室、中共湖南省委《毛泽东早期文稿》编辑组编：《毛泽东早期文稿》，湖南人民出版社 1990 年版，第 85 页。

[2] 毛泽东：《致黎锦熙信》（1917 年 8 月 23 日），见中共中央文献研究室、中共湖南省委《毛泽东早期文稿》编辑组编：《毛泽东早期文稿》，湖南人民出版社 1990 年版，第 86 页。

[3] 毛泽东：《读泡尔生〈伦理学原理〉》，见中共中央文献研究室、中共湖南省委《毛泽东早期文稿》编辑组编：《毛泽东早期文稿》，湖南人民出版社 1990 年版，第 230—231 页。

与"豪杰"，也体现了毛泽东对德业俱佳人生观的大力推崇。

湖湘文化中知行观倡导伦理性的道德躬行。毛泽东践行"不说大话，不好虚名"，强调"古者为事，重在行事"。在《伦理学原理》的批注中，毛泽东对此作了进一步发挥："伦理学示人生正鹄之所在，有裨于躬行。"毛泽东所推崇的"躬行"，不仅体现在社会实践上，更体现在道德践履方面。比如，制订新民学会"会章"时，毛泽东主张"以革新学术、砥砺品行、改良人心风俗为宗旨"，把"真心求学，实意做事"作为会员入会的选择标准，并要求会员做到"不虚伪、不懒惰、不浪费、不赌博、不嫖妓"，这种重视道德躬行的品格与湖湘文化实事求是精髓如出一辙。

二、湖南民风乡俗的生活习养

马克思说："社会结构和国家总是从一定的个人的生活过程中产生的……不是意识决定生活，而是生活决定意识。"[1]毛泽东是土生土长的湖南人，从其先祖毛太华到毛泽东，20 代人均定居湖南韶山。杨昌济曾在日记中写道："毛生泽东言：其所居之地为湘潭与湘乡连界之地，仅隔一山，而两地之语言各异。其地在高山之中，聚族而居，人多务农，易于致富，富则往湘乡买田。风俗纯朴，烟赌甚稀。"

湖南民风乡俗是湖南人群体性格的特征表现。湖湘之地不仅积淀了"吃得苦、霸得蛮、扎硬寨、打硬仗"的精神标识，更生成了以爱国担当、尚武侠义、经世致用的实学倾向。究其原因，这既与地理、

血缘密切相关，亦与历史上的移民与偶发事件密切相关，可从以下几个方面梳理。

湖南民风乡俗饱含保家爱国情怀。这种爱国精神促使湘人具有强烈的道义担当，也构成了实事求是的逻辑起点与价值依归。换句话说，湖南人以实事求实功，出发点是为了家国大义，而家国大义也成为践行实事的价值终点。

湖湘为楚地。自古以来，楚人就具有强烈的爱国情怀，屈原身上得到最为集中体现。浪漫、血性、不屈、刚烈等诸多元素融汇成为这一炎热的爱国情感，深受屈原遗风熏陶，湖南人对屈原尤为敬重，极重乡土观念、常怀故国之思也成为湖南人的主要特质。而在湖湘学子身上所体现出来的家国情怀，对国家命运的深刻关切与使命担当，历经千年不改。尤以南宋末年潭州（长沙旧称）保卫战中的书生血性最为震撼，时任岳麓书院山长、湖南长沙人尹谷率领书院儒生"荷戈登陴，死者什九"，在城破之际，尹谷率全家老少慷慨赴死，自焚而亡。而在尹谷爱国精神的影响下，李芾等将领乃至全城官兵儒生杀身殉国者甚众，潭州百姓在城破后也不愿苟且偷生，"多举家自尽，城无虚井，缆林木者，累累相比"。湖湘之地忠诚血性的爱国传统绵延后世，代代湖湘学子延续着"勇担道义"的爱国精神。比如，岳麓书院山长吴道行听闻明朝覆亡，绝食而亡，以死明志；其高徒王夫之不受清朝招降，终其一生"不顶清朝天，不着清朝地"；清末曾国藩、胡林翼等为代表的湖湘儒将率领湘军子弟，平定太平天国；左宗棠抬棺收复新疆更是将湖南人的血性担当表现得淋漓尽致。

正如杨度在《湖南少年歌》中所言："若道中华国果亡，除非湖南人尽死！"爱国精神已经深深地融入到湖南人的血脉之中，成为湖南人追求事功的精神标识。在近代民族危机与社会动荡的背景下，爱国精神驱使湖湘学子将目标聚焦到救亡图存的价值目标上。

毛泽东尤其如此，在学习之初就立下了"天下兴亡、匹夫有责"的救国志向，并决定将匡世济民作为终生目标。这在 1936 年毛泽东对美国记者斯诺的谈话中，可得到清晰的印证："我现在还记得这本小册子的开头一句：'呜呼，中国其将亡矣！'，这本书谈到了日本占领朝鲜、台湾的经过，谈到了越南、缅甸等地宗主权的丧失。我读了以后，对国家的前途感到沮丧，开始意识到，国家兴亡、匹夫有责。"[1] 尚在启蒙阶段的毛泽东深受湖湘大地的爱国精神涵养，在读过关于列强瓜分中国的小册子之后，救国志向越见鲜明，并经常引用"天下兴亡，匹夫有责"等格言与同学互勉。之后更是以"子任"为字，确立了以救国救民为己任，为国家和民族奉献一生的崇高理想。

湖南民风乡俗充满尚武侠义气质。这固然与蛮荒时代以及移民运动背景下，湖南人因为生存斗争长期练就的"勇武耐劳苦"的气质传统有关。具体表现为以侠义为道德追求，以勇武好斗为实现方式，强调主观能动、坚韧执着、重信践诺、重义轻利，"吃得苦、霸得蛮、扎硬寨、打硬仗"。

在湖南民间，普遍有习武的风气，尤以毛泽东外婆所在湘乡一带最为突出，几乎县县有武馆，村村有拳师。忙时务农，闲时习武，湖南民众亦对身手不凡的习武之人比较钦佩，而对唱戏、演艺等职业人员则表现出鄙夷之态。正如湖南俗语所言："做人有三丑：王八、戏

---

[1]　[美] 埃德加·斯诺:《西行漫记》，董乐山译，东方出版社 2005 年版，第 125—126 页。

子、吹鼓手"，不难看出湖南人尚武从实的价值观。湖南人的尚武好斗，也养成了湖南人天生的军人素质与从军天赋。忠实、正直、强烈的自我意识加上粗犷、反抗心是湖南居民的性格特征。曾国藩、胡林翼等湘军领袖更是深谙此道，无论南征北战首选在湖南募兵，特别重在湘乡、宝庆府（现湖南邵阳）一带挑选。湖南人当兵的热情极高，是一种发自内心的向往甚至职业荣耀，"无湘不成军"成为世人对湖南军人之乡的普遍共识。

近代湖南人，从权贵政要、志士仁人到青年学子大多以湘军为荣耀，并且对湖湘之地的"尚武"倍感自豪，毛泽东所在的韶山毛氏家族民风也深受湖南尚武精神的影响，以劲直尚气、强悍好胜为主要特征。其始祖毛太华便是"以军功拔入楚省"，参加朱元璋平定边疆的战争，立下军功移民来到湖南。此后，韶山毛氏子孙秉承刚毅和血性，投身行伍、闯荡天下者代不乏人。19世纪50年代初，以曾国藩为首的湘军兴起。韶山毗邻曾国藩的老家湘乡，得风气之先，大批毛氏子弟加入湘军，参与了从湘军出师到左宗棠收复新疆的历次战役，毛氏子弟在湘军中获军衔军功、受朝廷封赏的达63人之众。从此论政谈兵、习武风气、从军打仗，越发成为毛氏子弟改变社会地位和生存状况的重要途径。民国初年，毛氏子弟毛国翘、毛宇居（本家堂兄、毛泽东恩师）、毛麓钟（本家堂叔、毛泽东恩师）等还远涉云南投奔蔡锷，参加了护国战争和护法战争。毛泽东的父亲毛顺生早年亦曾外出当兵谋生。

在这样一个具有从军打仗传统的家族中出生成长，毛泽东在耳濡目染中不可避免地受到尚武精神的影响。事实上，毛泽东从小就熟悉许多湘军掌故，他的字号"润芝"和湘军领袖之一胡林翼的字号一模一样。毛泽东从小喜好玩角力、打仗的游戏。1955年毛泽东与东山小学堂同学谭世瑛在谈话中就有提到。毛泽东自幼还对《三国演义》《水浒传》《隋唐》等描写战争的书籍爱不释手，产生了强烈的英雄崇拜。在韶山时，毛泽东听说湘潭哥老会首领"彭铁匠"起义后，便认为彭铁匠是一个英雄。在东山小学堂时，同学萧三借给他一本《世界英雄豪杰传》，毛泽东反复阅读，用墨笔做了许多标记。华盛顿、拿破仑等具有尚武精神、卓越军功的人也成为他心中的偶像。同时，他还非常注重体育锻炼、磨炼意志，每天坚持跑步、洗冷水澡。

辛亥革命爆发后，毛泽东毅然投笔从戎，在新军中当了半年兵，堪称他军旅生活的起点，也可谓毛泽东尚武精神的一大突出体现。毛泽东曾在早期文稿中评价过湖南人的尚武性格："好干事，不怕死，是他们的特色。反抗官厅，不服压制，是他们外发的表征。"[1]这种影响还体现在1919年8月毛泽东在《本会总记》中记下的一段歌颂湖南军国精神的"学生运动会曲"："大哉湖南，衡岳齐天，洞庭云梦广……湘军英武安天下，我辈是豪强……军国精神，湖湘子弟，文明新气象。"[2]可见湖南人的尚武精神对毛泽东影响有多么深刻！而在《湘人为人格而战》中，毛泽东则明确提出了"湘人人格"这一概念，体现了他疾恶如仇、刚正耿直的品行，"敢扎硬寨"的血性，主张团结等特点。毛泽东在《湖南人再进一步》《湖南人民的自决》，以及之后提出的"湖南共和国""湖南门罗主义"等政治观点，无不是湖

---

[1] 中共中央文献研究室、中共湖南省委《毛泽东早期文稿》编辑组编：《毛泽东早期文稿》，湖南人民出版社1990年版，第643页。

[2] 中共中央文献研究室、中共湖南省委《毛泽东早期文稿》编辑组编：《毛泽东早期文稿》，湖南人民出版社1990年版，第646页。

南人尚武务实人格特性之表现。

湖南民风乡俗洋溢经世致用精神。务实是湖南人行事做人的基本态度，表现为兢兢业业、脚踏实地、注重践行的精神。湖南民风中经世致用精神，有着极为深厚的传统底蕴，与湖湘学派倡导内圣外王之道密切关联，不仅注重经世致用的理论研究，更推崇务实经世的实学践行。湘学士风引领湖南民风，经过千年传播实践，经世致用精神逐步由士人阶层普及到普罗大众，在湖南扎根、化风成俗。湖湘学派的开创者胡宏注重经世、重视践履，并在政治、经济等方面多有成就和建树。湖湘学派宗师张栻以"晓畅军务"而著称，"慨然以奋伐仇虏，克复神州为己任"。掌教岳麓书院期间，张栻将《孙子兵法》作为学生的教材，号召学生研习军事。岳麓书院生徒、思想家王夫之，坚持理性哲学与经世致用、躬行实践结合起来，尤在反清运动中得到显现。即便在清代考据之学盛行之时，湖南人依旧笃行实用主义。岳麓书院生徒陶澍一生倡导实学，认为"有实学，斯有实行，斯有实用"，主张"研经究史为致用之具"，关注国计民生，着力培养个人的实践能力，影响了一大批湖湘士子。最终形成了以魏源为代表的经世派和以曾国藩为代表的洋务派，直接引导晚清风气从务虚向务实转变。之后无论是以谭嗣同等为代表的君主立宪派，还是以黄兴、蔡锷、陈天华、宋教仁等为代表的资产阶级革命派，莫不是经世致用思想的奉行者与践行者，对中国近代史产生了巨大的影响，也因为他们的实干实行得到世人的认可与推崇。

"搞匠少，弹匠多"是湖南民谚。湖南人推崇实干的"搞匠"，而对擅长空言的"弹匠（谈匠）"则表现出不屑。这种价值观在青年毛泽东组织和参与各式各样的学会社团时体现得很明显。他先后花费大量精力主持湖南第一师范学友会（原名技能会）、湖南新民学会、湖南留法勤工俭学会、问题研究会等学会社团十几个，联合青年学生一道围绕改造中国与世界的现实问题展开研究。主持少年中国学会的李璜曾回忆说，他"每周必与毛会晤，会见十余次之后，深深了解到，以毛之性格而论，可能成为一个革命实干家。……光祈（王光祈）主持'少中'，即提出'工读互助'的一题，来要大家讨论。我们在愚生（陈愚生）家聚餐时曾讨论两三次，议论甚多。到了第三次，毛泽东便不耐烦了！他忽然发言，说，'不要老是坐而论道，要干就干。你们诸位就把换洗衣服拿出来交与我去洗，一个铜子一件，无论大件小件，一样价钱，三天后交货拿钱。'后来他果真就这样做了"。王光祈也说，毛泽东"颇重实践，自称慕颜习斋之学主实行"。[1]

三、湖南世风变革的实践教养

马克思主义唯物史观认为，社会历史环境对历史人物的思想形成具有极大的影响，任何历史人物的思想无不打上他所处历史时代的烙印，那种忽略社会历史环境而片面夸大历史人物个人意志的观点，形成了唯物史观与唯心史观的分野。

湖南地处南北交界，自古就是各方势力冲突抢夺之地，各种政治力量与社会思潮也在此争斗不断。近代湖南社会的变迁和政治变革更为剧烈，革命与保守、开放与封闭等矛盾交织成为近代湖南世风的最

---

[1] 中央文献研究室《党的文献》、《文献与研究》编辑部编：《史林智慧琐谈（续二）》，中央文献出版社 2010 年版，第 6 页。

大特点，维新运动之后，湖南从最保守的省份一跃成为全国最富朝气的一省，新思潮不断涌入，推动了毛泽东走出韶山冲、走到湘乡、来到长沙，加深了毛泽东对时局的认识，对于其日后实事求是思想的养成有较大的促进作用。

1893年，毛泽东诞生的年代，中华民族危机逐步加深，帝国主义与封建主义两座大山重重地压在中国人民身上，半殖民地半封建社会性质越发显著，毛泽东老家韶山冲也成为当时中国农村的缩影。当时帝国主义不断加强对外扩张，一方面商品倾销加速了中国农村手工业的解体，农民更加贫苦。另一方面，资本主义的触角深入到韶山毗邻的湘潭一带，使得湖南湘潭成为当时中国的一个开放市场，在连接广东与内陆的对外贸易中扮演了重要角色。"湘潭和广州之间，商务非常繁盛。陆路肩货的工人不下十万人。"[1]毛泽东父亲正是在这样一个被帝国主义势力波及的农村，靠着克勤克俭、精明能干经营家庭，过着"黎明即起，洒扫庭除"的生活。作为农民的儿子，毛泽东在帝国主义侵略加深的农村环境中成长，促使他一方面对农民有着天生的亲近与同情心，甚至发现"小说有一件事情很特别，所有的人物都是武将、文官、书生，从来没有一个农民做主人公，对这一件事，我纳闷了两年之久，后来我就分析小说的内容。我发现它们颂扬的全部都是武将，人民的统治者，而这些人是不必种田的，因为土地归他们所有和控制"[2]。这促成了他对大本大源的圣贤追求。另一方面，在长期的劳作实践过程中，毛泽东形成了重劳动、讲勤苦、求实效等底层社

---

[1] 容闳：《西学东渐记》，朝华出版社2017年版，第138页。

[2] [美] 埃德加·斯诺：《西行漫记》，董乐山译，东方出版社2005年版，第123页。

会观念，以及反对空谈、讲求实用等农村习俗，这都为日后他的实事求是思想形成埋下了成长的种子。

1895 年，湖南新任巡抚陈宝箴上任后，在湖南推行新政，兴办实业，湖南近代化工业也开始起步，常宁水口山铅锌矿等大型官办矿务企业应运而生，谭嗣同、熊希龄等知识分子积极推进资产阶级性质的改良运动。1898 年，毛泽东五岁时，中国发生了戊戌变法运动，百日新政戛然而止。由于韶山冲相对闭塞，这种改良思潮直至1907 1908 年才进入毛泽东的视野。毛泽东阅读到了早期改良主义者郑观应所著《盛世危言》，提倡变法，开议会，实行君主立宪制度，将中国积弱不振的原因归结为缺少西洋的机器工业，故主张中国也修铁路、造轮船、设电报……这些资产阶级改良主义的观点对他产生了较大的影响。由于这一部书，引起了毛泽东再前进求学的志愿。此时的毛泽东认识到，儒家学说无法解决封建制度下的不平等问题，无法承担起救国救民的重任，逐步从尊崇孔孟到接受君主立宪制，并对资产阶级改良思潮有一定的认识，将科技革新与体制改良视作救国之路。同时，民族危机的不断加深，也使毛泽东更加关注国家和民族现实，十四五岁便树立了以实际行动拯救国家的志向。"他开始知道一些发生在山外的当今中国的大事，感到中国不能守着老样子不变了。"[1]

中日甲午战争之后，列强即有瓜分中国之阴谋。戊戌政变之后，瓜分之说愈演愈烈。至八国联军侵华，签订《辛丑条约》，半殖民地的中国更滑向了无尽的深渊。而这种亡国灭种的危机也悄然传导到湖

---

[1] 金冲及：《毛泽东传（1893—1949）》，中央文献出版社 2004 年版，第 8 页。

南。1910年4月，湖南天灾加上劣绅作祟致使粮价飞涨，不少人投塘自尽，长沙发生饥民暴动。"那年发生了严重的饥荒，长沙有成千上万的人饿饭。饥民派了一个代表团到抚台衙门请求救济。但抚台傲慢地回答他们说：'为什么你们没有饭吃？城里有的是。我就总是吃得饱饱的。'抚台的答复一传到人们的耳朵里，大家都非常愤怒。他们举行了群众大会，并且组织了一次游行示威。他们攻打清朝衙门，砍断了作为官府标志的旗杆，赶走了抚台。……接着来了一个新抚台，马上下令逮捕闹事的领袖，其中许多人被斩首示众，他们的头挂在旗杆上，作为对今后的'叛逆'的警告。"[1]一时饥民暴动的消息传遍了韶山，毛泽东从逃难的湘乡小贩口中听到了这个消息。这件事使毛泽东的心情久久不能平静，他觉得那些参加暴动的人都是善良的老百姓，只是被逼得走投无路才起来造反，结果无辜被杀，这使得他很心痛。国内外矛盾给农民施加的困苦，激发起他朴素的人民情怀，对满清政府的不满，也促使他决心走出韶山冲，到外面去追求真理，实现拯救时艰、泽润苍生的人生理想。几十年之后，毛泽东感慨地说：这件事"影响了我的一生"[2]。1910年秋天，16岁的毛泽东怀着激动的心情离开相对闭塞的韶山冲，来到了50里以外的湘乡县东台山下的东山高等小学堂求学。

湘乡县城地面由麻石铺就，形似龙鳞，湘乡县也号称"龙城"。湘乡为涟水流域名邑大县，亦为湘军兴起之地，平定太平天国之后，湘乡将领不仅带回了丰富的物资与财富，也带回了文化与视野，使得

---

[1] [美] 埃德加·斯诺：《西行漫记》，董乐山译，东方出版社2005年版，第124页。

[2] [美] 埃德加·斯诺：《西行漫记》，董乐山译，东方出版社2005年版，第124页。

湘乡很快成为当时湘中地区乃至全国的先进之地，毛泽东在湘乡极大地开阔了眼界，对时局也有了更加深刻的认识和思考。

1894 年，曾经不可一世的湘军在牛庄战败，震惊朝野，消息传到湘军故里湘乡县，湘乡的有识之士在震惊错愕之余，痛定思痛、反思差距。但是，当时毛泽东对时事信息的掌握还存在明显的时间滞后，才知道慈禧和光绪皇帝已经去世，新的宣统皇帝已经在朝两年。他非常崇拜康有为、梁启超代表的资产阶级改良主义者，反对封建专制但赞同君主立宪。他依然认为皇帝和大多数官吏一样，都是善良和聪明的人，只是需要康有为、梁启超这样的人来帮助他。[1]但当时他对以孙中山为代表的资产阶级革命派主张推翻满清政府统治的思潮，已替代康梁代表的资产阶级改良派思潮全然不知。而对表哥文运昌借给他的 1907 年就已停刊的《新民丛报》却爱不释手、反复阅读，以致熟能成诵。毛泽东非常认同康、梁在第四号上的《新民说》中深入探究民族文化心理，主张从"变化民质"入手来寻求社会改革，通过改造国民性达到拯救国家的目的，并逐步在资产阶级维新思潮中获得政治启蒙。毛泽东后来回忆说："我崇拜康有为和梁启超，也非常感谢我的表兄。"[2]随着也成长为一名资产阶级改良主义者，毛泽东对当时的政治时局的认识是符合当时实际的，其实事求是观也悄然孕育。

在东山高等小学堂就读一年后，湘乡已经不能满足毛泽东对世界认识的需要。1911 年春，毛泽东向往省城长沙这一更为广阔的舞台，

---

[1]［美］埃德加·斯诺：《西行漫记》，董乐山译，东方出版社 2005 年版，第 128 页。
[2]［美］埃德加·斯诺：《西行漫记》，董乐山译，东方出版社 2005 年版，第 127 页。

考入了湘乡驻省中学堂读书。[1] 近代长沙一直是激进知识分子的汇聚之地。太平天国运动时，长沙是湘军与太平军厮杀的重要战场；戊戌变法时，梁启超、谭嗣同等维新志士在长沙创办"时务学堂"（时务学堂后并入湖南高等学堂，1926年正式定名为湖南大学），宣传维新变法主张；之后革命党人黄兴、陈天华等在长沙创建华兴会。后爆发萍浏醴起义，在全国影响巨大。此时长沙正处于辛亥革命爆发前夕，革命党活动剧烈。到长沙之后，毛泽东才知道同盟会，成为同盟会所办《民立报》的忠实读者，并为孙中山、黄兴代表的资产阶级革命派推翻清朝、建立民国的政治主张，以及广州黄花岗起义等革命事迹深深感动。正如毛泽东后来在回忆中所说，自己兴奋到第一次公开发表政见，张贴在学校的墙壁上。主张让孙中山回国就任新政府总统，康有为任国务总理，梁启超任外交部长。[2] 毛泽东已经公开反对帝制，毅然剪去象征满清统治的辫子，并说服同学实行剪辫行动。这种思想上的进步正如他自己后来所感慨的："在一个很短的时间里，我从讥笑假洋鬼子的假辫子发展到主张全部取消辫子了。政治思想是多么能改变一个人的观点啊。"[3] 当然，由于政治意识尚未成熟，当时他并没有区分孙中山与康有为、梁启超的区别，资产阶级革命派与改良派的政治分野。但他为学生革命情绪所感染，积极练习兵操，参与革命。

1911年10月，辛亥革命爆发，湖南成为全国第一个响应的省

---

[1] 中共中央文献研究室编：《毛泽东年谱（1893—1949）》（修订本）上册，中央文献出版社2013年版，第10页。

[2] [美] 埃德加·斯诺：《西行漫记》，董乐山译，东方出版社2005年版，第129页。

[3] [美] 埃德加·斯诺：《西行漫记》，董乐山译，东方出版社2005年版，第130页。

份。新成立的湖北军政府还委派代表来湘介绍武昌起义的情况，并直接进入湘乡驻省中学堂，向学生们发表激情演讲。二十多年后毛泽东依旧记忆犹新："当场有七八个学生站起来，支持他的主张，强烈抨击清廷，号召大家行动起来，建立民国。"[1]毛泽东觉得应该参加战斗，实现革命，进而投笔从戎，欲北上武汉参加革命军。而正当他和几个朋友准备出发的时候，长沙革命党人发动武装起义，成立了湖南军政府。毛泽东随即投奔长沙革命军当了一名列兵。之后，袁世凯通过南北议和窃取了辛亥革命的果实，满清政府宣布退位。听到这个消息，毛泽东觉得革命已经结束，自己参军的目的已经实现，因而在当了半年兵之后便离开了军队。不难看出，当时的长沙已经成为各种政治行动的发生地，辛亥革命、新文化运动、五四运动、驱张运动、湖南自治运动等席卷湖湘，之后社会改良主义、民主主义、无政府主义、社会主义等思潮也充盈其中，毛泽东能够及时获取时局信息，甚至直接参与政治实践，开始由被动接收社会思潮到主动作出时局判断，由政治认识到政治实践，由滞后的思潮追随者到先进思潮引领者，这都给毛泽东带来了深刻影响。一方面，他的政治实践能力得到锻炼，改造世界与中国的意识与本领进一步增强；另一方面，他的政治思想逐步成熟，加深了对时局的正确认识。使得他日后逐步从驳杂的救国思潮中，找到了马克思主义这一科学真理，为其实事求是思想的形成构筑了一种历史主动与个体自觉。

---

[1] [美] 埃德加·斯诺：《西行漫记》，董乐山译，东方出版社 2005 年版，第 130 页。

第二节　湖湘先贤的师道传承

如果说洋溢着经世致用、实事求是世风民风的湖湘地域环境对于青年毛泽东是一种天然浸润，而湖湘先贤的直接或者间接传授，则开启了他对经世致用、实事求是思想的认知由了解、认同到模仿、强化的全过程。这正如毛泽东所说："人的思想嘛，就是这样发展起来的，就像小孩子一样，都有一个学习走路的阶段。"[1]

一、幼学先生的思想启蒙

1902 年到 1910 年，毛泽东先后在韶山南岸私塾等 6 所私塾就读，八年中"读了六年孔夫子的书"，其间辍学两年。先后受教于邹春培、毛润生、周少希、毛宇居、毛简臣、毛麓钟等六位老师。在此期间，接受了一些关于爱国主义、关注时事等熏陶，特别是毛宇居、毛简臣、毛麓钟均有军旅经历，其中毛简臣曾跟随左宗棠收复新疆，深受湘人的爱国精神与民族气节的影响。可能缺乏系统性、直观性的实事求是精神引导，此时的毛泽东对实事求是的理解还停留在爱国担当、

---

[1] 智云、四海、守溪等：《日出东山——纪念少年毛泽东东山学校求学励志 100 周年》，《湖南日报》2010 年 9 月 26 日。

勤恳务实等品行的理解与践行上。

湘乡是湘军的策源地与大本营，湘军将领在平定太平天国运动返回湘乡之后，出现了一股开办私塾和学堂的热潮。湘乡人所开办的东山高等小学堂与湘乡驻省中学堂都与湘军颇有渊源，都传承着湘军经世致用精神。毛泽东曾对老同学周世钊说："我虽然是湘潭人，但受的是湘乡人的教育。"[1]

东山高等小学堂源于东山书院。东山书院于 1890 年由乡绅许时遂等湘军后人倡议筹建，湘军领袖、新疆巡抚刘锦棠，为筹建书院捐银二千两，被推为倡修，直接参与书院的建设。后因刘坤一带领湘军在牛庄战役中败北，刘锦棠在北上抗日路途中溘然长逝。巨大的历史变动深深震撼了湘乡人民，因而乡绅建议兴办带有救亡图存性质的新式学校，上书湖南巡抚、维新派的积极支持者陈宝箴，在《东山精舍上书巡抚禀文》直呼："苟非实事以求是，即物而穷理，恐书院究成虚设，何以造就人才！"倡议将东山学堂改为东山精舍，"仿湖北自强学堂成法，分科造士，为算学、格致、方言、商务四斋，教之以实事，程之以实功。"[2]将实事求是、即物穷理作为书院人才培养的根本要求。《东山精舍章程》所描述的这种实事求是的办学风气与精神导向正是来源于以曾国藩为代表的湘军领袖。"昔我乡先正曾文正公与倭文端诸贤讲学京师，与江忠列、罗忠节诸公，讲练于湖湘，卒定拨乱之功，仁远乎哉……"并号召精舍学生"会友讲习以辅仁，而追随文正"。

---

[1] 智云、四海、守溪等：《日出东山——纪念少年毛泽东东山学校求学励志 100 周年》，《湖南日报》2010 年 9 月 26 日。

[2] 舒新城编：《近代中国教育史料》第一册，上海中华书局 1928 年版，第 16 页。

这一点在1907年《东山书院记》中也有所体现："予维今之天下，一学战之天下也……实事求是，以称雄于五大洲。"作为东山高等小学堂前身的东山书院和东山精舍，就是在传承以曾国藩为代表的湘军经世致用的精神基础上，倡导实学以救亡的背景下建立起来的。之后这篇带有"实事求是"四字的《东山书院记》捐碑便放置在东山高等小学堂正厅左壁上。

1906年，禹之谟、曾广江等改省城湘乡试馆为湘乡驻省中学堂，在曾国藩创建的"湘乡试馆"和"湘乡昭忠祠"原址上办学，其中，学堂首任监督曾广江为曾国荃后裔，乐于助学。学堂开办费用由旅省的湘乡绅商捐募，湘乡驻省中学堂也延续了湘乡试馆的功能，为湘乡学子在省城读书提供平台。1911年，东山高等小学教师贺岚岗赴湘乡驻省中学堂任教，带着毛泽东进入湘乡驻省中学堂就读。毛泽东在湘乡驻省中学堂读书时期，住在"湘乡试馆"，自修、住宿都在这里。而讲堂则设在与该馆相连的"湘乡昭忠祠"，上课、学习都在此祠堂内。昭忠祠是祭祀湘军阵亡的湘乡县籍的官兵庙宇，里面摆放着很多神主牌位。昭忠祠之所以能用作学堂讲堂之用，也来源于昭忠祠的管理者、曾国藩的长孙曾广钧的大力支持。学校图书馆藏有不少曾国藩的书，毛泽东在此阅读过不少曾氏著作。1915年6月，毛泽东在给萧子升的信中说："首贵择书，其书必能孕群籍而抱万有。干振则枝披，将麾则卒舞。如是之书，曾氏'杂钞'其庶几焉。是书上自隆古，下迄清代，尽抡四部精要。"[1]从中可见，这与毛泽东在湘乡驻省

---

[1] 中共中央文献研究室、中共湖南省委《毛泽东早期文稿》编辑组编：《毛泽东早期文稿》，湖南人民出版社1990年版，第24页。

中学堂读了不少曾氏著述和生平论著密切相关。

　　同时，湘乡驻省中学堂充满了湘军人物的精神印记与湘军文化。学堂大堂墙上镌刻着湘军名将曾国荃《湘乡试馆记》那段"湘军英武安天下"的文字，"洎乎曾文正公恪守乡先辈矩度，与同时忠义奋发之宿儒，率涟湘子弟数万人，上辅圣清，下荡十余行省稽诛之强寇，易乱为治，转危为安……吁！何其盛也！窃计三十年之间，乡人出而为士卒，历东、西、南、朔，更凡迭代勤劳王事者，为数不下二十余万人……"学堂所在的昭忠祠内的教室四周挂满了白色帷幔，上课时的毛泽东与湘军官兵的灵牌仅有一帐之隔。课间闲暇，毛泽东与同学们掀开帷幔就能找到湘乡籍湘军族人的灵牌。距此 10 年之后，毛泽东在创办《湘江评论》时，还对这种"军国精神"颇有感慨："所谓'军国精神'，是这时候教育的主旨，亦即学生所抱以求学的主旨。这种主旨，一面为着对外，一面则为着推倒满清。"[1]

二、长沙求学时期的良师教化

　　1913 年春，毛泽东考入湖南省立第四师范（后并入湖南第一师范）。湖南第一师范创办于 1903 年，源于南宋城南书院，与岳麓书院颇有渊源。湖湘学派代表人物张栻曾掌教这两所书院。如前文所述，包括湖南第一师范在内的几乎湖南所有学校均深受岳麓书院输出的湖湘经世学风浸润，崇尚实学的传统悄然成风。辛亥革命后，湖南

---

[1] 中共中央文献研究室、中共湖南省委《毛泽东早期文稿》编辑组编：《毛泽东早期文稿》，湖南人民出版社 1990 年版，第 647 页。

第一师范将民国教育部规程中的《教养学生之要旨》纳入学校规程，注重道德教育，以实利教育、军国民教育辅之。并明确规定："……国民教育趋重实际，宜使学生明现今之大势，察社会之情状，实事求是……教授上的一切资料务切于学生将来之实用……"[1]明确规定在教育学生过程中要"实事求是"，要"趋重实际""切于学生将来之实用"。同时，学校以"明耻"为中心，意图以国耻唤醒学生，提倡"自动主义"，引导学生突出自我实践，观照社会现实，服务国家与社会，这也与日益严重的国家民族危机密切相关。湖南第一师范从爱国主义教育出发，汲取西方务实的教育与管理方式，贯彻"实事求是"的教学要旨，注重实习与社会实践，提出农工商实习与教育实习并重的主张，这种注重实际的新民主主义教育方式为青年毛泽东的务实作风生成提供了良好的教育环境。毛泽东后来回忆说："我没有正式进过大学，也没有到外国留过学。我的知识，我的学问，是在一师打下了基础。一师是个好学校。"[2]

　　湖南第一师范的教师不少为岳麓书院（后改为湖南高等学堂、湖南高等师范学校等）肄业毕业，且多秉持岳麓书院经世致用、实事求是学风，杨昌济、黎锦熙、方维夏等毛泽东的授业教师莫不如此。在日常教学与交流中，他们往往又在言行举止中传播务实风气，对毛泽东带来潜移默化的熏陶。

　　比如，担任博物、农业课教员及学监主任的方维夏在教学中反对旧式教育学堂与社会相脱节的弊端，强调学以致用、格物致知。

---

[1] 本书编写组编：《湖南第一师范校史》，上海教育出版社1983年版，第12页。

[2] 周彦瑜、吴美潮编著：《毛泽东与周世钊》，吉林人民出版社1993年版，第17页。

任博物课教员时他采用实地教学的方法，经常带领学生去岳麓山和妙高峰采集各种标本，现场讲授；任农业课教员时他带领学生开辟实习园地，亲手实践耕种。更为重要的是，方维夏还首创了"修学旅行"的教学模式，并以"校章"的形式对学生提出利用节假日开展旅行调查的各种规定。这种教育方式引起了青年毛泽东的思想共鸣，毛泽东在《讲堂录》中记载："闭门求学，其学无用。欲从天下国家万事万物而学之，则汗漫九垓，遍游四宇尚已。""农事不理则不知稼穑之艰难，休其蚕织，则不知衣服之所自。"[1] 从中可见毛泽东注重实地调研、重视农业生产、喜欢游学实践等崇实习惯的养成。担任历史课教师的黎锦熙曾与杨昌济、徐特立、方维夏等组织"宏文图书编译社"，并在长沙"李氏芋园"组织哲学研究小组，与毛泽东交流频繁。特别是在是否出国留学这样的大事选择上，毛泽东曾写信征询过黎锦熙的看法。1920 年 3 月，毛泽东给同学周世钊写信说："我觉得求学实在没有'必要在什么地方'的理，'出洋'两字，在好些人只是一种'谜'。我曾以此问过胡适之（即胡适——引者注）和黎邵西（即黎锦熙——引者注）两位，他们都以我的意见为然"。正因为"研究本国问题"，这一观点黎锦熙与毛泽东的思想吻合，毛泽东最后决定"因此我想暂不出国去，暂时在国内研究各种学问的纲要。"[2] 不难看出，黎锦熙认同扎根本土开展研究、关心政治，不赞同闭门教书、不谙世事等崇实的思想性格，对青年毛泽东

---

[1] 中共中央文献研究室、中共湖南省委《毛泽东早期文稿》编辑组编：《毛泽东早期文稿》，湖南人民出版社 1990 年版，第 587、597 页。

[2]《毛泽东年谱（1893—1949）》上卷，人民出版社、中央文献出版社 1993 年版，第 54—55 页。

"不重言谈，重在实行"[1] 的思想性格的形成影响很大。

而对毛泽东影响最深的授业教师当属杨昌济先生。杨昌济既是岳麓书院学生，也是由岳麓书院改制后的湖南高等师范学校的正式教师，并在湖南第一师范兼职、担任毛泽东的修身课（伦理学）教员。杨昌济不仅对传统文化尤其是宋明理学造诣颇深，并且沿袭王夫之、曾国藩、谭嗣同等湖湘经世之学，是湘学发展中一位承上启下的重要人物。从岳麓书院肄业后，杨昌济留学日本、英国，对外国教育、政治、法律等非常熟悉。杨昌济认为，"岳麓书院……为中国四大书院之一，朱（熹）、张（栻）讲学，流风余韵，千古犹新"[2]。即使十载留学，杨昌济仍然不离中国的理学传统，喜讲岳麓书院先贤思想，极力推崇王夫之、魏源、曾国藩、左宗棠、谭嗣同的经世致用、实事求是之学，作为哲学、伦理学教师，他自觉承担起弘扬湘学经世传统的责任，并积极传播西方实用主义与实践思想。杨昌济一方面向学生推介湖湘学派重义理与讲经世的群体特征，在《达化斋日记》里他大量记载了自己为学生讲授王夫之、魏源、曾国藩、左宗棠、谭嗣同等湘学代表人物的思想、事迹及传承关系的内容。另一方面，杨昌济提出发展实业教育，振兴中国农、工、商业，鼓励学生"力行"以救国，同时坚持从哲学角度探讨知行关系，强调发挥人的主观能动性。毛泽东对此大为敬佩，以致后来他在延安与斯诺谈话时说："给我印象最深的教员是杨昌济"，"在我的青年时代杨昌济对我有很深的

---

[1] 中共中央文献研究室、中共湖南省委《毛泽东早期文稿》编辑组编：《毛泽东早期文稿》，湖南人民出版社1990年版，第73页。

[2] 杨昌济：《杨昌济集》，湖南教育出版社2008年版，第234页。

影响"。[1]

杨昌济对青年毛泽东实事求是观塑造产生的重要影响,应该包括以下几个方面:

一是强调"大本大源"的真理探索。注重探求"宇宙真理",方法上要求抓"大本大源","今吾以大本大源为号召,天下之心其有不动者乎?天下之心皆动,天下之事有不能为者乎?天下之事可为,国家有不富强幸福者乎?"[2]将"本源"落到"人心"上,将伦理道德建设作为救国实践的起点,体现了天下为公的自觉担当与价值取向。并且强调立志作用的基础上,对传统理学的义利之辨加以调和,形成了具有现实色彩的价值观:"君子谋道不谋食,系对孳孳为利者而言,非谓凡士人均不贵夫谋食也。"[3]

二是强调"力行"的实践品格。湖湘经世传统集中表现在知行关系上,尤其突出"力行"的重要性。杨昌济强调"知行统一":"知则必行,不行则为徒知,言则必行,不行则为空言……故学者尤不可不置重于实行也。"[4]并且利用修身课等课堂引导学生在"力行"上下功夫。对此,毛泽东不仅在《讲堂录》中记载:"古者为学,重在行事。"[5]而且在《伦理学原理》批注中更加明确地写道"学皆起于实践

---

[1] [美] 埃德加·斯诺:《西行漫记》,董乐山译,东方出版社 2005 年版,第 136、143 页。

[2] 中共中央文献研究室、中共湖南省委《毛泽东早期文稿》编辑组编:《毛泽东早期文稿》,湖南人民出版社 1990 年版,第 85—86 页。

[3] 中共中央文献研究室、中共湖南省委《毛泽东早期文稿》编辑组编:《毛泽东早期文稿》,湖南人民出版社 1990 年版,第 597 页。

[4] 杨昌济:《杨昌济集》,湖南教育出版社 2008 年版,第 365—366 页。

[5] 中共中央文献研究室、中共湖南省委《毛泽东早期文稿》编辑组编:《毛泽东早期文稿》,湖南人民出版社 1990 年版,第 586 页。

问题""凡吾所知者,吾皆有行之义务"。[1]不难看出,毛泽东此时关于实践与认识的关系,为其日后马克思主义实践论与认识论的形成奠定了基础。

三是强调观照现实的人文倾向。清代考据学派所谓"实事求是",实则是不面向社会实际、而是埋首故纸堆、考据辞章的"实"。杨昌济则强调:"学者务积功于实事实物。"[2]受此影响,毛泽东认为:"吾人务须致力于现实者。如一种行为,此客观妥当之实事,所当尽力遂行;一种思想,此主观妥当之实事,所当尽力实现。"[3]杨昌济对青年毛泽东的影响不止于思想,更在于实践上的引导。杨昌济不仅是毛泽东的思想导师,更是其行动楷模。且不说"新民学会"创办之初的会员几乎全部为杨昌济的学生,毛泽东甚至连杨昌济喜欢洗冷水澡的习惯都要模仿。这就不难理解,在他们交往期间,青年毛泽东为什么一直学习效仿杨昌济"知行统一",强调体育锻炼并撰写平生第一篇学术论文《体育之研究》,主张涤旧迎新、改造国民以拯救国家,组织学友会工作、筹办各类活动,注重游学,深入调研,了解社情民意,开始"改造中国与世界"的实践体验,等等。

当然,这也与杨昌济对才华横溢的毛泽东的喜爱有加有关。且不说当年杨昌济帮助顶礼膜拜岳麓书院的毛泽东多次寓居岳麓书院,即便在1920年初杨昌济弥留之际,杨昌济依然牵挂自己的得意

[1] 中共中央文献研究室、中共湖南省委《毛泽东早期文稿》编辑组编:《毛泽东早期文稿》,湖南人民出版社1990年版,第118、235页。

[2] 杨昌济:《杨昌济集》,湖南教育出版社2008年版,第24页。

[3] 中共中央文献研究室、中共湖南省委《毛泽东早期文稿》编辑组编:《毛泽东早期文稿》,湖南人民出版社1990年版,第204页。

门生，亲笔向同学挚友章士钊写推荐信，"吾郑重语君，二子（毛泽东、蔡和森）海内人才，前程远大。君不言救国则已，救国必重二子。"

三、湖湘思想家的精神交往

马克思主义社会交往理论认为，交往是人类特有的社会行为，也是精神生产的推动力。青年毛泽东通过广泛阅读、深入思考，与王夫之等一大批湖湘思想家进行深度的精神交往、隔空对话，也应该考察毛泽东实事求是思想孕育与形成不可或缺的重要一环。

其中的代表包括杨昌济在内，当数王夫之、曾国藩、谭嗣同。王夫之、曾国藩、杨昌济均曾在岳麓书院求学。谭嗣同所倡办的时务学堂后并入由岳麓书院改制后的湖南高等学堂。四人之间具有鲜明的思想传承关系。杨昌济沿袭王夫之、曾国藩、谭嗣同等湘籍思想家的经世思想，不仅自身服膺王夫之、曾国藩、谭嗣同等人，且积极向毛泽东传授三人思想。"毛泽东对谭嗣同、王夫之以及康德的著作，都发生很大的兴趣，加以深刻研究。"[1] 其中，王夫之"即事穷理""即物穷理""欲尽废古今虚妙之说而返之实"的唯物主义"实学"思想，对毛泽东影响深远。以致毛泽东当时对王夫之及其思想表现出浓厚的学习旨趣，时常参加由刘人熙创办的船山学社，聆听船山之学。萧三曾回忆："长沙城里有人组织过'船山学社'，每逢星期日举行讲座，讲王夫之的学说。泽东同志邀请我们少数人也去听讲，他极其推崇王

---

[1] 李锐：《毛泽东的早期革命活动》，湖南人民出版社1980年版，第22页。

夫之朴素的唯物主义和民族意识。"[1]1937年毛泽东在抗日军政大学讲授哲学时，因备课需要，还曾托徐特立从长沙找齐他所缺的《船山遗书》。新中国成立后，毛泽东随身携带的书籍中就有"王夫之关于哲学和历史方面的著作"[2]。可见，毛泽东深受船山经世之学的影响，且多体现在"圣贤观"与知行观的形成上。

对于杨昌济所编著的《论语类钞》，"王夫之谓豪杰而不圣贤者有之矣，未有圣贤而不豪杰者也。《论语》中如此节语言，可以见圣人之精神矣。"[3]毛泽东阅读时感受颇深，曾在《讲堂录》中写下了如下心得："王船山：有豪杰而不圣贤者，未有圣贤而不豪杰者也。圣贤，德业俱全者；豪杰，歉于品德，而有大功大名者。拿翁（即拿破仑——引者注），豪杰也，而非圣贤。"可以看出，船山在《俟解》中提出以"德"和"业"的标准来区分"圣贤"与"豪杰"，并且批判了"生而知之"的先验论、"唯君相可以造命"的片面性。对此，毛泽东不仅认为圣贤豪杰之所为，普通人也能做到，而且经常以此种圣贤豪杰观评论指点历史人物："有办事之人，有传教之人。前如诸葛武侯（诸葛亮）范希文（范仲淹），后如孔孟朱（熹）陆（九渊）王阳明等是也。宋韩范并称，清曾左并称。然韩左办事之人也，范曾办事而兼传教之人也。"毛泽东认为，正如在宋朝范仲淹要高过韩琦一样，在清代曾国藩要高过左宗棠，因为范和曾是"办事而兼传教之人"。

[1] 萧三：《毛泽东同志的青少年时代和初期革命活动》，中国青年出版社1980年版，第42—43页。

[2] 龚育之、逄先知、石仲泉：《毛泽东的读书生活》，生活·读书·新知三联书店1986年版，第20页。

[3] 杨昌济：《论语类钞》，长沙宏文图书社1914年版，第69页。

比如，杨昌济曾在修身课设置"王夫之重个人之独立""重力行而不重学问，其弊若何？""试言读书与力行之关系"等涉及知行关系的测试题。对此，毛泽东的感悟是："真精神：实意做事，真心求学。"[1]在《〈伦理学原理〉批注》中，毛泽东曾写道："此言学皆起于实践问题。"[2]由此可见，毛泽东当时已经认识到实践是认识的来源，"吾人须以实践至善为义务"[3]。

曾国藩是第一次把"即物穷理""即事穷理"的思想与中国古代"实事求是"命题紧密结合起来阐释的人，且该阐释与毛泽东对实事求是的马克思主义阐释十分接近。深受湘乡教育影响的毛泽东，早在少年时就认真研读了《曾文正公家书》，并在该书封面的右下方慎重地手书"咏芝（毛泽东少年时代的字号）珍藏"几个字。《毛泽东早期文稿》曾提及曾国藩及其思想之处超过30次。毛泽东曾在《致黎锦熙信》中写道："愚于近人，独服曾文正，观其收拾洪杨一役，完满无缺。"[4]仅"独服曾文正"一句，便足见毛泽东对曾国藩的由衷钦佩。

从曾国藩对毛泽东实事求是观的具体影响来看，主要体现在修身践行方面。比如，在对"大本大源"问题的认识上，曾国藩对"大本大源"的研究堪称极致，"得大本大源，则心有定向而不致摇摇无

---

[1] 中共中央文献研究室、中共湖南省委《毛泽东早期文稿》编辑组编：《毛泽东早期文稿》，湖南人民出版社1990年版，第581页。

[2] 中共中央文献研究室、中共湖南省委《毛泽东早期文稿》编辑组编：《毛泽东早期文稿》，湖南人民出版社1990年版，第118页。

[3] 中共中央文献研究室、中共湖南省委《毛泽东早期文稿》编辑组编：《毛泽东早期文稿》，湖南人民出版社1990年版，第238页。

[4] 中共中央文献研究室、中共湖南省委《毛泽东早期文稿》编辑组编：《毛泽东早期文稿》，湖南人民出版社1990年版，第85页。

着"。而毛泽东在给黎锦熙的信中提到不知"大本大源"之人,"此如墙上草,风来两边倒,其倒于恶,固偶然之事;倒于善,亦偶然之事。"[1]可以看出二者在重视"本源"方面是相通的。毛泽东在《讲堂录》中对曾国藩著述曾作过以下评价:"涤生(曾国藩的字号)日记,言士要转移世风,当重两义:曰厚曰实。厚者勿忌人;实则不说大话,不好虚名,不行架空之事,不谈过高之理。"[2]毛泽东还从《曾国藩家书》中得到启示,将注重实践、强调实干作为改造世界与转移世风的重要途径。同时,毛泽东对曾国藩的"八本"极为推崇,"曾文正八本:读古书以训诂为本,作诗文以声调为本……立身以不妄语为本,做官以不要钱为本,行军以不扰民为本"[3]。毛泽东在给萧子升的信中曾提到:"尝诵程子之箴,阅曾公之书,上溯周公孔子之训,若曰惟口兴戎,讷言敏行,载在方册,播之千祀。今者子升以默默示我准则,合乎圣贤之旨,敢不拜嘉!"[4]可以看出,毛泽东将曾国藩的言行思想作为自己修身践行的标准。这在毛泽东于1917年在《新青年》发表的《体育之研究》中亦有印证:"愚自伤体弱,因欲研究卫生之术。顾古人言者亦不少矣,近今学校有体操,坊间有书册,冥心务泛,终难得益。盖此事不重言谈,重在实行,苟能实行,得一道半

[1] 中共中央文献研究室、中共湖南省委《毛泽东早期文稿》编辑组编:《毛泽东早期文稿》,湖南人民出版社1990年版,第88页。

[2] 中共中央文献研究室、中共湖南省委《毛泽东早期文稿》编辑组编:《毛泽东早期文稿》,湖南人民出版社1990年版,第581页。

[3] 中共中央文献研究室、中共湖南省委《毛泽东早期文稿》编辑组编:《毛泽东早期文稿》,湖南人民出版社1990年版,第593页。

[4] 中共中央文献研究室、中共湖南省委《毛泽东早期文稿》编辑组编:《毛泽东早期文稿》,湖南人民出版社1990年版,第18页。

法已足。曾文正行临睡洗脚、食后千步之法，得益不少。"[1]毛泽东认为，强健身体这件事不在于理论学习，更在于实践行动，并且在锻炼身体方面，亦有师法曾国藩之处。

谭嗣同系杨昌济恩师。杨昌济经常向毛泽东讲读谭嗣同的《仁学》及其事迹，使其深受谭嗣同的精神感召。毛泽东曾在好友书信中写道："谭浏阳英灵充塞于宇宙之间，不复可以死灭"。谭嗣同《仁学》中最着重于"心力说"，强调运用全部的"心力"（即主观意志），去寻找救国救民之道，并且认为"心力"是冲破网罗、普度众生、拯救民族的根本力量。毛泽东对此大为推崇，据其同学张昆弟日记所载："毛君云，西人物质文明极盛，遂为衣食住三者所拘，徒供肉欲之发达已耳。苦人生仅此衣食住三者而已足，是人生太无价值。又云，吾辈必想一最容易之方法，以解经济问题，而后求遂吾人理想之世界主义。又云，人之心力与体力合行一事，事未有难成者。余甚然其言。且人心能力说，余久信仰，故余有以谭嗣同《仁学》可炼心力之说，友鼎丞亦然之。"[2]又载毛泽东曾联合好友一同讨论"冲决一切现象之网罗，发展其理想之世界。行之以身，著之以书"[3]的问题，认为"诚非今日俗学所可比拟"。1936年，毛泽东在同斯诺谈话中说："我在他的影响之下，读了蔡元培翻译的一本伦理学的书。我受到这本书的启发，写了一篇题为《心之力》的文章。那时我是一个唯心主

---

[1] 中共中央文献研究室、中共湖南省委《毛泽东早期文稿》编辑组编：《毛泽东早期文稿》，湖南人民出版社1990年版，第73页。

[2] 中共中央文献研究室、中共湖南省委《毛泽东早期文稿》编辑组编：《毛泽东早期文稿》，湖南人民出版社1990年版，第638页。

[3] 中共中央文献研究室、中共湖南省委《毛泽东早期文稿》编辑组编：《毛泽东早期文稿》，湖南人民出版社1990年版，第639页。

义者，杨昌济老师从他的唯心主义观点出发，高度赞赏我的那篇文章，他给了我100分。"[1]谭嗣同曾在《仁学》中作过类似的描述，并在"心力"之说的基础上，将人的主观能动性看作人的自然本性与精神思想相结合的实践力量。

第三节　岳麓书院的熏陶默化

湖湘文化中的经世致用、实事求是精神对青年毛泽东的影响，无论是直接教化还是间接熏陶，其交汇处、中心点始终都离不开岳麓书院。青年毛泽东虽未正式在岳麓书院就读，但作为湖湘文化的重镇、代表和大本营，湖湘大地经世致用世风民风的源泉和输出地，岳麓书院不仅是绕不过去的，而且影响较为直观而深刻。

一、岳麓书院校训匾额的感召

匾额自古就有"署户册之文"之说，是教育士子和教化百姓的重要载体，匾额文化也是岳麓书院教育文化的重要组成部分。岳麓书院悬挂的匾额不少，"实事求是"校训匾额是其中最为突出而重要的

---

[1] [美] 埃德加·斯诺:《西行漫记》，董乐山译，东方出版社2005年版，第136页。

一块。

从岳麓书院到湖南大学，这座千年学府目前共拥有四个校训。其一"忠孝廉节"，是书院掌教张栻确定，由朱熹书于书院讲堂。虽然在文献上没有直接提及这是校训，但以碑刻的形式公诸讲堂，并镶嵌于讲堂以为长久，足可见其地位之重要。这虽不是严格意义上的文献记载，但当它被铸刻成千年不灭的古迹后，实际上是比文献更重要的历史记载。其二"实事求是"。其三"忠孝廉节、整齐严肃"，由三任湖南大学校长的著名教育家胡庶华提出，集朱熹所书"忠孝廉节"和书院山长欧阳正焕所书"整齐严肃"，于1933年确立。其四"实事求是，敢为人先"，由湖南大学师生民主研讨，于2001年确立。

岳麓书院"实事求是"校训匾额立于1917年。当时的中国教育制度正处于大变革时期，湖南公立工业专门学校（湖南大学前身之一）转入岳麓书院办学。心怀实业救国梦想的湖南公立工业专门学校校长宾步程，深知"实事求是"对陶冶铸就学生"从事实出发、追求真理"的重要性，要求学生们继承和发扬岳麓书院经世致用的优良传统，并进行创造性发展和物化性表达，撰写"实事求是"校训匾额悬挂于岳麓书院讲堂之上。

岳麓书院"实事求是"校训的确立既与当时影响较大的实利教育思潮有关，更与宾步程先生学贯中西、崇尚科学、矢志实业报国的个人经历紧密相关。宾步程深得洋务运动领袖张之洞的赏识，其"步程"的名字亦为张之洞所命。宾步程早年留学德国学习军事技术，对计算机、黑铅、无线电、军舰制造等科技前沿颇有研究，归国后又投身于金陵兵工厂、粤汉铁路等工业实践。宾步程深知中华优秀传统文化的重要作用，反对抛弃中国文化而全盘西化。正基于此，宾步程所手书的岳麓书院"实事求是"校训匾额具有融汇中西的文化内涵。一方面，蕴含了传道济民的家国情怀，这是对千年来岳麓书院坚持经世致用治学传统的高度凝练。另一方面，也吸纳了追求真理的科学精神，激励有识之士学习西方科学知识，以拯救国家民族。

1916—1919 年期间，毛泽东曾多次寓居岳麓书院。其中，除了1916 年暑期，至少还有两次寓居时间也是比较集中的，一次是 1918 年 6 月至 1918 年 8 月，另一次是 1919 年 8 月至 1919 年 11 月。毛泽东之所以能够在岳麓书院寓居，主要得益于他的恩师杨昌济的帮助。杨昌济于 1916 年起负责主持湖南大学筹建工作，湖南大学筹备处设在岳麓书院半学斋。

1918 年 6 月，毛泽东和同学们从湖南第一师范毕业之后，有的同学还没有找到如意工作，大家寓居在湖南大学筹备处（岳麓书院半学斋），成立"工读同志会"，一边读书劳动，一边实施"岳麓新村计划"。为组织湖南赴法勤工俭学运动，同年 8 月 15 日，毛泽东奔赴北京。

1919 年 8 月中旬，湖南督军兼省长张敬尧查封《湘江评论》，悍然解散湖南学生联合会，毛泽东转入岳麓书院半学斋继续从事革命工作，开展主编《新湖南》等革命活动，辗转岳麓书院与长沙修业学校之间。其同学蒋竹如曾撰文回忆："我们事先得到了风声，把学联的文件、印章和未卖完的各期《湘江评论》，一篮一篓地转移到河西的湖南大学筹备处去了。学联虽被封闭了，但我们并未为军阀张敬尧的淫威所吓倒。从此以后，毛泽东和学联其他负责人搬到湖大筹备处，继续进行革命活动，对张敬尧的黑暗统治，进行揭露和抨击。"[1]

---

[1] 陈立超：《五四运动与早期的中共党员》，《人民周刊》2019 年第 10 期。

寓居期间，毛泽东与岳麓书院"实事求是"校训匾额"朝夕相处"，一边学习劳动，一边从事革命活动，对"实事求是"这个古老命题有所思考。《毛泽东传（1893—1949）》指出，"这块'实事求是'的匾额自然给他留下了很深的印象。二十多年后，毛泽东对'实事求是'做出新的解释，并把这四个字写下来嵌在延安中央党校的大门口"[1]。

需要指出的是，岳麓书院"实事求是"校训匾额的悬挂，既是岳麓书院经世致用学风的自然体现，也是以实业家宾步程为代表的全社会教育报国思潮的时代缩影。前文已述，晚清以来教育界多崇尚和践行"实事求是"，但让"实事求是"真正成为高等学校的办学宣言，源于清末至民国初年的学制改革，加之湖南人张百熙、范源濂等人主导推动的实利教育，加速了"实事求是"教育思潮的全国传播。1898年《奏拟京师大学堂章程》云："本学堂以实事求是为主，固不得如各省书院之虚应故事，亦非如前者学堂之仅袭皮毛。"[2]强调要对各省设立的学堂起到"脉络贯注，纲举目张"的作用。1912年12月民国教育部公布师范学校规程（1916年1月修正版），指出"国民教育趋重实际，宜使学生明现今之大势，察社会之情状，实事求是，为生利之人而勿为分利之人"。

当时，湖南第一师范、北洋大学堂（天津大学）、求是书院（浙江大学）等也将"实事求是"作为校训或写入学校规程。包括前文所述毛泽东当年就读的湘乡东山学校的《东山书院记》，"泰西诸国，

---

[1] 金冲及：《毛泽东传（1893—1949）》，中央文献出版社2004年版，第23页。

[2] 北京大学校史研究室：《北京大学史料第一卷（1898—1911）》，北京大学出版社1993年版。

若农、若工、若兵备，莫不有学。而于士，犹详用能，实事求是，以称雄于五大洲"。对此，还包括《汉书》中的"实事求是"，青年毛泽东都完全可能有所接触，并受过一定影响。我们既不必过于纠结青年毛泽东第一次是在何处接触过"实事求是"，也不必过分强调岳麓书院"实事求是"校训匾额的影响，更要从毛泽东"实事求是"观形塑的湖湘文化脉络和中华文化大背景之中，予以系统溯源、整体考察。如是，则无处能出岳麓书院之右。

二、岳麓书院办学理念的感悟

作为古代书院教育典范和湖南书院中心的岳麓书院，从创立之初便确立了不同于当时官学的办学取向。这在岳麓书院掌教张栻所撰的《潭州重修岳麓书院记》中得到集中体现："侯之为是举也，岂将使子群居佚谈，但为决科利禄计乎？抑岂使子习为言语文辞之工而已乎？盖欲成就人才，以传斯道而济斯民也。"岳麓书院旗帜鲜明地反对以应对科举考试为目的的办学宗旨，并开宗明义地提出"传道济民"的办学主张，重视培养学生治国安邦的才能，传授有关国计民生的知识，并逐步形成了一种经世致用的价值取向。

毛泽东虽未正式在岳麓书院就读，但他所就读的湖南第一师范，其前身即是岳麓书院掌教张栻创办的城南书院，无论从办学传统、书院规制等方面与岳麓书院都有着诸多关联。1913年，曾授业于岳麓书院的杨昌济出任湖南高等师范（1912年由岳麓书院改制而成）伦理学教师，后又兼任湖南第一师范（1912年由城南书院改制而成）伦理学教员，对书院教育倍加推崇，杨昌济认为："即岳麓书院明贤讲学之时，所集者为高才，所讲者为正学，亦于今日欧洲大学之文科不甚相远。"[1]毛泽东比较欣赏岳麓书院经世致用的治学精神和开放包容的办学方式。1915 年 5 月，毛泽东看到湖南高等师范（岳麓书院改制）的招生启事后，在《致湘生信》中畅言："适得高等师范信，下期设招文史两科，皆为矫近时学绝道丧之弊。其制大要与书院相似，重自习，不数上讲堂，真研古好处也。……吾意与足下宗旨相合，可来考乎？寄上通告一纸，伏乞详詧（察）。"[2]不仅自己对岳麓书院"传道济民"的办学传统与"注重自修"的教育形式大为赞赏，并且号召诸多好友一同报考该校。因为各种原因，此后毛泽东虽未就读该校，但邓中夏和在湖南第一师范就读的蔡和森，则受毛泽东呼吁，于当年秋天考入该校文史专科修乙班学习。1917 年 8 月，毛泽东在给黎锦熙的信中说道："弟久思组织私塾，采古讲学与今学校二者之长……过此即须出洋求学，乃求西学大要，归仍返于私塾生活，以几其深。"[3]由此可见，毛泽东对书院教育传统的认同，并想组织类似书院形式的教学机构。

及至 1921 年 8 月，毛泽东仿照岳麓书院的教学样式，创办了传播马克思主义的湖南自修大学。在那个"争毁书院、争誉学校"的时代，毛泽东却异乎寻常地提出要借鉴以岳麓书院为代表的书院办学形式，足以看出书院办学传统对他影响之大、体悟之深。不仅如此，毛

---

[1] 杨昌济：《杨昌济集》，湖南教育出版社 2008 年版，第 354 页。

[2] 中共中央文献研究室、中共湖南省委《毛泽东早期文稿》编辑组编：《毛泽东早期文稿》，湖南人民出版社 1990 年版，第 9 页。

[3] 中共中央文献研究室、中共湖南省委《毛泽东早期文稿》编辑组编：《毛泽东早期文稿》，湖南人民出版社 1990 年版，第 89 页。

泽东还在《湖南自修大学创立宣言》中详细列举了书院师生感情甚
笃、自由研究、课程简而研讨周等长处，并将自修大学定位为"取古
代书院的形式，纳入现代学校的内容，而为适合人性便利研究的一
种特别组织"。毛泽东之所以高度评价书院教育形式，既是对以岳麓
书院为代表的古代书院的办学传统的高度认同，更是对书院在学术思
想、文化传承等方面取得成就的充分肯定。

　　毛泽东在《湖南自修大学组织大纲》中规定办学宗旨，"以期发
明真理，造就人才，使文化普及于平民，术学周流于社会"[1]。并在
"入学须知"中明确要求学生"研究致用的学术"，这与岳麓书院"盖
欲成就人才，以传道而济斯民也"的办学宗旨高度契合。具体来说，
虽然在衡量人才的具体标准上，毛泽东创办的自修大学与岳麓书院存
在一定差异，但二者都将人才培养与传道济民紧密结合，在经世致用
的办学精神上保持高度一致。办学的目的在于改造现实社会而不是培
养书呆子或官迷，管理方式强调自学反对灌输施教，办学特色注重社
会实践、强调劳动教育而"破除文弱之习惯"，引导学生积极参加社
会活动，强调学以致用，从而实现对社会的改造。

三、岳麓书院治学精神的感染

　　关于岳麓书院千年经世致用传统、实事求是精神，前文多有阐
述，以下仅从具体若干治学规则、学习内容，以及学贵力行要求等维

---

[1] 中共中央文献研究室编：《毛泽东年谱（1893—1949）》（修订本）上册，中央文献
　　出版社 2013 年版，第 84 页。

度展开。

治学规则方面：比如清代岳麓书院山长王文清制订的《岳麓书院学规》《读经六法》（具体条规详见前述），以及《读史六法》等，从强调读书做笔记、注重研究现实问题、坚持举一反三等方面均对学生作了具体要求，而这些要求与青年毛泽东当时的学风表现出惊人的一致。

毛泽东读书喜欢做笔记，每读一本书、一篇文章都会在重要的地方作各种标记，画上竖线、横线、曲线、斜线、三角、方框、问号或圈、点、勾、叉等各种符号，并在书眉和空白的地方写上批语。毛泽东曾在《伦理学原理》这本约10万字的课本上用小楷写下了12100字的批注。不仅如此，毛泽东有时还把文中的精彩章节和语句摘录下来，总结心得体会。比如，在《讲堂录》中，毛泽东详细记录了1913年10月至12月"修身"和"国文"两科的笔记，笔记共47页，达1万余字。

毛泽东好读史书，并强调去伪存真、鉴照古今。在《讲堂录》中，毛泽东经常就文字训诂、警句摘录、古人的籍贯年代，抑或启示观点发表评论。这与岳麓书院《读史六法》记事实、玩书法、原治乱、考时势、论心术、取议论的提法，以及强调弄清历史背景、体察历史记载、总结历史经验教训、考察具体历史情境、探讨历史主体动机、形成历史判断等观点也不谋而合。

再比如，源自岳麓书院的湖南大学另一校训"整齐严肃"，与1947年毛泽东为延安抗日军政大学所题的校训"团结、紧张、严肃、活泼"，也有似曾相识、异曲同工之妙。

学习内容方面：不仅仅是儒学，比如岳麓书院掌教张栻就以"晓畅军务"著称，他要求岳麓书院学生学习各种军事知识，曾刻写《孙子兵法》，亲为作跋，号召学生学习兵法，岳麓诸儒中赵方、吴猎等不少都是能带兵打仗的军事家。正如全祖望所言："南轩弟子多留心经济之学，其最显者，为吴畏斋（猎）、游默斋（九言），而克斋（陈琦）亦其流亚云。"围绕治国安邦、国计民生所必须的知识都是岳麓书院的课程内容，要求学生既要"通晓时务物理"，又要致力"礼乐兵农"等致用之学。这一点在毛泽东仿照岳麓书院所创办的湖南自修大学课程设置中也有诸多体现。湖南自修大学《组织大纲》规定，文科设有：中国文学、西洋文学、英文、论理学、心理学、伦理学、教育学、社会学、历史学、地理学、新闻学、哲学；法科设有：法律学、政治学、经济学。而且还非常注意劳动教育，强调脑力劳动与体力劳动相结合。"本大学为达劳动之目的，应有相当之设备，如艺园、印刷、铁工等。"

学贵力行方面：张栻明确提出"学贵力行。……学者若能务实，便有所得"，强调"于践覆中求之"。王夫之继承并发展了这一实践传统，认为"由行而行则知之"。并在岳麓书院就读期间，先后创办"行社""匡社"。而从毛泽东为改造国家与世界成立的"新民学会"，成立以研究俄罗斯一切事情为宗旨的"俄罗斯研究会"等方面，也都能看出他学贵力行的品格。同时，毛泽东在锻炼身体、砥砺意志等方面也深受杨昌济"知行统一"的影响，极力效仿杨昌济热衷锻炼身体的生活习惯，经常到岳麓山沐大风浴、雷雨浴。张昆弟在1917年的日记中曾多次有如是记载："今日早起，同蔡、毛二君由蔡君居侧上岳麓，沿山脊而行，至书院后下山，凉风大发，空气清爽。空气浴，大风浴，胸襟洞澈，旷然有远俗之概。"[1]

---

[1] 金冲及：《毛泽东传（1893—1949）》，中央文献出版社2004年版，第36页。

　　值得一提的是，岳麓书院不仅是毛泽东在长沙求学期间经常出入之地，30 年后即 1955 年，毛泽东回到湖南，在爬过岳麓山之后，没有去爱晚亭，直奔岳麓书院，登临赫曦台，邀请杨树达教授等一起，在他当年寓居的岳麓书院半学斋畅谈新中国语言文字改革，并在返京之后不久写下了"莫叹韶华容易逝，卅年仍到赫曦台"的壮美诗篇，以诗人独特的视角回忆了在岳麓书院的青葱岁月。而在此前，毛泽东任命李达为新中国成立后的湖南大学第一任校长、也是中央人民政府任命的第一位大学校长，并亲笔为湖南大学题写校名。这足见毛泽东对岳麓书院和湖南大学的深切牵挂。

　　有意思的是，虽然毛泽东并没有在岳麓书院正式就读，但他却就读过湖南公立商业专门学校，这所学校也是毛泽东恩师杨昌济兼职教书的学校中的一所。该校后来并入了由岳麓书院发展而来的湖南大学。在《西行漫记》中，毛泽东曾向斯诺口述了就读该校的经历："有一天我读到一则把一所公立高级商业学校说得天花乱坠的广告。……我进了这个学校，但是只住了一个月。我发现，在这所新学校上学的困难是大多数课程都用英语讲授。我和其他学生一样，不懂得什么英语；说实在的，除了字母就不知道什么了。另外一个困难是学校没有英语教师。这种情况使我感到很讨厌，所以到月底就退学了。"[1]虽然毛泽东在湖南公立商业专门学校只读了一个月，但从历史沿革而言，毛泽东应该也算是湖南大学的学生。

　　当年湖南省政府主席何键在抓捕杨开慧、毛岸英和保姆陈玉英之

---

[1]　［美］埃德加·斯诺：《西行漫记》，董乐山译，东方出版社 2005 年版，第 133—134 页。

后，继续抓捕杨开慧的弟弟杨开智，并扬言要"诛毛泽东九族"。曹典球曾出面营救，安排杨开智在湖南大学图书馆工作，极力掩护毛岸英、毛岸青、毛岸龙三兄弟，并出资租船由陈玉英将毛岸英三兄弟护送到武汉，辗转到达上海，使他们免于受害。1950年，杨开智携毛岸英从京返湘，特意拜访曹典球，深致谢意。1959年6月，毛泽东回到长沙，特别接见曹典球，设宴款待，杨开智夫妇等作陪，并合影留念。

这也表明，毛泽东与岳麓书院和湖南大学的情缘匪浅。

第四节　同学青年的朋辈影响

据不完全统计，青年毛泽东在长沙各校包括岳麓书院及其改制、合并、组建的各校求学时，与其一起激扬文字、指点江山、从事革命活动的师生达数十人之众。其中，蔡和森、邓中夏、谢觉哉、易礼容、彭璜、罗章龙等一批青年同窗朋辈，在社会调查与政治运动之中，与毛泽东携手同行、思想碰撞，也是探讨毛泽东实事求是思想形成的重要维度。

一、踏着人生社会的实际说话

毛泽东在《讲堂录》中写道："古者为学，重在行事。"要读"有字书"，也要读"无字书"。这深刻地明确了读书做学关键在于实践，为学行事就要求既要学习书本知识，也要从实际社会中去学习本领。而读"无字书"的途径主要就是游学和社会调查。

岳麓书院历来有游学传统，倡导学生游历名山大川，体察民情物力，增强社会认知。王夫之"自少喜从人间问四方事，至于江山险要，士马食货，典制沿革，皆极意研究"。左宗棠同样认为："吾儒读书，天地民物，莫非己任。宇宙古今事理，均须融澈于心，然后施为有本。"对于岳麓书院先贤通过游学来了解社会实情、践行人生理想的行动准则，毛泽东大为赞赏，他在《讲堂录》中写道："事关民生国民者，必穷源溯本，讨论其所以然，足迹半天下，所至交其贤豪长者，考其山川风俗，疾苦利病，如指诸掌。"[1]

毛泽东对游学的推崇不止停留在文字上，更在于付诸实践。罗章龙曾回忆：在出发前，毛泽东和大家曾讨论几次游学的目的，是求书本以外的知识，到社会大学读书。其次是社会调查，了解农村各种情况。还可以访朋友，发现有志青年。[2]1917年暑假，毛泽东曾与萧子升等徒步游历了长沙、宁乡、安化、益阳、沅江等5个县，历时一个多月，走了900多里路，他们结交农民、船工、县长、老翰林、劝学所所长、寺庙方丈各色人等，写了许多笔记。还如《毛泽东传（1893—1949）》中所述："第二年（1918年）春天，他和蔡和森沿洞庭湖南岸和东岸，经湘阴、岳阳、平江、浏阳几县，游历了半个多

---

[1] 中共中央文献研究室、中共湖南省委《毛泽东早期文稿》编辑组编：《毛泽东早期文稿》，湖南人民出版社1990年版，第599页。

[2] 中国革命博物馆、湖南省博物馆编：《新民学会资料》，人民出版社1980年版，第506页。

月。他日后养成的调查研究作风，从这里已可看出些端倪。"[1]毛泽东的游学并不止这一次。他还与罗章龙等人游历了楚国屈原的故居（玉笥山）、汉朝贾谊祠、魏国都城许昌、岳麓山上的崇德寺（唐朝诗人杜甫曾在此居住）、王夫之家乡衡山县等地，从事广泛的社会实践，并向当地农民请教，全面了解自然、历史、民情及风物。正是在与同学的游学过程中，形成了注重社会调研、密切联系实际的行为习惯。1936 年，毛泽东在同斯诺谈话时，仍对与同学们一起"游学"的经历记忆深刻："我在北海湾的冰上散步。我沿着洞庭湖环行。绕保定府城墙走了一圈。……这些事情，我在那时看来，是可以同步行游历湖南相媲美的。"[2]

毛泽东在与同学游学过程中，更深刻地认识到社会调查的重要性。他在《湘江评论》中提出要"踏着人生社会的实际说话""傍着活的事件来讨论"。1920 年，毛泽东在考虑中国未来的革命道路和个人未来的生活道路时，就是否出国留学的问题上做出了自己的抉择。一方面积极组织留学运动，另一方面则信守"觉得求学实在没有'必要在什么地方'的理"，自己却选择留在国内研究。他认为："吾人如果要在现今的世界稍为尽一点力，当然脱不开'中国'这个底盘。关于这底盘内的情形，似不可不加以实地的调查及研究。"[3]正因为毛泽东饱读"无字之书"，使得他对国情民意与社会现实有着透彻的了解

---

[1] 金冲及：《毛泽东传（1893—1949）》，中央文献出版社 2004 年版，第 24 页。

[2] ［美］埃德加·斯诺：《西行漫记》，董乐山译，东方出版社 2005 年版，第 144—145 页。

[3] 中国革命博物馆、湖南省博物馆编：《新民学会资料》，人民出版社 1980 年版，第 63 页。

和体悟，并发现了工人运动的力量与农民群体的巨大能量，倡导通过解决吃饭问题联合民众开展革命。"世界什么问题最大？吃饭问题最大。什么力量最强？民众联合的力量最强。什么不要怕？天不要怕，鬼不要怕，死人不要怕，官僚不要怕，军阀不要怕，资本家不要怕。"[1]因而，毛泽东与同学们开办工人夜校，组织工人运动，创办农民运动讲习所，用工农联合的方法与强权作斗争，以此实现"改造国家与世界"的目的。

毛泽东与同学们的早年游学经历与社会实践，不仅使其养成了注重调查研究的习惯，深化了对尊重中国国情的自觉认知，更为后续将马克思主义的"有字之书"和中国国情的"无字之书"相结合、推进马克思主义中国化提供了思想基础。1925 年秋，毛泽东在韶山居住203 天，深入开展农民运动与社会调研，写出《中国社会各阶级的分析》。1927 年 3 月，毛泽东为了回答当时党内外对于农民革命斗争的责难，为此专程到湖南做了 32 天的考察，最终写出了《湖南农民运动考察报告》。

二、形成调查和研究问题的风格

五四运动前后，青年毛泽东与同学们在寻找社会改造道路时，对世界是什么样、青年人应该做什么、研究什么等问题，展现了强烈的、充满忧患的"问题意识"。这种问题意识首先集中体现在 1919

---

[1] 中共中央文献研究室、中共湖南省委《毛泽东早期文稿》编辑组编:《毛泽东早期文稿》，湖南人民出版社 1990 年版，第 292 页。

年 9 月毛泽东撰写的《问题研究会章程》，章程中明确提出当时中国需要研究的大大小小 71 项、144 个问题，涵盖了政治、经济、文化、社会、国防、外交以及科学技术等诸多方面。毛泽东把这个《章程》寄给各地朋友，其中就包括湖南第一师范的同学、曾考取湖南高等师范（由岳麓书院改制而来）、再考取北京大学的邓中夏。邓中夏把这个《章程》放在《北京大学日刊》上公开发表，同时还写了一段说明："我的朋友毛君泽东，从长沙寄来问题研究会章程十余张，在北京的朋友看了，都说很好，有研究的必要。各向我要了一份去。现在我只剩下一份，要的人还不少，我就借本校日刊登出，以答关心现代问题解决的诸君的雅意。"

毛泽东在《问题研究会章程》的开头便申明成立"问题研究会"的目的，就是想弄清楚当时社会和人生面临的"所必需"或"未得适当解决"因而影响进步的各种"事"和"理"。虽然"问题研究会"最终没有成立起来，但对其中很多问题，青年毛泽东与同学们都进行了比较深入的实践探索。比如在章程中提到的民众联合如何进行、模范村建设、社会教育等问题。《毛泽东传（1893—1949）》云："1918年 6 月毛泽东从一师毕业后，就曾偕同蔡和森、张昆弟等人，寓居岳麓书院半学斋湖南大学筹备处，踏遍岳麓山的各个乡村，想建立一个半工半读、平等友爱的新村。他们在这里自学，相互讨论改造社会的问题，自己挑水拾柴，用蚕豆拌和大米煮着吃。"毛泽东与同学们的这一实验，虽然因组织赴法勤工俭学的事情而中断，但在 1919 年 12 月，毛泽东仍草拟了一个详细的"新村"建设计划，推行"新家庭、新学校、新社会"连成一体的理想："岳麓山一带，是实施新村建设的最适宜之处。"[1]甚至到岳麓山一带做过选址的准备。

毛泽东与同学们不仅关注提出问题与研究问题，更重视解决实际问题，这一点在毛泽东和同学们在青年时代以巨大的热情组织或参与的十几个学会社团中屡见不鲜。比如，湖南第一师范学友会（原名技能会）、新民学会、湖南留法勤工俭学会、北京大学新闻研究会、少年中国学会、湖南学生联合会、上海工读互助团、旅京湖南学会、湖南改造促成会、湘潭教育促成会、平民通讯社、文化书社、俄罗斯研究会、湖南自修大学等等。其中，以新民学会、文化书社、俄罗斯研究会影响最大、表现最为突出。1918 年 4 月，毛泽东、蔡和森等一批志同道合之士为达到"改造中国与世界"的目的，在岳麓山下饮马塘蔡和森居住的"沩痴寄庐"成立新民学会。学会最早的成员，"大都系杨怀中先生的学生，与闻杨怀中先生的绪论，作成一种奋斗的和向上的人生观，新民学会乃从此产生！"。[2]之后，曾毕业于湖南商业专门学校（湖南大学前身）的彭璜、易礼容、谢觉哉等学生，逐渐被吸收入会，并成长为新民学会骨干。他们注重道德践行的同时，强调社会实践，明确"以革新学术、砥砺品行、改良人心风俗为宗旨"，领导或参与声援五四爱国运动、成立湖南省学生联合会、组织赴法勤工俭学、驱逐军阀张敬尧出湘等重大活动，成为当时全国最为活跃的政治团体，并为湖南和长沙的建党工作作出了重大贡献。

1920 年 8 月，为传播新思想和推销马克思主义书刊，毛泽东和彭璜、易礼容等创办文化书社。湖南商专学生李庠、刘大身等也参加

---

[1] 金冲及：《毛泽东传（1893—1949）》，中央文献出版社 2004 年版，第 56 页。

[2] 中共中央文献研究室、中央档案馆《党的文献》编辑部编：《毛泽东重要著作和思想形成始末》，人民出版社 1993 年版，第 16 页。

了书社的筹备和经营工作。由易礼容任经理，毛泽东任特别交涉员，李庠任会计。毛泽东在其起草的《文化书社缘起》中强调："我们认定，没有新文化由于没有新思想，没有新思想由于没有新研究，没有新研究由于没有新材料。湖南人现在脑子的饥荒实在过于肚子饥荒。青年人尤其嗷嗷待哺。"[1]文化书社为知识青年、工人和各界进步人士提供马克思主义的精神武器。

与文化书社同时诞生的另一重要社团，是俄罗斯研究会。毛泽东、彭璜早有组织留俄勤工俭学的夙愿。1920 年 2 月，毛泽东在给陶毅的信中写道："彭璜君和我，都不想往法，安顿往俄……湘事平了回长沙，想和同志成一自由研究社，预计一年或二年，必将古今中外学术大纲弄个清楚，好作出洋考察的工具。然后组一留俄队，赴俄勤工俭学。"[2]为更好地研究俄国十月革命成功的原因以及苏维埃俄国之精神学说，1920 年 8 月，毛泽东和彭璜倡议组织留俄勤工俭学团，成立湖南俄罗斯研究会。明确规定"本会以研究俄罗斯一切情况为宗旨"，以发行俄罗斯丛刊、派人赴俄从事实际调查、提倡留俄勤工俭学为主要会务。由毛泽东任书记干事，彭璜任会计干事和驻会干事，负责日常事务。湖南俄罗斯研究会每周组织几次报告会、讨论会。毛泽东拟了一系列题目，彭璜和毛泽东等人围绕题目进行讲演，吸引了一批先进知识分子。据天马山赵洲港进步学生、曾任中国人民解放军海军第一任司令员的萧劲光回忆："我们在俄罗斯研究会听课，初步

---

[1] 中国革命博物馆、湖南省博物馆编：《新民学会资料》，人民出版社 1980 年版，第 250—251 页。

[2] 中国革命博物馆、湖南省博物馆编：《新民学会资料》，人民出版社 1980 年版，第 61 页。

知道了俄国革命是建立在工农当家作主、没有压迫剥削的社会，要想实现这个平等的社会，就要像俄国那样进行革命。"[1]青年毛泽东与同学朋辈正是在寻找社会改造道路过程中不断发现并尝试解决问题，增强了改造世界的主观意识与能力，也成就了那个时代知识分子践行经世致用精神的独特方式。

三、引入实际去研究实事和真理

毛泽东与同学们不仅十分注重社会调查，开展各种问题研究与社会实践，更注重倡导"引入实际去研究实事和真理"，积极参加各种政治活动，大声疾呼与热情颂扬"实际的运动"，在研究和解决问题的过程中逐步校准了对马克思主义的真理追求。

在这些"实际的运动"中，尤以五四运动影响最为深远。1919年5月4日，北京大学等13所学校学生3000余人在天安门广场游行示威，要求收回青岛，取消二十一条，全国响应。在毛泽东的率领下，湖南商专（湖南大学另一前身）学生彭璜、易礼容，法专学生夏正猷、黎宗烈，工专学生柳敏等各校代表20余人在楚怡小学集会，决定声援五四运动，会议决定成立湖南学生联合会。彭璜继任湖南学生联合会会长，易礼容为参议部长，提出以"爱护国家、服务社会、研究学术、促进文明"为宗旨，以湖南商专（落星田）为会址，发起学生罢课、游行、讲演并抵制日货，还向政府提出拒绝巴黎和约、废

---

[1] 张神根主编：《开天辟地——中国共产党诞生纪实》，人民出版社 2021 年版，第127 页。

除中日一切不平等条约的要求，湖南学生爱国运动由此全面、持久地开展起来。

为"唤醒国人，一致对外"，当时湖南省学联决定发行会刊《湘江评论》，由会长彭璜出面商请毛泽东同志任主编和主要撰稿人。同年7月14日，以宣传最新思潮为宗旨的《湘江评论》在商专创刊。毛泽东住在商专教员宿舍开展工作，发行部也设在商专，由商专学生李凤池负责。从创刊号到第4期，毛泽东撰写了《〈湘江评论〉创刊宣言》《民众的大联合》《健学会之成立及进行》等重要文章41篇。据易礼容回忆："记得一天早上我去他的住室看望他，朝阳正照在他的夏布蚊帐上，他还未睡醒（当然是夜间工作误了睡眠），我揭开他的帐子看，不料惊动了几十只臭虫，它们在他用作枕头的暗黄色线装书上乱窜，每一只都显得肚皮饱满。……臭虫饱尝了主编《湘江评论》的人的血！"[1]《湘江评论》出版后引起强烈反响，也引起了湖南方面军阀的忌惮。8月在出版第5期时被湖南督军兼省长张敬尧派军警查封，并悍然解散湖南学生联合会。毛泽东同志带领学联骨干把学联的文件、印章和未卖完的各期《湘江评论》，一篮一篓地转移到河西的湖南大学筹备处（岳麓书院），继续进行革命活动。

伴随着政治活动的不断深入，青年毛泽东对于以何种主义改造中国和世界的认识不断加深。1918年3月，皖系军阀张敬尧率北洋军进入湖南就任督军。张敬尧主政湘期间，始终敌视湖南人民的爱国运动。"张毒不除，湖南无望"成为当时湖南人民的共同呼声。当张

---

[1] 中国革命博物馆、湖南省博物馆编：《新民学会资料》，人民出版社1980年版，第535页。

敬尧封禁《湘江评论》并强迫解散湖南学联后，毛泽东就开始考虑进行一场驱张运动。毛泽东组织彭璜、易礼容等原学联干部在湖南商业专门学校酝酿驱张运动，指出当时北洋军阀内讧是驱张大好时机，之后并组织各界"驱张代表团"分赴各地活动。湖南商业专门学校、公立工业专门学校、法政专门学校学生成为领导驱张运动的中坚力量。1920年2月，彭璜参与创办《天问》周刊，并担任主编，公开揭露张敬尧的反动罪行。商专学生易礼容获取了张敬尧下属运送鸦片种子入湘种植的证据，并赴北京国务院请愿，由毛泽东起草《湘人对张敬尧私运烟种之公愤》向社会公布。驱张运动取得了显著效果，最终张氏逃离湖南。

　　这是毛泽东独当一面发动的第一次有广泛社会影响的政治运动。之后，毛泽东曾对自己倾尽全力投入的驱张运动进行过反思："驱张运动只是简单的反抗张敬尧这个太令人过意不下去的强权者"，但驱张"也是达到根本改造的一种手段"[1]。不难看出，毛泽东此时对社会改良的手段仍旧抱有某些期望。因而，他在给胡适的信中兴奋地说："湘自张去，气象一新，教育界颇有蓬勃之象。"并且大力推进湖南自治运动，希望率先建立"湖南共和国"，实现一种"全自治"。当这种大胆且充满空想的方案失败之后，毛泽东对"呼声革命"与社会改良主义产生了怀疑，并从这个失败中得出结论："政治改良一途，可谓绝无希望。吾人惟有不理一切，另辟道路，另造环境一法。"之后，毛泽东义无反顾地走上了革命的道路。正如同他在《通信集》中所进

---

[1] 中共中央文献研究室、中共湖南省委《毛泽东早期文稿》编辑组编：《毛泽东早期文稿》，湖南人民出版社1990年版，第571—572页。

行的反思："这两种运动都只是应付目前环境地一种权宜之计，决不是我们的根本主张，我们的主张远在这些运动之外。"

这些运动之外的"主张"就是"从事于根本改造之计划和组织，确立一个改造的基础，如蔡和森所主张的共产党"[1]。1920 年 7 月，蔡和森召集留法勤工俭学的新民学会会员在法国蒙达尼开会，讨论改造中国与世界问题。蔡和森明确提出以马克思主义学说来改造中国与世界。萧子升不愿放弃"以教育为工具"的观点。两人都把自己的观点，以书信的形式寄送毛泽东征求意见。蔡和森还告诉毛泽东、彭璜等人，"拟在此方旗鼓鲜明成立一个共产党。"希望毛泽东"准备做俄国的十月革命"。[2]毛泽东两次给蔡和森复信，说蔡和森"见地极当，我没有一个字不赞成"，又进而指出"唯物史观是吾党哲学的根据"，强调马克思主义的唯物史观是党的指导思想。1921 年 1 月，彭璜在新民学会会员的文化书社新年集会上指出，改造中国应当"采革命的手段。吾人有讲主义之必要，讲主义不是说空话。……中国国情，如社会组织、工业状况、人民性质，皆与俄国相似，故俄之过激主义可以行于中国。亦不必抄袭过激主义，惟须有同类的精神，即使用革命的社会主义也。"[3]毛泽东、蔡和森、彭璜始终保持一致，赞成布尔什维克主义，对建党事宜甚至无产阶级专政达成共识。

---

[1] 中共中央文献研究室、中共湖南省委《毛泽东早期文稿》编辑组编：《毛泽东早期文稿》，湖南人民出版社 1990 年版，第 572 页。

[2] 中国革命博物馆、湖南省博物馆编：《新民学会资料》，人民出版社 1980 年版，第 130—131 页。

[3] 中国革命博物馆、湖南省博物馆编：《新民学会资料》，人民出版社 1980 年版，第 24—25 页。

第六章

湖湘文化涵育实事求是思想
路线的价值意蕴

深刻把握湖湘文化对党的实事求是思想路线的涵育价值，对于深入贯彻习近平文化思想，开辟马克思主义中国化时代化新境界，坚持和发展实事求是思想路线，建设中华民族现代文明，以中国式现代化全面推进中华民族伟大复兴的意义重大而深远。

第一节　实事求是思想路线的策源

2020 年 9 月 17 日，习近平总书记在岳麓书院考察调研时强调："毛主席当年就是在这里熏陶出来的，实事求是就来源于这里。"这回答了党的实事求是思想路线源何而来、根在何处，指明了党的实事求是思想路线的中华优秀传统文化涵养进路。

一、文化血脉的源远流长

党的实事求是思想路线源自中华文化根脉，深植中华优秀传统文化沃土。

其一，党的实事求是思想路线的根基在中华传统文化。自党的七大将"实事求是"确立为党的思想路线以来，"实事求是"堪称中国共产党全部理论和实践的生命线。然而，作为马克思主义中国化的伟大成果，马克思、恩格斯并没有直接使用过"实事求是"这个词语，"实事求是"到底从何而来？根在何处？习近平总书记曾在2012年指出："马克思、恩格斯没有直接用过'实事求是'这个词汇，但他们创立的辩证唯物主义和历史唯物主义，突出强调的就是实事求是。实事求是，是毛泽东同志用中国成语对辩证唯物主义和历史唯物主义世界观和方法论所作的高度概括。"[1]

承前所述，"实事求是"的思想内核在中国先秦时期已经萌芽，作为一个成语，最早出现在中国的《汉书·景十三王传》，是《汉书》对汉景帝刘启的二儿子刘德的一种友好称赞。刘德喜欢钻研学问，尤其酷爱收藏古书，在当时的学术圈颇负盛名，以致《汉书》评价他"修学好古，实事求是"。刘德的"实事求是"是一种面向文献"考证、辨伪、求真的治学态度与方法"[2]。西汉中期以后，随着古文经学的逐渐兴起，这种治学态度与方法逐步形成"实事求是"的考据

---

[1] 习近平：《坚持实事求是的思想路线》，《学习时报》2012年5月16日。

[2] 李佑新、陈龙：《毛泽东"实事求是"思想的湘学渊源》，《哲学研究》2010年第1期。

学风，并随着经学发展不断得到传承。

东汉时期，以郑玄为代表的古文经学家开始博采众经，并创立"实证之学"。"自郑元（玄）淹贯六艺，参互钩稽，旁及纬书，亦多采摭，言考证之学者自是始。"[1]魏晋南北朝和隋唐时期，虽玄学、佛教与道教盛行，但"实事求是"的考据学风随着经学的发展依然得到延续。唐朝颜师古指出"务得事实，每求真是也"，堪称"实事求是"考据学风延续的最佳注脚。宋明时期，随着"以理解经"的理学勃兴，"实事求是"的考据学风逐渐走向式微，直至明末清初，汉学兴起，"实事求是"的考据学风开始复萌，并于乾嘉时期达至最盛。晚清时期，有识之士面对国力衰微、民族危亡，开始放弃考证训诂，对汉学家们"争治诂训音声"展开激烈批评，标举"经世致用"之学，试图以此强国富民、抵御外侮。自此，这种面向文献的"实事求是"的考据学风，开始全面转向面向社会现实的"实事求是"。

其二，党的实事求是思想路线的血脉在中华优秀传统文化。中国古代"实事求是"的本义是，做学问要对材料进行校勘和辨伪，以求得真实、客观的结论。毛泽东在《改造我们的学习》中对马克思主义化了的"实事求是"的解释是："实事"就是客观存在着的一切事物，"是"就是客观事物的内部联系，即规律性，"求"就是我们去研究。其与古代"实事求是"的不同之处主要有三个方面：其一，追求的目标不同。前者是为了做学问、考据，系一种治学态度或者学风，目标是治学，后者不仅是中国共产党的学风，更是中国共产党的思想路线，目标是兴党强党、兴国强国。其二，面向的事

---

[1]〔清〕永瑢等撰：《四库全书总目》，中华书局 1965 年版，第 278 页。

实不同。前者面向的事实是文献读本、从古籍到古籍，后者则面向社会现实、一切从社会实际出发。其三，探究的结论不同。前者考据的结论多为文字考据是与非的结果，一般不存在规律性和借鉴价值，后者则往往为规律性结论，对类似事物存在很强的举一反三的参照指导意义。

当然，古今"实事求是"也存在相似之处，主要表征为：注重从实际出发，以事实为根据，探求真实的结论。尽管中国古代"实事求是"面向的事实只是文献古籍、没有面向社会现实，解决的只是考据学术问题、不是社会问题，获悉的结论多半难以借鉴推广，但无论从主观认识还是客观方法，的确也是建立在事实基础上的、实实在在的探究，是一种优秀学风。这些相似的地方与马克思主义基本原理在辩证唯物主义和历史唯物主义等方面，存在高度契合性，既是中国古代"实事求是"的优秀之处、血脉所在，也是其能够被以毛泽东同志为主要代表的中国共产党人成功进行马克思主义改造的价值和前提。中国古代"实事求是"无疑是中华优秀传统文化的精华，党的思想路线的"实事求是"则是对中国古代"实事求是"的忠实继承、坚定弘扬和伟大超越。

二、文化源地的鲜明具体

党的实事求是思想路线的中华文化源地并非抽象的、空泛的、虚化的，而是具体的、看得见的、摸得着的客观存在。

其一，党的实事求是思想路线的源泉在湖湘文化。作为中华文化的重要组成，湖湘文化不仅是一种历史悠久的地域文化，更是中华文化道统的一种重要传承。最早可追溯至炎帝农耕文化、舜帝孝道文化和荆楚文化。湖南位于洞庭湖之南，湖湘文化的"湖"指洞庭湖；湖湘文化的"湘"指湘江，湘江纵贯湖南全境。人们通常用"湘"作为湖南的简称，用"湖湘"指代湖南，用"湖湘文化"统称湖湘之地的文化。湖湘文化极具地方特色，内涵十分丰富，包括实事求是、经世致用、心忧天下、敢为人先、兼容并蓄等主要内容。其中，经世致用、实事求是是湖湘文化的显著特征。"湖湘之地，最典型的就是经世致用这样一种精神。"[1]

经世致用是儒学的重要精神特质。虽然"经世"学风和"致用"主张在中国古代盛行已久，但把"经世"和"致用"作为一个成语连在一起使用，据现有资料显示，最早出现在明代叶向高的《苍霞余草》。叶向高在其《苍霞余草》卷五《纲鉴臆编序》中云："经世致用之准绳也"。"经世致用"学风后由明清之际的思想家王夫之、黄宗羲、顾炎武等大力倡导，认为学习、征引古人的文章和行事，应以治事、救世为急务，反对不切实际的空虚之学。王夫之系岳麓书院学生，是岳麓书院经世致用学风的坚定继承者和大力弘扬者，本书多有阐述。

抛开考据学的"实事求是"暂且不论，仅从面向社会现实的"实事求是"而言，虽然"经世致用"与"实事求是"在字面表达上不同，在内涵上也略有侧重和差异，包括认识论、方法论层面的交织。比如，从内涵外延看，"经世致用"强调经现实之世务，"实事求是"强调一切从实际出发；从哲学层面看，"经世致用"多为方法论，"实

---

[1] 钟君：《从三块匾额看湘学精神的传承》，《新湘评论》2021 年第 6 期。

事求是"既为认识论，也有方法论。但是，二者在求实、求理的本质、方法、目标上是一致的，可谓异曲同工。"重视经世致用的湘学士风，表现在思想方法上，就是实事求是。"[1]

同时，一个不争的事实是，经世致用精神，或者说经世致用士风民风，之所以能够在湖南蔚然成风、影响全国，源于湖湘经世致用士风学风的引领影响。而这种经世致用士风学风的倡导者首当湖湘学派。承前所述，湖湘学派创始人胡安国十分重视经世致用，并通过注释《春秋》宣传康济时艰、抗金复国的主张。湖湘学派的另一创始人胡安国的儿子胡宏也主张经世致用，志在振兴"经济之学"。胡宏弟子、湖湘学派代表人张栻及其弟子也都以抗金救国、经邦济世，深深影响三湘四水。作为一个学术团体，虽然湖湘学派在历史上存续时间不是很长，但湖湘学派这种经世致用的传统在明清以后被湖湘学人广泛继承，并在湖湘大地被大力弘扬。比如，以抗清复明为头等大事的王夫之，系其中承上启下的关键人物，在抗清复明失败之后仍然以研究学术来表达经世致用之志、传承经世致用之学，深刻影响后人。尤其是晚清以来，提倡改革弊政、"师夷长技以制夷"的陶澍、魏源、贺长龄、贺熙龄等；指挥湘军、兴办洋务的曾国藩、左宗棠、胡林翼等；变法维新的谭嗣同、唐才常、沈荩、熊希龄等；资产阶级革命家黄兴、蔡锷、陈天华、宋教仁、禹之谟等；无产阶级革命家毛泽东、蔡和森、张昆弟等，积极参加政治、经济、军事等社会活动，把经世致用传统和实事求是精神弘扬得淋漓尽致。

---

[1] 金冲及：《毛泽东传（1893—1949）》，中央文献出版社 2004 年版，第 23 页。

应该注意的是，从学风内涵看，"经世致用"和"实事求是"的意蕴基本相当、主张如出一辙、指向高度一致；从字面表达看，"经世致用"和"实事求是"作为一个完整的、连用的词语，在岳麓书院的正式提出有一个比较明显的时间跨度，大体以晚清特别是岳麓书院弟子曾国藩时期为分水岭。在曾国藩之前，岳麓书院及其弟子、湖湘学人多以"经济之学""即事穷理""即物穷理""经世致用"等类似词语呈现；直至曾国藩率先从"经世致用"出发，将"即物穷理""即事穷理""经世致用"等与"实事求是"相提并论，后人才开始经常将"经世致用""实事求是"一起使用。

为什么会出现上述情况，其实不难理解。岳麓书院主要以儒学研究传播支撑人才培养，无论是研究传播宋明理学、明代心学还是清代实学，岳麓书院都一贯主张面向社会、解决现实问题，"重践履""务实行""经世致用"，倡导不做空谈之学。虽然"实事求是"如前述，在中国传统文化中亦有面向社会现实的意义存在，但是，自其作为成语自《汉书》中出现，到乾嘉时期，"实事求是"总体上代表一种从书本到书本、不面向社会现实问题的考据学风。这与岳麓书院一贯既注重辞章考据，更面向社会、经营现实的"经世致用"传统学风有所不同。直至晚清，在国家民族危亡的大背景下，为救国图强，社会开始普遍转向并更加注重"实学"，曾国藩等以"经世致用"精神重塑了"实事求是"面向社会现实、解决实际问题的崭新内涵，并赢得了学人和社会的广泛认可。

需要强调的是，岳麓书院面向现实的"实事求是"学风与中国传统"实事求是"考据学风，虽然在面向上不同，但毫无疑问都是一种求实之风。同时，从湖湘文化的源流和岳麓书院千年办学的理念绵延看，"经世致用"和"实事求是"这两个词语作为学风主张在岳麓书院正式提出所存在的时间跨度，恰恰说明了岳麓书院千年来所坚持弘扬的"经世致用"传统和"实事求是"精神总体上不仅是一致的，而且是源远流长、一脉相承的。

其二，党的实事求是思想路线的源地在岳麓书院。岳麓书院系湖南大学前身，素有"千年学府"之美称，是湖湘文化的圣地和象征。自古以来，岳麓书院不仅是一个教学组织，更是一个学术重镇，以儒学研究传播和人才培养闻名于世。湖湘学派是当时湖南形成最早、规模最大的理学学派，堪称儒学地域化的湖南现象，具有强烈的经世倾向，致力"经济之学"，其大本营就是岳麓书院。

承前所述，自张栻主教时起，岳麓书院以"盖欲成就人才，以传道而济斯民"为办学宗旨，确立道治"体用一源"学术旨趣和崇尚经世致用的治学精神，成为湖湘学派大本营和湖湘文化输出地。湖南其他书院则"不有以继岳麓之盛，而称湖南道学之宗"。岳麓书院不仅坚持以义理之学为根本，而且坚持经济、训诂、辞章并举，倡导天道、地道、人道合一，以致这座高等学府的经世致用治学传统和实事求是治学精神绵延千年不辍。岳麓书院"湖南道学之宗"的强大社会影响力和文化传播力，对湖南乃至全国产生了成风化人的深远影响。特别是明清以来，湖南所涌现的在中国历史上产生重大影响的著名学者、政治家，包括前述清代以来的湖南几大人才群体，如：以陶澍、魏源为代表的经世改革派，以曾国藩、左宗棠为代表的湘军集团，以谭嗣同、唐才常为代表的维新派，以毛泽东、蔡和森为代表的革命家，等等，大多直接或者间接受过岳麓书院的文化教育熏陶。习近平总书记强调："岳麓书院在我们的传统文化中的地位、影响，我还是很有感触的。"[1]

千余年来，经世致用学风、实事求是精神在岳麓书院的发展，可从湖湘学人特别是岳麓书院弟子的一脉相承中得到印证。两宋时，以胡安国、胡宏父子为首的"湖湘学派"多"留心经济之学"，倡导"以实事自律"。随后胡宏弟子、岳麓书院掌教张栻将此继承弘扬。明末清初，岳麓书院学生王夫之把经世致用学风推至新高度，倡导"即事穷理""即物穷理"。近代以降，岳麓书院的学生将经世致用学风不断发扬光大，比如：魏源提倡"以实事程实功，以实功程实事"，掀起了晚清务实之风；曾国藩将实事求是这一考据学命题成功转换为认识论命题，以经世致用精神重塑了古代"实事求是"内涵，对"实事求是"做出了非常接近毛泽东实事求是思想的解释，"夫所谓事者非物乎？是者非理乎？实事求是，非即朱子所称即物穷理者乎"[2]；杨昌济强调经世致用，推崇"知行统一"。

1917年，岳麓书院改制为湖南公立工业专门学校，时任校长宾步程将"实事求是"确立为校训，并题写"实事求是"校训匾额。宾步程的学生江浩襄曾以律诗"珍重师门求实语，相期直上最高峰"贺其50岁寿辰，并云：敏师长麓校时，以"实事求是"榜其门，楹联有曰"工善其事，必利其器；业精于勤，而荒于嬉"。该"实事求是"匾额悬挂在岳麓书院讲堂至今，引导学生从事实出发、追求真理，标志着"实事求是"以校训方式焕发出岳麓书院治学传统的崭新风采。

---

[1] 易禹琳等：《总书记来到湖南大学岳麓书院，广大师生反响热烈——不负时代重托　不负青春韶华》，《湖南日报》2020年9月19日。

[2] 〔清〕曾国藩：《书〈学案小识〉后》，《曾国藩全集·诗文》，岳麓书社2011年版，第229页。

党的实事求是思想路线与岳麓书院到底有什么关联？这个问题一直深受各界的关注。2020 年 9 月 17 日，习近平总书记指出，"毛主席当年就是在这里熏陶出来的，实事求是就来源于这里"[1]。事实上，岳麓书院经世致用、实事求是治学传统对毛泽东影响极为直观而深刻。这不仅仅是因为 1916—1919 年间毛泽东曾多次寓居岳麓书院学习劳动、从事《新湖南》编辑等革命活动，与"实事求是"校训朝夕相处，对"实事求是"这个古老治学命题有所思考。更值得关注的是，推崇经世致用、实事求是的张栻、王夫之、魏源、曾国藩、杨昌济等岳麓书院先贤、湖湘士子，以及由岳麓书院输出的湘学士风学风所引领的经世致用、实事求是湖湘世风民风，包括青年毛泽东注重"实事求是"的同窗朋辈等等，对于毛泽东一切从实际出发的文化性格的养成都深刻影响："湘省士风，人才辈出，为各省所难能，古来所未有……实亦学风所播，志士朋兴。"[2]促使毛泽东无论在治学态度、思想方法，还是社会抱负、理想志向等方面，都打下了注重实践、讲究实用的湖湘文化烙印。在《讲堂录》中，毛泽东记载了杨昌济很多讲课内容，有不少涉及岳麓书院历代先贤及其经世务实观念，包括杨昌济讲授《船山学》和曾国藩"务实"思想后的心得，"闭门求学，其学无用，欲从天下国家万事万物而学之"[3]"愚于近人，独服

[1] 新华社：《实事求是，从这里走来》，《新华每日电讯》2021 年 5 月 24 日。

[2] 杨昌济：《论湖南创设省立大学之必要》，《杨昌济文集》，湖南教育出版社 1983 年版，第 351 页。

[3] 毛泽东：《致黎锦熙信》（1917 年 8 月 23 日），见中共中央文献研究室、中共湖南省委《毛泽东早期文稿》编辑组编：《毛泽东早期文稿》，湖南人民出版社 1990 年版，第 85 页。

曾文正"[1]等等，其中既有杨昌济的实学思想，也有毛泽东自己的理解，"两人的思想似乎是融合在一起了"[2]。

毛泽东一贯高度重视调查研究。很重要的渊源和影响，便是他在青年时期深受倡导经世致用学风的湖湘文化影响，深受岳麓书院牌匾上"实事求是"风气的影响。[3]事实上，处于"拔节孕穗期"的青年毛泽东前30年基本都是在湖南度过，深受以经世致用、实事求是为特质的湖湘文化熏陶，从而在视野上观照国家问题，在行动上注重社会实践，既读有字之书，也读无字之书，不断开展"农村游学""岳麓新村""工读运动""问题研究"等实践探索，进而为"实事求是"这一中国古老命题赋予了马克思主义的崭新内涵。

与此同时，岳麓书院对毛泽东产生深刻影响的应该不止实事求是。岳麓书院"读书必须过笔"等学规，以及"正义、通义、余义、疑义、异义、辨义"的"读经六法"，对于毛泽东酷爱读书、认真做读书笔记等读书习惯的养成；岳麓书院"记事实、玩书法、原治乱、考时势、论心术、取议论"的"读史六法"，对于毛泽东读史时注重联系实际、充分考虑修史者历史局限、加以现代视角的解读方法的形成；以及来自岳麓书院的湖南大学另一校训"整齐严肃"，对于毛泽东所提出的"团结、紧张、严肃、活泼"等影响，都值得我们作更加深入的系统研究。

---

[1] 毛泽东：《讲堂录》，见中共中央文献研究室、中共湖南省委《毛泽东早期文稿》编辑组编：《毛泽东早期文稿》，湖南人民出版社1990年版，第587页。

[2] ［美］哈里森·索尔兹伯里：《长征：前所未闻的故事》，北京联合出版公司2015年版，第86页。

[3] 李捷：《从岳麓书院牌匾到中央党校校训——党的实事求是思想路线溯源》，《新湘评论》2021年第4期。

总之，无论是湖湘文化，还是湖湘先贤、同学朋辈，其中所洋溢的实事求是风气和精神对于毛泽东的深刻影响，都绕不过岳麓书院，岳麓书院既是其中心区、交汇点，也是其深刻的源泉之地、直观的形象载体。

三、文化基因的自信自觉

党的实事求是思想路线之所以能够形成确立，并不断向前发展，还有一个不可忽视的极为重要的因素是，中国共产党人的血液里始终流淌着中华文化基因，中国共产党人的骨子里始终洋溢着对中华优秀传统文化的传承自信和改造自觉。

其一，党的实事求是思想路线兴在文化自信。习近平总书记指出："文化自信是一个国家、一个民族发展中最基本、最深沉、最持久的力量。"[1]实事求是思想路线既充分揭示了中华传统文化所蕴含的优秀基因，也集中体现了中国共产党的高度文化自信。

实事求是从中国古代优秀学风逐步发展成为党的思想路线，既是中国共产党对中华优秀传统文化的忠实传承弘扬和积极践行引领的必然结果，也是中国共产党对中华优秀传统文化高度自信的现实选择。这种高度的文化自信具有中华民族高度一致的文化认同。如果没有全民族的文化认同，就没有实事求是思想路线的确立和发展。可以说，从确立之始，党的实事求是思想路线就植入了坚实勃兴的中华优秀传统文化之基因。

---

[1]《习近平谈治国理政》第四卷，外文出版社 2022 年版，第 103 页。

　　坚持实事求是思想路线就是坚定文化自信的根本。"我们党是靠实事求是起家和兴旺发展起来的。"[1]"实践反复证明，坚持实事求是，就能兴党兴国；违背实事求是，就会误党误国。"[2]我们坚定道路自信、理论自信、制度自信、文化自信，最为根本的是坚定文化自信。而作为党的思想路线，实事求是可谓中国共产党最为根本的文化自信之所在，坚持实事求是思想路线无疑是中国共产党坚定文化自信的根本体现。"实事求是，始终是中国共产党人认识世界和改造世界的根本要求，是我们党的基本思想方法、工作方法和领导方法。"[3]换句话说，如果不能始终坚持实事求是思想路线，中国共产党治国理政的文化自信之坚定将无从谈起。

　　发展实事求是思想路线既是中国共产党对中华优秀传统文化的忠实传承弘扬和积极践行引领，也是中国共产党对中华优秀传统文化高度自信的又一现实彰显。"实事求是作为党的思想路线，它始终是马克思主义中国化理论成果的精髓和灵魂。"[4]从毛泽东强调"共产党员应是实事求是的模范"[5]到党的七大将"实事求是"确立为党的思想路线，从1978年恢复确立实事求是思想路线到邓小平将"实事求是"与"解放思想"紧密结合，从江泽民、胡锦涛分别将"与时俱进"与"求真务实"作为核心内容纳入实事求是思想路线内涵，到新时代习近平总书记把实事求是升华为中国共产党的最大党性和核心价

[1] 习近平：《坚持实事求是的思想路线》，《学习时报》2012年5月16日。
[2] 习近平：《坚持实事求是的思想路线》，《学习时报》2012年5月16日。
[3] 习近平：《坚持实事求是的思想路线》，《学习时报》2012年5月16日。
[4] 习近平：《坚持实事求是的思想路线》，《学习时报》2012年5月16日。
[5] 《毛泽东选集》第二卷，人民出版社1991年版，第510页。

值观，所展现的是实事求是思想路线的科学内涵螺旋向前发展，所律动的是中华优秀传统文化的自信源泉和内生动力。虽然实事求是思想路线在不同时代呈现出崭新内涵，但实事求是思想路线始终饱含中华优秀传统文化内核，不断赢得中华儿女的文化认同，进而在中国共产党坚定的文化自信之中不断丰富、走向自强。

其二，党的实事求是思想路线贵在文化自觉。没有高度的文化自觉，就不会有坚定的文化自信。实事求是思想路线不仅富有绵延的中华文化血脉、明确的中华文化源地，而且充分诠释与彰显了中国共产党高度的中华文化自觉。

坚持自觉传承。习近平总书记指出："我们不是历史虚无主义者，也不是文化虚无主义者，不能数典忘祖、妄自菲薄。"[1] 实事求是思想路线传承弘扬的不是西方或者世界上其他民族的文化传统，而是中国古代的实事求是治学精神。同时，中国共产党人对中国古代实事求是治学精神的转化、丰富、发展和坚持，完全是一种自发行为，不受任何外来力量的驱使。说到底，"实事求是"是深受中华优秀传统文化浸润的中国共产党人，从中国具体实际出发，发自内心的自然抉择和文化自觉。

坚持自觉省视。中华文化素有糟粕和精华之别，即便中华优秀传统文化也有历史的局限性和指向的侧重之分，中国古代实事求是治学精神也是如此。以毛泽东同志为主要代表的中国共产党人在伟大变革实践中，自觉对此进行深刻反思，主动破除从古籍到古籍的研学藩篱，主动汲取尊重客观事实、探究客观规律的品质精髓，主动实现了

---

[1] 习近平：《论党的宣传思想工作》，中央文献出版社 2020 年版，第 90 页。

面向社会现实、救国救民的华丽转身。

　　坚持自觉改造。"我们从来认为，马克思主义基本原理必须同中国具体实际紧密结合起来，应该科学对待民族传统文化"[1]，作为马克思主义中国化的伟大成果，实事求是无疑是"两个结合"的光辉典范。这个光辉典范不止于传承，更胜于改造。面对中国古代实事求是治学命题和中国革命实际，以毛泽东同志为主要代表的中国共产党人主动拿起的改造武器就是马克思主义。主动运用马克思主义认识论与实践论的思想方法对其进行丰富创新，赋予实事求是鲜明的马克思主义色彩，形成党的实事求是学风作风。可以说，这一伟大改造将"实事求是"这一地道的中国传统哲学命题升华为具有世界观、认识论和方法论高度的马克思主义哲学精髓，成功实现了对中华优秀传统文化的创造性转化和创新性发展，最终在党的七大上以党的思想路线的形式正式加以确立。

第二节　马克思主义中国化的开启

　　作为毛泽东思想活的灵魂，党的实事求是思想之魂脉在于以毛泽东同志为主要代表的中国共产党人对中国古代"实事求是"学风所

---

[1]《习近平著作选读》第一卷，人民出版社 2023 年版，第 282 页。

进行的马克思主义伟大改造，由此开启了马克思主义中国化的历史进程。

一、马克思主义中国化哲学特征的塑造

众所周知，马克思主义哲学是一种旨在实现无产阶级和人类解放最大化、实现人与社会自由全面发展的价值哲学。黑格尔在《哲学讲演录〈导言〉》中强调："哲学史的内容是理性的科学成果，而科学的成果是不能被消灭的东西。"[1]对中国产生深远影响的马克思主义哲学，不仅没有随着时代的进步被消灭，进而被以毛泽东同志为主要代表的中国共产党人扬弃在实事求是思想路线的形成确立之中。于此，中国共产党的"实事求是"是一种中国化了的马克思主义哲学思想，具有鲜明的马克思主义哲学的基本特征。

其一，"实践性"的烙印显著。实事求是思想路线的实践性特征从马克思主义渊源上考察，源于马克思主义哲学的实践唯物主义。马克思明确地把"实践"作为新旧哲学的根本区别，在其《1844年经济学哲学手稿》中指出："理论的对立本身的解决，只有通过实践方式，只有借助于人的实践力量，才是可能的。"[2]

马克思主义哲学的实践唯物主义内在契合了湖湘文化的实践性特征。在湖湘文化重视实践、强调力行、经世致用的引导下，毛泽东不仅对社会实践有着切身体会，而且一以贯之。比如，在《讲堂录》中

---

[1] 邓晓芒：《黑格尔哲学讲演录》，商务印书馆2020年版，第42页。

[2]《马克思恩格斯文集》第一卷，人民出版社2009年版，第192页。

随处可见毛泽东"不重言谈，重在实行"[1]等倡导从社会实际和客观事实出发的思考。1902 年，毛泽东在考虑中国未来的革命道路时指出："关于这地盘内的情形，似不可不加以实地的调查，及研究。"[2]在湖南第一师范求学时，毛泽东特别重视"能见之于事实"的"有用之学"，积极投身于早期革命运动。自从马克思主义切合中国救亡图存之需传入中国以来，毛泽东便更加自觉地运用马克思主义的立场、观点和方法来研究中国社会实际。他继承和发展了马克思主义关于"社会生活在本质上是实践的"[3]思想，明确"把实践提到第一的地位"[4]，并于1930年在《反对本本主义》一文中，提出了"没有调查，没有发言权"[5]的著名论断。同时，毛泽东结合中国革命的紧迫实践问题，首次提出"共产党人从斗争中创造新局面的思想路线"[6]。并在《实践论》中指明了中国革命要在实践中不断发展，要在革命不同的发展阶段采取不同方法，"只有通过活生生的实践和实践智慧，马克思主义理论才能得到发展"[7]。之后在反击教条主义、本本主义的斗争中，毛泽东敏锐而深刻地认识到克服教条主义、本本主义是贯彻实事求是的基础。从哲学层面看，教条主义否定实事求是原则，主张理在事先，其思维方法是本质主义，主张本质先于存在、理论先于实际、

---

[1] 中共中央文献研究室、中共湖南省委《毛泽东早期文稿》编辑组编：《毛泽东早期文稿》，湖南人民出版社 1990 年版，第 73 页。

[2] 中国革命博物馆、湖南省博物馆编：《新民学会资料》，人民出版社 1980 年版，第 63 页。

[3]《马克思恩格斯文集》第一卷，人民出版社 2009 年版，第 501 页。

[4]《毛泽东选集》第一卷，人民出版社 1991 年版，第 284 页。

[5]《毛泽东著作选读》上册，人民出版社 1986 年版，第 48 页。

[6]《毛泽东著作选读》上册，人民出版社 1986 年版，第 55 页。

[7] 邵华：《马克思与实践智慧》，《马克思主义与现实》2013 年第 3 期。

逻辑推理决定历史关系事实。在解决中国革命的重大问题时，教条主义、本本主义割裂了理论与实践的本原关系，唯有坚持实事求是思想路线，才能真正立足于实践，破除虚化现实和虚化历史的教条主义、本本主义，实现理论与现实、逻辑与历史的辩证统一。

其二，"人民性"的底色鲜明。"理论只要说服人，就能掌握群众；而理论只要彻底，就能说服人。"[1]人民群众是历史的创造者，也是社会变革的决定性力量。一种理论能否发挥作用，取决于是否符合人民群众的意愿。实事求是思想路线归根结底是为了人民意愿、并得到人民拥护的思想路线。

马克思主义哲学的出发点和宗旨"是从事实际活动的人"[2]。马克思曾建议："普遍武装人民并进行使用武器的普遍训练。"[3]列宁也曾指出："只有全民武装才能彻底打倒反动势力。"[4]这与湖湘文化内蕴的人民性价值取向相契合。回顾历史，我们不难发现，湖湘先贤们在践行实事求是思想时都十分强调人民力量。比如，王夫之在明末清初就体会到人民群众蕴藏着不可估量的巨大力量。之后，无论曾国藩、左宗棠、胡林翼等湘军人物的领军出战，还是黄兴、蔡锷等湘籍资产阶级革命家的湖湘智慧，在斗争中都为人民性思想提供了极为丰富的养料。

毛泽东是在区分敌我的实践过程中逐步注重人民力量的："革

---

[1]《马克思恩格斯选集》第一卷，人民出版社 2012 年版，第 10 页。

[2]《马克思恩格斯选集》第一卷，人民出版社 2012 年版，第 73 页。

[3]《马克思恩格斯全集》第二卷，人民出版社 1995 年版，第 359 页。

[4]《列宁军事文集》，战士出版社 1981 年版，第 78 页。

命的主体是什么呢？就是中国的老百姓。"[1]并在党的七大明确要求"全心全意地为人民服务，一刻也不脱离群众。"[2]毛泽东强调："如果不为人民群众所掌握，即使是最好的东西，即使是马克思列宁主义，也是不起作用的。"[3]因此，我们也不难发现，中国革命时期无论是土地革命战争、抗日战争还是解放战争，都是人民性、群众性战争。这正如毛泽东所言："我们的战略战术是建立在人民战争这个基础上的，任何反人民的军队都不能利用我们的战略战术。"[4]毛泽东是在革命实践中建立起与人民群众之间的精神纽带，形成了关于"人民性"认识的科学论断。

值得注意的是，毛泽东认为："马克思以前的唯物论，离开人的社会性，离开人的历史发展，去观察认识问题。"[5]这里所说的"马克思以前的唯物论"不仅包括对西方哲学所谓人民性的批判，比如费尔巴哈的人本主义"其实是对'人'本身的一种远离"[6]，是脱离人民性的，也包括对中国哲学史上旧唯物主义关于人民性认识论的批判。毛泽东不是一味地继承中外哲学关于人民性的思想，而是批判地扬弃，这也是实事求是思想路线与前人方略的根本不同之处，不仅是源自人民产生、依靠人民实践，而且是为了人民解放和人民幸福。

其三，"批判性"的气质自我。马克思主义哲学与湖湘文化深厚的辩证、批判思维传统相契合。从实事求是由面向古籍到面向社会的

---

[1]《毛泽东选集》第二卷，人民出版社 1991 年版，第 562 页。

[2]《毛泽东选集》第三卷，人民出版社 1991 年版，第 1094 页。

[3]《毛泽东选集》第四卷，人民出版社 1991 年版，第 1515 页。

[4]《毛泽东选集》第四卷，人民出版社 1991 年版，第 1248 页。

[5]《毛泽东选集》第一卷，人民出版社 1991 年版，第 282 页。

[6] 邢贲思：《费尔巴哈的人本主义》，上海人民出版社 1981 年版，第 99 页。

转向，从知行观之论、心学气学之争到义利之辨，等等，湖湘文化的这种自我批判性随处可见，展现了中国古代哲学家思想家既求实又求理的批判精神。而实事求是思想路线的批判性特征从马克思主义渊源上看，则源于马克思主义辩证法思想。黑格尔把否定性看作辩证法的灵魂，马克思恩格斯基本继承了这一观点，马克思指出："辩证法不崇拜任何东西，按其本质来说，它是批判的和革命的。"[1]可见马克思将批判性这一哲学特征深化到辩证法的本质的高度，辩证法的"否定性"内在地与"批判性"相连，并且不局限于理论和实践的某一领域，是理论批判与实践批判的统一。

必须记取的是，批判性的核心是对事物的自我批判、扬弃发展，而在党的领导下，对于实事求是思想路线的确立始终保持着"批判性"。这既是在与外部敌对势力的斗争中创造发展的，也是通过与党内部形形色色的经验主义、教条主义、自由主义等作斗争的结果，是不断批判并冲破教条主义束缚的历史过程。

比如，建党初期，存在对马克思主义经典作家的观点或共产国际的指导的断章取义，导致在实践上没有取得预期效果，给中国革命带来了巨大损失。在新民主主义革命的全过程中，交织着如何继承传统与如何学习西方的激烈论战。在这场思想论战之中，"批判已经不再是目的本身，而只是一种手段。它的主要情感是愤怒，它的主要工作是揭露。"[2]抗日战争时期，毛泽东从哲学上彻底批判了经验主义，尤其是教条主义，强调"实事求是"是增强全党凝聚力和战斗力的思想

[1]《马克思恩格斯选集》第二卷，人民出版社1995年版，第112页。
[2]《马克思恩格斯选集》第一卷，人民出版社2012年版，第4页。

基础。中国共产党人用中国式的话语把马克思主义精髓概括为"实事求是"，批判性解决了如何学习和运用马克思主义、如何从中国国情和民族特点出发等一系列重要的复杂性问题。1942年，为了肃清教条主义的危害，解决大革命失败后党内的问题和危机，延安举行了如火如荼的整风运动。整风运动的主要任务就是反对主观主义以整顿学风、反对宗派主义以整顿党风、反对党八股以整顿文风，以此纠正"三风"脱离当时实际、脱离群众的危机。至此，全党实现了思想上的空前统一，实事求是思想路线得到最终确立，在全党范围内确立了统治地位。

二、马克思主义中国化本土特性的凸显

党的实事求是思想路线所体现的并非对中华优秀传统文化的简单肯定和批判继承，而是同时将马克思主义基本原理同中国具体实际进行了紧密结合，在"两个结合"之中凸显了中国本土特性。

其一，话语的中国表达。马克思主义中国化从语言表达上来说，首先是"中国话"。因为母语最亲切、最没有距离、最具时代气势、最能让人听得懂、最能直抵人心、最能引发大众的情感共鸣。不仅仅是湖湘文化中的实事求是、经世致用、兼容并包、敢为人先、心忧天下，也不仅仅是中华文化，全世界各民族文化都是如此。而"实事求是"说到底，既是中国"芯"，也是中国话。以毛泽东同志为主要代表的中国共产党人，深谙中华文化，从湖湘文化的涵育中准确地找到了"实事求是"这一极具中国本土特性的中国词，完美地实现了马克思主义在中国共产党思想路线上的中国表达。

回顾马克思主义中国化开启的历史进程，以毛泽东同志为主要代表的老一辈中国共产党人都十分重视并善用中华文化的思想、概念、符号，以及人民群众日常叙事的习惯方式，极大推进了马克思主义在中国话语表达上的接地气、通俗化。这实际上也开启了马克思主义在中国大众化的历史进程，以大众化了的中国化马克思主义更好地武装全党、教育人民。

比如，在建党初期，中国共产党就强调要将语言大众化、通俗化，"必须用一切工人、农人、妇孺都能懂解、能动听的文字"[1]，宣传材料大量采用了通俗化的语言来传达信息。土地革命时期，以毛泽东同志为主要代表的马克思主义者，坚持从国情出发，活学活用马克思列宁主义，加强党刊的宣传且"内容文字极求简单通俗"。[2] 抗日战争时期，党内普遍性开展了马克思主义理论教育，1940 年在《〈中国工人〉发刊词》中，毛泽东首次对语言文字风格提出明确要求："多载些生动的文字，切忌死板、老套，令人看不懂，没味道，不起劲。"[3] 两年之后，毛泽东在"反对党八股以整顿文风"中一针见血地指出："要使革命精神获得发展，必须抛弃党八股，采取生动活泼新鲜有力的马克思列宁主义的文风。"[4] "党八股"主要指革命队伍中，某些人的讲话、报告、文章以及进行宣传工作时，对理论不加以分

---

[1] 中共中央文献研究室、中央档案馆：《建党以来重要文献选编（1921—1949）》第 1 册，中央文献出版社 2011 年版，第 149 页。

[2] 中共中央文献研究室、中央档案馆：《建党以来重要文献选编（1921—1949）》第 5 册，中央文献出版社 2011 年版，第 488 页。

[3] 中共中央文献研究室、中央档案馆：《建党以来重要文献选编（1921—1949）》第 17 册，中央文献出版社 2011 年版，第 121 页。

[4]《毛泽东选集》第三卷，人民出版社 1991 年版，第 840 页。

析，只是搬用一些革命的名词和术语。"我们的许多同志，在写文章的时候，十分爱好党八股，不生动，不形象，使人看了头痛。也不讲究文法和修辞，爱好一种半文言半白话的体裁。"[1]导致基层党员和战士听不懂更看不懂。解放战争时期，我党各类报纸、杂志、讲话、宣传等充分贯彻党的领导方针，文风朴实、有力，战斗性、鼓动性、教育性等鲜明突出，继续贯彻了整风精神。新中国成立后，由于受"左"倾思想影响，语言文风一度呈现出思想混乱、脱离实际的"浮夸风"、急于求成的"虚假风"以及空洞模式化等问题。刘少奇在整风运动中曾提出："以后每年要整党或整风。天天洗脸。大家天天洗脸，打扮一番，大家美丽。"[2]这样的表述形象直观、通俗易懂，既具有马克思主义的理论高度，又体现出鲜明的中华民族特色，引起了广泛的思想共鸣。也唯有如此，才会使马克思主义具有"新鲜活泼的、为老百姓所喜闻乐见的中国作风和中国气派"[3]。才能真正用中国道理总结好中国经验，把中国经验提升为中国理论，进而把中国理论讲实讲透讲明白，真正"飞入寻常百姓家"。

其二，理论的民族方式。马克思主义根植于西方文化上壤，原本属于西方民族的话语体系。民族的虽然最为世界的，但世界上各民族文化的内涵的确千姿百态。马克思主义从西方民族传递到中华民族，本身就存在一个吸纳运用的过程。从中国话语表达角度而言，马克思主义中国化如果是一种中国语言"翻译"过程，那么从理论呈现方式来说，马克思主义必须深深"打动"中华民族。"马克思主义的命运

---

[1]《毛泽东文集》第六卷，人民出版社 1999 年版，第 467 页。

[2]《刘少奇论党的建设》，中央文献出版社 1991 年版，第 608 页。

[3]《毛泽东选集》第二卷，人民出版社 1991 年版，第 534 页。

早已同中国共产党的命运、中国人民的命运、中华民族的命运紧紧连在一起。"[1]所以说，运用马克思主义解决中国问题，绕不过去的问题不完全是解决中国问题，而是解决中华民族的问题。必须将"马克思列宁主义这个最好的真理，作为解放我们民族的最好的武器"[2]，必须"和民族的特点相结合，经过一定的民族形式，才有用处"[3]。

这个民族形式，既包括话语表达方式，更包含精神内涵等适合本民族特点的各方面。这个民族形式一定来自中华民族，而且一定要获得全体中华儿女集体认同。只有这样，马克思主义真理才能顺应中国时代、实现中国本土化，真正在中国本土落地生根、开花结果。否则，马克思主义真理就将失去其科学指导赖以存活的中华文化土壤。而实事求是思想路线正是这样一种深得中华儿女集体认同的马克思主义理论呈现方式。

"共产党员是国际主义的马克思主义者，但是马克思主义必须和我国的具体特点相结合并通过一定的民族形式才能实现。"[4]必须明确的是，实事求是思想路线的确立既是马克思主义基本原理同中国革命相结合的产物，也是对中华传统文化的批判继承。实事求是思想路线的确立不只是同中国革命的单方面结合，而是同中国具体实际、同中华优秀传统文化的双重结合，是"两个结合"的光辉典范。

"使马克思主义在中国具体化，使之在其每一表现中带着必须有

---

[1] 习近平:《在纪念马克思诞辰 200 周年大会上的讲话》，人民出版社 2018 年版，第14 页。

[2]《毛泽东选集》第三卷，人民出版社 1991 年版，第 796 页。

[3]《毛泽东选集》第二卷，人民出版社 1991 年版，第 707 页。

[4]《毛泽东选集》第二卷，人民出版社 1991 年版，第 534 页。

的中国的特性，即是说，按照中国的特点去应用它，成为全党亟待了解并亟须解决的问题。"[1]这里所说的"中国具体化"应该是包含了中国具体实际和中华具体文化的。从这一意义上讲，产生于中国本土、符合中国特性、适合中国国情的实事求是思想路线，不仅是"中国"的，更是以中华民族独有的标签方式呈现出来的。

其三，实践的革命形态。理论的皈依在于实践、为了指导实践。马克思主义哲学是一种实践的、辩证的、历史的唯物主义，实践性是其显著特征。我们说，党的实事求是思想路线是"两个结合"的光辉典范，这不仅没有妨碍进而昭示了其具有深入实践的革命形态。不仅如此，实事求是思想路线得以确立的具体实践就是中国革命，中国实践是以中国革命这种具体形态和显著标志而存在的。

总之，回顾中国百年来的革命斗争，我们可以清楚地看到，如果只会熟读马列"经典"、照搬"本本"、照抄苏联"经验""言必称希腊"[2]，或者死守"中国三千年来一脉相传的正统思想之基础"[3]，是不可能解决中国革命问题的。必须在革命实践中推进马克思主义中国化、本土化，进而以中国化、本土化了的马克思主义指导中国革命、夺取革命胜利。事实上，在中国革命运动的进程中，前有以党内王明"左"倾教条主义为代表，完全脱离中国的实际国情，差点把中国革命引入绝境；后有以蒋介石封建买办主义为代表，完全背离中国人民和历史发展潮流，使中国继续沦入半殖民地半封建社会的深渊。直到以毛泽东同志为主要代表的中国共产党人沿着马克思主义的正确

---

[1]《毛泽东选集》第二卷，人民出版社 1991 年版，第 534 页。

[2]《毛泽东选集》第三卷，人民出版社 1991 年版，第 797 页。

[3]《周恩来选集》上卷，人民出版社 1980 年版，第 147 页。

指引，倡导"马克思列宁主义之箭，必须用了去射中国革命之的"[1]，进而在中国革命的伟大实践中创立毛泽东思想，确立了实事求是思想路线，开创了马克思主义中国化的历史进程，实现了马克思主义中国化的第一次历史性飞跃。这正如毛泽东在《实践论》中所言："马克思列宁主义并没有结束真理，而是在实践中不断地开辟认识真理的道路。"[2]

三、马克思主义中国化基本方略的奠定

正如习近平总书记在庆祝中国共产党成立 100 周年大会上的讲话中强调的："以史为鉴、开创未来，必须继续推进马克思主义中国化。马克思主义是我们立党立国的根本指导思想，是我们党的灵魂和旗帜。中国共产党坚持马克思主义基本原理，坚持实事求是，从中国实际出发，洞察时代大势，把握历史主动，进行艰辛探索，不断推进马克思主义中国化时代化，指导中国人民不断推进伟大社会革命。"[3]

党的实事求是思想路线"以时代性的内容、民族性的形式和个体性的风格去求索人类性问题"[4]。毛泽东思想的创立和实事求是思想路线的确立，为中国共产党探索马克思主义怎样才能扎根中国本土、回答中国之问的基本方略奠定了扎实基石。

其一，深耕文化沃土。作为毛泽东思想活的灵魂，"实事求是"

---

[1]《毛泽东选集》第三卷，人民出版社 1991 年版，第 820 页。

[2]《毛泽东选集》第一卷，人民出版社 1991 年版，第 296 页。

[3]《习近平著作选读》第二卷，人民出版社 2023 年版，第 483 页。

[4] 孙正聿：《哲学通论》，复旦大学出版社 2005 年版，第 18 页。

之所以能够成为马克思主义中国化第一次历史性飞跃的基本方面和核心成果，除了是马克思主义基本原理同中国革命相结合的结果，也是马克思主义基本原理同中华优秀传统文化相结合的结晶。

承前所述，毛泽东深谙中华传统文化，是中华文化的集大成者，尤受湖湘文化实事求是思想的深刻影响和熏陶。1944年毛泽东在同英国记者谈话时说道："我们中国人必须用我们自己的头脑进行思考，并决定什么东西能在我们自己的土壤里生长起来。"[1]从这一意义上来讲，没有中华传统文化，就没有"实事求是"，也就没有党的实事求是思想路线。党的实事求是思想路线深植于中华优秀传统文化的沃土，中华优秀传统文化是推进马克思主义中国化时代化必须坚守的根脉。如果脱离了这个根脉，马克思主义在中国就会失去肥沃的土壤，马克思主义中国化就是纸上谈兵，就会摇摇欲坠。因此，我们可以说，毛泽东实事求是思想的形成和党的实事求是思想路线的确立，为推进马克思主义中国化时代化奠定了基本方略。这个基本方略首先一条就是要牢牢坚守住中华优秀传统文化这个根脉。

然而，中国共产党人要坚守住这个根脉不是那么容易的。除了要精准找到中华优秀传统文化与马克思主义的契合点和相互成就点，更为基础、也更为重要的是要传承发展好中华文化的优秀点。一方面，中华文化博大精深、源远流长、浩如烟海，必须去伪存真、取其精华、弃其糟粕；另一方面，要在坚定文化自信、秉持开放包容、坚持守正创新之中，不断推动文化繁荣，并在不断繁荣的文化之中精准找到中华优秀传统文化同马克思主义的结合点。

---

[1]《毛泽东文集》第三卷，人民出版社1996年版，第192页。

这正如刘少奇所指出的那样，马克思主义中国化"这乃是一件特殊的、困难的事业"[1]。这种"寻找"和"改造"的十分不易，在毛泽东实事求是思想的形成过程之中和实事求是思想路线的确立之中体现得淋漓尽致。当时除了各种思想的交锋，单从时间跨度而言，从接触古代实事求是学风到运用马克思主义武器进行改造，以毛泽东同志为主要代表的中国共产党人几乎用了 40 年！与此同时，包括党对于中华传统文化的认知也是有一个过程的，这个过程绝不是一蹴而就的。比如，刘少奇曾强调："对于旧时代有益于人民的文化遗产，必须谨慎地加以继承。"[2]毛泽东 1938 年在《论新阶段》中提出"共产党员应是实事求是的模范"，"因为只有实事求是，才能完成确定的任务"[3]。这些伟大论断，离毛泽东接触古代"实事求是"学风至少过去了 30 年！因此，推进马克思主义中国化时代化，必须深耕中华文化沃土，同时应当保持十分的敬畏和足够的耐心。

其二，聚焦中国问题。"理论在一个国家实现的程度，决定于满足这个国家的需要的程度。"[4]"这个国家的需要的程度"对于中国而言，直面的就是中国问题。对于毛泽东实事求是思想和党的实事求是思想路线而言，当时直面的就是中国革命。换句话说，马克思主义中国化的毛泽东思想当时要回答的中国之问、人民之问其首要就是中国革命。中国革命是当时中国人民面临的最大的中国问题。

从这一角度而言，也可以说是中国革命成就了毛泽东实事求是思

[1]《刘少奇选集》上卷，人民出版社 1981 年版，第 336 页。
[2]《刘少奇选集》下卷，人民出版社 1985 年版，第 240 页。
[3]《毛泽东选集》第二卷，人民出版社 1991 年版，第 522 页。
[4]《马克思恩格斯选集》第一卷，人民出版社 2012 年版，第 11 页。

想的形成和党的实事求是思想路线的确立。以毛泽东同志为主要代表的中国共产党人，将马克思主义和中国革命紧密结合起来，创立了毛泽东思想，确立了实事求是思想路线，从而为马克思主义中国化奠定了又一个基本方略。这个基本方略就是马克思主义必须与中国具体实际结合起来，聚焦中国革命，进而解决中国问题。

当然，中国共产党人也深刻地认识到，聚焦并完成中国革命的使命，光靠中华优秀传统文化是不够的，必须拿起马克思主义这个武器，并使之与中国革命相结合。因为，无论怎样进行马克思主义中国化，马克思主义始终是基本指导思想，是马克思主义中国化的灵魂所在。在推进马克思主义中国化时代化的伟大进程中，马克思主义这个魂脉不仅不能丢，而且必须牢牢坚守住。否则，指导我们实践的创新理论就不姓"马"，就不是马克思主义，而是别的主义。

承前所述，历史一再证明，在中国革命的进程中，我们既不缺少志士仁人，也不缺少各种主义。一大批志士仁人怀着各种主义，包括我们中国古代各种传统思想精华，都没有救活中国、解放中国，最终都是失败的结果。直到以毛泽东同志为主要代表的中国共产党人，坚定不移地拿起了马克思主义武器，创立了毛泽东思想，确立了实事求是思想路线。

其三，紧扣时代脉搏。时代推进了马克思主义在中国的传播，时代也催生了中国共产党。列宁说过："只有了解了某一时代的基本特征，才能在这一基础上去考虑这个国家或那个国家的更具体的特点。"[1]从这一角度而言，毛泽东实事求是思想的形成和党的实事求是

---

[1]《列宁全集》第26卷，人民出版社1990年版，第143页。

思想路线的确立，不仅是应时而生，而且深刻回答了世界之问、时代之问。而当时的世界之问、时代之问可以归结为一句话，那就是中国该向何处去、中国共产党该怎样肩负起救国救民的时代之重任？

因此，毛泽东思想的创立，包括实事求是思想的形成和党的实事求是思想路线的确立，还有一个应该值得关注的问题，那就是马克思主义时代化。我们姑且不论马克思主义时代化本为马克思主义中国化的重要内涵，在毛泽东开创马克思主义中国化的历史进程之中，时代化确为其题中之义。

同时，一个不争的事实是，无论是中国革命，还是中国共产党人对古代"实事求是"命题的改造，都是顺应时代的产物。毛泽东思想回答的就是救国救民、夺取革命胜利、建立新中国、走向社会主义建设道路这一时代之问。这也就为马克思主义中国化指明了另一个基本方略：马克思主义中国化必须紧扣时代、顺应时代，与时俱进。

第三节　中国共产党治国理政根本自信的坚定

中国共产党治国理政的自信从何而来？相对于道路自信、理论自信、制度自信，文化自信最为根本。作为中国共产党认识问题、分析问题、处理问题所遵循的根本原则和思想基础，实事求是思想路线从孕育、确立到坚持和发展，历经百年成功实践，集中体现了中国共产党治国理政的文化自信，且为根本自信的文化自信之根本所在。

一、形塑中国共产党的价值标准

在坚持实事求是思想路线的伟大实践中，中国共产党逐步将实事求是上升为中国共产党人认识世界、改造世界的基本思维方法、党性修养和应当弘扬和践行的优秀价值观。

其一，思维方法的革新。习近平总书记曾多次强调："实事求是，是马克思主义的根本观点，是中国共产党人认识世界、改造世界的根本要求，是我们党的基本思想方法、工作方法、领导方法。"[1]这是我党将实事求是从基本思想方法上升为工作方法和领导方法的重大科学论断。而在实事求是思想路线确立之前，"实事求是"作为基本思想方法，在我党走过了一段堪称曲折的思维革新过程。

党在幼年时期，由于对中国社会和中国革命的规律认识还很肤浅，机械唯物主义、形而上学唯物主义的思维方法在党内一度盛行。其共同特征是照搬照抄俄国十月革命城市武装起义经验，生搬硬套马克思列宁主义。当时一些党的早期创始人对刚刚学到的马克思列宁主义基本理论采取了理想化的思维方式，强调马克思主义社会发展、社会革命的一般规律，盲目从共产国际的"本本"出发，而没有实事求是地深入研究中国革命的特殊条件和特殊规律。

在残酷的革命实践中，以毛泽东同志为主要代表的中国共产党人逐步认识到，必须实事求是地看待和解决中国革命问题，中国革

---

[1]《习近平著作选读》第一卷，人民出版社 2023 年版，第 209 页。

命成功必须从中国实际出发，"'本本主义'的社会研究法也同样是最危险的，甚至可能走上反革命的道路"。遵义会议以后，党从军事上、政治上纠正了以教条主义为特征的王明"左"倾错误。但教条主义还没有来得及从思想上进行完全清理，以致1937年底王明从苏联回到延安提出"一切经过统一战线"等错误主张，再次给党内思想造成混乱。随后，虽然毛泽东在党的六届六中全会上创造性地提出"马克思主义中国化"，强调"离开中国特点来谈马克思主义，只是抽象的空洞的马克思主义""共产党员应是实事求是的模范""因为只有实事求是，才能完成确定的任务"[1]，但由于没有解决思想路线这个基本问题、根本问题，教条主义思维方法仍然在党内存在。

直至1941年1月发生了震惊中外的皖南事变，使党对教条主义和经验主义的错误有了更加深刻的认识。为了在党内统一思想，毛泽东要求把反对教条主义的问题提高到党性的高度来认识，并开始了历时3年的延安整风运动。经过反对主观主义以整顿学风、反对宗派主义以整顿党风、反对党八股以整顿文风的全党整风运动，全党接受了一次深刻的马克思主义思想教育，纠正了把马克思主义教条化、把苏联经验和共产国际指示神圣化的错误倾向，树立了理论和实际相统一的实事求是思维方法，并在党的七大上确立为思想路线。

其二，党性标准的判断。毛泽东曾在1941年指出，中国共产党的党性就体现在"实事求是"上，这是一种将理论与实际相结合的科学态度，是每个党员必须具备的学风和作风。刘少奇把党性的第一

---

[1]《毛泽东选集》第二卷，人民出版社1991年版，第534、522页。

标准确定为"实事求是"[1]，并坚持将加强实事求是作风建设作为增强党性、提升共产党员的政治立场和道德品质的首要内容。习仲勋也曾指出，实事求是就是最大的党性，提出了最大党性观的初始命题。习近平总书记则围绕实事求是与党性的逻辑关系深刻指出，"坚持从实际出发、实事求是，不只是思想方法问题，也是党性强不强问题。从当前干部队伍实际看，坚持实事求是最需要解决的是党性问题。我父亲讲过，'我们党讲党性，我看实事求是就是最大的党性'。"[2]不难看出，老一辈革命家都十分重视党性和实事求是的逻辑认识，习近平总书记实事求是的"党性观"也深受其父亲习仲勋等老一辈革命家的深刻影响，强调实事求是不仅是以思想方法为内涵的思想路线问题，而且是以思想动机为内核的最大党性问题，从而从全局高度作出了"实事求是就是最大党性"的科学论断。这也标志着实事求是从思想路线升华为最大党性，对中国共产党人践行实事求是提出了更新要求。实事求是不仅仅是中国共产党人坚持运用的思想方法，更是中国共产党人必须遵守的党性规范。由此，坚持实事求是思想路线从思想自觉转向了党性自主。

其三，应当弘扬和践行的价值观的确立。习近平总书记在党的十九大报告中明确指出，"要弘扬社会主义核心价值观，弘扬和践行忠诚老实、公道正派、实事求是、清正廉洁等价值观"[3]。

政党价值观是政党对世界认知、判断、选择的价值观念，是一个

---

[1]《刘少奇选集》下卷，人民出版社1985年版，第397页。

[2] 习近平:《努力成为可堪大用能担重任的栋梁之才》,《求是》2022年第3期。

[3] 习近平:《决胜全面建成小康社会　夺取新时代中国特色社会主义伟大胜利——在中国共产党第十九次全国代表大会上的报告》,人民出版社2017年版，第63页。

政党政治文化的核心内容，世界各政党都把政党文化作为政党建设发展之引领，中国共产党也不例外。在 2016 年党的十八届六中全会第二次全体会议上，习近平总书记指出："党内政治生活、政治生态、政治文化是相辅相成的，政治文化是政治生活的灵魂，对政治生态具有潜移默化的影响。"[1]作为党的思想路线，实事求是构成了中国共产党政党文化的核心价值内蕴，包含了尊重科学、求真务实、依靠人民、注重实干等价值要素。其所抵制的是脱离实际的形式主义和脱离人民的官僚主义等错误政治文化，这对于推进党内政治文化建设、增强社会价值引领都具有极为重要的意义。

一方面，中国共产党人的党性锻炼，归根到底是正确价值观的引领问题。习近平总书记强调："要注重加强党内政治文化建设，倡导和弘扬忠诚老实、光明坦荡、公道正派、实事求是、艰苦奋斗、清正廉洁等价值观，旗帜鲜明抵制和反对关系学、厚黑学、官场术、'潜规则'等庸俗腐朽的政治文化，不断培厚良好政治生态的土壤。"[2]面对日益复杂的党情世情国情，中国共产党更迫切将自己建设成为思想统一、行动一致的政党，并让党所倡导的理想信念、价值理念、优良传统转化为每一名党员的价值导向与行为准则，不断提升政治判断力、政治领悟力和政治执行力，抵御个人主义、分散主义等错误政治文化侵蚀，从而以良好政治文化涵养、形成风清气正的党内政治生态，最终实现政党治理和自我革命。

---

[1] 中共中央党史和文献研究院编：《十八大以来重要文献选编》（下），中央文献出版社 2018 年版，第 458 页。

[2] 中共中央党史和文献研究院编：《十八大以来重要文献选编》（下），中央文献出版社 2018 年版，第 458 页。

另一方面，正确的政党价值观是实现社会引领乃至国家治理的重要前提。人民对政党文化的认同是任何政党长期执政的重要条件，如果一个政党的文化能够引领人民的思想、取向与行为，它的领导地位就能得到有效巩固。作为伦理型政党代表的中国共产党，必须充分挖掘与弘扬实事求是价值观，在加强政党文化建设的同时，更要将其作为一种社会价值观宣传推广到社会各领域，进一步广泛凝聚社会共识，从而实现执政党对国家和社会的良治。

习近平总书记高屋建瓴从加强党的政治文化建设的角度，强调实事求是的价值观属性，创新提出"实事求是价值观"这一重大科学论断，弘扬忠诚老实、公道正派、实事求是、清正廉洁等价值观，是我党对党员干部特别是领导干部带头践行社会主义核心价值观的需求，使实事求是成为中国共产党以自我革命引领社会革命的价值驱动，这标志着实事求是由中国共产党的党性自主跃向价值自为。

二、中国共产党政治品格的涵养

中国共产党的政治品格集中体现于政治信仰、政治理想、政治立场、政治特质、政治能力，既由马克思主义政党的政治属性所决定，又在党的自身建设中不断淬炼丰满。坚持和发展实事求是思想路线，充分展现了中国共产党鲜明的实事求是品格。

其一，初心使命的坚定不移。马克思主义为最终建立一个没有压迫、没有剥削、人人平等、人人自由的理想社会指明了方向。作为马克思主义者，"进行什么样的革命，如何进行革命"是以毛泽东同志为主要代表的老一辈中国共产党人当时在救国救民道路上需要解决的核心问题，在波澜壮阔的革命过程之中，他们实事求是的政治品格不断得到涵育、坚定和继承。

比如，生在农村、长在农村的毛泽东，从小就对劳动人民的疾苦体会十分深刻，产生了让人民吃上饭的朴素愿望，立志为大多数中国穷苦人民谋求幸福。同时，毛泽东不是单纯地坐而论道、冥思苦想，而是身体力行地去实践，在实践中探寻改造中国和世界的规律。

起初，毛泽东曾认真实践过"教育救国"的理想。受启蒙思想影响，他认为救国必先救民，救民必先"改造民心道德"，以"变化民质"，造就"身心并完的新人"[1]。1917年，在学友会日志中，毛泽东曾认为，"社会之中坚实为大多数失学之国民，此辈阻碍政令之推行，自治之组织，风俗之改良，教育之普及，甚力甚大"，故"应以学校教育为急，造成新国民及有开拓能力之人才"。[2]同年，由毛泽东主持成立的湖南一师夜校的主要对象即工人大众，教授内容包括国文、算数、常识，常识尤其注重历史政治等精神教育。1920年9月，他应湖南省教育会长兼第一师范校长易培基聘请，认认真真地当了一阵"小学教员"。1921年底，毛泽东在补填《少年中国学会会员调查表》时，已是共产党员的他，在"终身欲从事之事业"一栏，填写的仍然是"教育事业"四个字。然而，在残酷的社会实践中毛泽东发现，对于"坏到极点的国家"，采取教育的方式来补救，并不能从根本上解决大多数人的疾苦问题。

随后，毛泽东也尝试过建设理想的"岳麓新村"。新村主义起源

---

[1] 段治文：《毛泽东早期思想的历史底蕴》，《浙江大学学报》1993年第4期。

[2] 中共中央文献研究室、中共湖南省委《毛泽东早期文稿》编辑组编：《毛泽东早期文稿》，湖南人民出版社1990年版，第96页。

于 20 世纪初的国外，本质是无政府主义，核心思想是强调没有强权与剥削，主张消除脑力劳动与体力劳动的对立，进而建立起一种互助友爱的理想社会组织。这一思想受到包括毛泽东在内的部分进步青年的推崇。1918 年夏天，从湖南第一师范毕业后，毛泽东便与蔡和森等志同道合者一道搬进了"湖南大学筹备处"（即岳麓书院的半学斋），在岳麓山积极尝试"岳麓新村计划"——在岳麓山建设以新家庭、新学校、新社会结合一体的新村，以实现人人平等、互相友爱的根本理想。然而，在当时国家积弱不振、内忧外患的残酷现实面前，不进行根本性的社会变革，根本不可能求得小范围内的局部安宁，岳麓新村建设的构想很快被证明难以推行。

当发现"教育救国""岳麓新村"等改良道路都走不通时，毛泽东并没有执拗不放，而是实事求是地从中分析原因，进行了深刻反思，进而将"改良其旧"的思想逐步转变为"打破其旧""不破旧社会不能得新社会"的思想，最终选择了马克思主义来救中国。支撑毛泽东思想上的这种转变和对马克思主义的选择，其永恒的不变就是他救国救民、为人民谋幸福的初心。

毛泽东曾在《为人民服务》这篇光辉著作中指出："我们的共产党和共产党所领导的八路军、新四军，是革命的队伍。我们这个队伍完全是为着解放人民的，是彻底地为人民的利益工作的。"

总之，无论在艰险的革命斗争还是后来的社会主义建设中，无论顺境还是逆境，毛泽东救国救民的初心和使命都不曾动摇。毛泽东等老一辈中国共产党人对实践出真知、实事求是的始终坚守，不仅取得了革命胜利，把人民带向了社会主义康庄大道和民族振兴之路，更为后人锤炼实事求是的政治品格以坚守为人民谋幸福、为民族谋复兴的初心使命，做出了切身示范，树立了光辉榜样。

其二，自我革命的勇毅笃行。辩证唯物主义告诉我们，客观实际总是每时每刻都在发生变化，如果不能冲破传统观念和主观偏见的束缚，就很难真正搞清楚"实事"和做到"求是"。即便我们在一定时期、一定阶段通过实事求是获得了正确认识，也不能一劳永逸。百年来，党在自我革命中坚守和擦亮了实事求是品格。

比如，党的八大决议指出，党和全国人民当前的主要任务就是要集中力量把我国尽快地从落后的农业国变为先进的工业国。这种判断是符合当时实际的，是实事求是的。但八大后由于"我们党领导社会主义事业的经验不多，党的领导对形势的分析和对国情的认识有主观主义的偏差"[1]，背离了艰辛确立起来的实事求是思想路线。致使后来发动"大跃进"，陷入以阶级斗争为纲、"一大二公三纯""宁要社会主义的草，不要资本主义的苗"的认知泥潭，社会主义事业一度遭受严重挫折。

所幸的是，我们党用实事求是扭转了这一不实事求是的局面。在1961年中央经济工作会议上，毛泽东曾号召"要把实事求是的精神恢复起来"并指出："我们党是有实事求是传统的，就是把马列主义的普遍真理同中国的实际相结合。"[2]这句话有两个含义：一是强调实事求是是我们党的思想路线；二是由于当时党内存在的各种"左"右倾错误以及其他错误路线，导致我们党对当时中国问题的认识还不够深入彻底，以致毛泽东的这一号召由于"文化大革命"的发动而没

---

[1]《中国共产党两个关于若干历史问题的决议》，人民出版社2021年版，第88页。
[2]《毛泽东文集》第八卷，人民出版社1999年版，第237页。

有得到实施，再次背离了实事求是思想路线。直到党的十一届三中全会，我们党从实际出发，通过对社会主要矛盾进行实事求是的认识并重新回到正确的轨道上，再次确立了实事求是思想路线，党和国家的工作重心从阶级斗争转移到经济建设，开启了改革开放历史新征程。

历史证明，无论遇到什么样的坎坷和挫折，无论反对右还是警惕"左"，无论批评还是自我批评，无论打扫思想上的"灰尘"还是全面从严治党，只要坚持实事求是，中国共产党总能保持高度自觉自省和自我革命的勇气。这正如习近平总书记所指出的那样："中国共产党的伟大不在于不犯错误，而在于从不讳疾忌医，敢于直面问题，勇于自我革命，具有极强的自我修复能力。"[1]事实上，我们党之所以能够永葆百年大党的"青春活力"并不断发展壮大，实事求是就是生命线。坚持以实事求是不断进行自我革命，包括新时代推进全面从严治党，构建全面从严治党体系，坚持以自我革命引领社会革命，均充分彰显了我们党实事求是的政治品格。

值得注意的是，"现在，在我们党内，贯彻执行实事求是思想路线的状况总体是好的……同时也要清醒地看到，一些党员和干部在坚持实事求是的思想路线方面还存在一些必须引起注意的问题。"[2]这说明，昨天我们做到了实事求是，并不意味着我们今天能够做到实事求是，昨天的实事求是也不等于今天的实事求是。坚持以实事求是锤炼实事求是的政治品格，对于我们党而言，依然任重道远，永远在路

[1]《习近平著作选读》第一卷，人民出版社2023年版，第576页。
[2]《习近平总书记系列讲话精神学习读本》，中共中央党校出版社2013年版，第131页。

上，一刻也不能掉以轻心。

其三，思想路线的与时俱进。百年来，党带领中国人民从"站起来""富起来"到"强起来"的历史进程，也是坚持和发展实事求是思想路线的辉煌历程。而这正是我们党实事求是品格的又一大体现和发扬。

在革命战争时代，以毛泽东同志为主要代表的中国共产党人深刻地认识到了这一时代特征，创造性地确立并坚持实事求是思想路线，找到了"农村包围城市，武装夺取政权"这一符合中国国情的革命道路，取得了新民主主义革命胜利，建立了新中国，开启了社会主义建设，实现了中华民族"站起来"的愿景目标。

党的十一届三中全会以后，以邓小平同志为主要代表的中国共产党人站在时代的高度，以马克思主义的科学眼光观察世界，紧紧把握和平和发展这一时代主题，恢复和重新确立了实事求是思想路线，并根据时代发展的要求将实事求是思想路线内涵发展为"解放思想、实事求是"，果断地将实事求是思想所需解答的时代课题从革命战争语境转移至改革开放语境，成功地开创了中国特色社会主义，推动中华民族向"富起来"的目标迈进。即便40多年过去了，面对"两个凡是"的思想挑战，如今，邓小平的话语依然振聋发聩："思想路线是什么？就是坚持马克思主义，坚持把马克思主义同中国实际相结合，也就是坚持毛泽东同志说的实事求是"[1]。"一个党，一个国家，一个民族，如果一切从本本出发，思想僵化，迷信盛行，那它就不能前

---

[1]《邓小平文选》第三卷，人民出版社1993年版，第62页。

进，它的生机就停止了，就要亡党亡国。"[1]

新旧世纪之交，面对我国改革攻坚阶段的国情世情变化，以及党如何领导人民坚持和发展中国特色社会主义这一鲜明主题，江泽民在庆祝中国共产党成立 80 周年大会上的讲话中指出："解放思想、实事求是，是引导社会前进的强大力量。社会实践是不断发展的，我们的思想认识也应不断前进，应勇于和善于根据实践的要求进行创新。"以江泽民同志为主要代表的中国共产党人继续强调解放思想的重要性，把党的思想路线称之为"解放思想、实事求是的思想路线"，并将"与时俱进"融入其中，赋予了实事求是思想路线更加丰富的理论内涵。

党的十六大以来，党的事业呈现出不同于以往的特点，在这一阶段，就全局而言，党的基本理论、基本路线、基本纲领、基本经验等已经走上正确的轨道，全面建设小康社会的奋斗目标也已经明确，迫切需要的就是落实。以胡锦涛同志为主要代表的中国共产党人适时将"求真务实"融入实事求是思想，对党的十一届三中全会以来解放思想、实事求是、与时俱进思想路线作了进一步的丰富和拓展。

进入中国特色社会主义新时代，党的实事求是思想路线需要解答的时代课题，是如何实现"两个百年奋斗目标"，引领中华民族"强起来"，以中国式现代化全面推进中华民族伟大复兴。以习近平同志为主要代表的中国共产党人以全新的视野深化了对党的执政规律、社会主义建设规律、人类社会发展规律的认识，创立了习近平新时代中国特色社会主义思想，从理论和实践结合上全面系统地回答了"新时

---

[1]《邓小平文选》第二卷，人民出版社 1994 年版，第 143 页。

代坚持和发展什么样的中国特色社会主义、怎样坚持和发展中国特色社会主义"这一重大时代课题。在把实事求是作为中国共产党最大党性和应当弘扬的价值观的同时，习近平总书记强调指出："我们必须坚持解放思想、实事求是、与时俱进、求真务实，一切从实际出发，着眼解决新时代改革开放和社会主义现代化建设的实际问题，不断回答中国之问、世界之问、人民之问、时代之问，作出符合中国实际和时代要求的正确回答，得出符合客观规律的科学认识，形成与时俱进的理论成果，更好指导中国实践。"[1]极大丰富和发展了党的实事求是思想路线。

三、中国共产党治国智慧的增创

百年来，中国共产党紧紧依靠实事求是，坚持和发展实事求是思想路线，以"两个结合"为最大法宝，进一步筑牢了中国道路根基，巩固了中华文化主体性，打开了中国理论和中国实践的创新空间。

其一，坚持实事求是，走好中国道路。遵循实事求是就能寻到路。大革命失败后，在我们党面临何去何从的历史关头，毛泽东从中国国情和革命实际出发，开辟革命根据地，走出了一条农村包围城市的新道路。长征时期湘江战役受损后，我们党为什么能够成功实现通道转兵？从根本上说，主要是以毛泽东同志为主要代表的中国共产党人，坚持实事求是，从革命形势和革命力量的实际出发，深刻分析问题、勇于修正错误、做出正确决策。

---

[1]《习近平著作选读》第一卷，人民出版社 2023 年版，第 15 页。

　　偏离实事求是就会迷路。"走中心城市暴动的道路"为什么不可行？中央苏区第五次反"围剿"为什么会失败？新中国成立后不久为什么出现"大跃进"运动、人民公社化运动等错误？其共同之处在于，未能深刻把握中国国情，没有正确认识中国革命和建设的形势；其深层原因是，把马克思主义理论教条化、机械化，对革命事业盲目乐观化、经验主义化，丢掉了实事求是的根与魂，忘记了马克思"随时随地都要以当时的历史条件为转移"的忠告。

　　恢复实事求是就能兴路。改革开放何以能成为决定当代中国命运的关键一招？邓小平指出："我们改革开放的成功，不是靠本本，而是靠实践，靠实事求是。"[1]改革开放之所以成为当代中国发展进步的动力之源、活力之基，就在于我们党以坚定的战略伟力、丰富的政治智慧和真挚的人民情怀，果断冲破"两个凡是"的思想束缚，重新恢复和确立了实事求是思想路线，让实践成为检验真理的唯一标准，成功开创了中国特色社会主义道路。

　　坚守实事求是就能强路。习近平总书记指出："我们过去取得的一切成就都是靠实事求是。今天，我们要把中国特色社会主义事业继续推向前进，还是要靠实事求是。"[2]面对百年未有之大变局，以习近平同志为主要代表的中国共产党人，带领中国人民，既不走封闭僵化的老路，也不走改旗易帜的邪路，把实事求是贯穿到治国理政的全过程各方面，成功开创了中国特色社会主义新时代，使得中华民族迎来了从"站起来""富起来"到"强起来"的伟大飞跃，向不可逆

[1]《邓小平文选》第二卷，人民出版社1994年版，第382页。

[2] 习近平：《在纪念朱德同志诞辰130周年座谈会上的讲话》，人民出版社2016年版，第9页。

转的中华民族伟大复兴之路迈进。

其二，坚持实事求是，创新中国理论。实践是理论之源，时代是思想之母。在成功开辟中国道路的伟大实践中，中国共产党人依靠实事求是，不断地用中国道理总结中国经验，把中国经验提升为中国理论，用中国理论指导中国实践，使理论和实践紧密结合、相辅相成，不仅丰富发展了马克思主义，而且深刻揭示了马克思主义强大的真理力量。

没有革命的理论，就没有革命的实践。以毛泽东同志为主要代表的中国共产党人，坚持实事求是，在同各种错误倾向作斗争并深刻总结中国革命经验的过程中创立了毛泽东思想，在探索适合中国国情的社会主义建设道路的实践中丰富和发展了毛泽东思想，实现了马克思主义中国化的第一次伟大飞跃，集中体现为"实事求是、独立自主"。在毛泽东思想指引下，党领导人民建立了新中国，走向了社会主义建设，以铁一般的事实证明，只有社会主义才能救中国。

以邓小平同志为主要代表的中国共产党人，坚持实事求是，深入总结新中国成立以来正反两方面经验，以"实践是检验真理的第一标准"冲破"两个凡是"的思想藩篱，在以经济建设为中心和改革开放的崭新实践中，使中国大踏步赶上了时代，形成了中国特色社会主义理论，实现了马克思主义中国化的第二次伟大飞跃，集中体现为"实事求是、解放思想"。在中国特色社会主义理论指引下，我国改革开放和社会主义现代化建设不断胜利前进，以铁一般的事实证明，只有中国特色社会主义才能发展中国。

以习近平同志为主要代表的中国共产党人，坚持实事求是，带领中国人民推进中国特色社会主义进入了新时代，创立了习近平新时代中国特色社会主义思想，实现了马克思主义中国化的第三次伟大飞跃，集中体现为"实事求是、自信自强"。在习近平新时代中国特色社会主义思想指引下，党和国家事业取得全方位、开创性历史成就，发生深层次、根本性历史变革，以铁一般的事实证明，只有坚持和发展中国特色社会主义才能实现中华民族伟大复兴。

其三，坚持实事求是，提振中国精神。人无精神不立，国无精神不强。百年来，一代代中国共产党人，坚持实事求是，既不盲从各种教条，也不照搬外国理论，拥抱中华民族，立足中国大地，传承中华文化，铸就中国精神，并在大力弘扬中国精神、凝聚中国力量的伟大实践中，不断实现中国人民精神上的独立自主。

习近平总书记在庆祝中国共产党成立100周年大会上的重要讲话中指出："中国共产党的先驱们创建了中国共产党，形成了坚持真理、坚守理想，践行初心、担当使命，不怕牺牲、英勇斗争，对党忠诚、不负人民的伟大建党精神，这是中国共产党的精神之源。"

伟大建党精神集中体现了党的坚定信念、根本宗旨、优良作风，凝聚着中国共产党人艰苦奋斗、牺牲奉献、开拓进取的伟大品格，深深融入我们党、国家、民族、人民的血脉之中，既为我们党立党兴党强党提供了丰厚滋养和强大动力，也是中国精神形成勃发的根本源泉。

百年来，党坚持弘扬伟大建党精神，在长期奋斗中构建起中国共产党人的精神谱系，带领中国人民铸就了以爱国主义为核心的民族精神和以改革创新为核心的时代精神，树立了中国人民的精神标识。比如，在新民主主义革命时期形成的井冈山精神、苏区精神、长征精神、遵义会议精神、延安精神、抗战精神、红岩精神、西柏坡精神、南泥湾精神等；在社会主义革命和建设时期形成的抗美援朝精神、"两弹一星"精神、雷锋精神、焦裕禄精神、大庆精神（铁人精神）、红旗渠精神、北大荒精神、西迁精神等；在改革开放和社会主义现代化建设新时期形成的改革开放精神、特区精神、抗洪精神、抗击非典精神、抗震救灾精神、载人航天精神、女排精神、劳模精神；在中国特色社会主义新时代形成的脱贫攻坚精神、抗疫精神、科学家精神、企业家精神、探月精神、丝路精神等。

中国精神既紧扣时代脉搏，又深植中华文化沃土，饱含力量，振奋人心。中国精神无一不源于中国共产党带领人民坚持实事求是的伟大实践，无一不是伟大建党精神的引领激发，无一不反映中华儿女共同心声、赢得中国人民广泛认可，充分展现了中国人民的精气神，成为中华儿女团结前行的力量号召，激励我们代代相传、发扬光大，凝聚起更加磅礴的中国力量，以中国式现代化全面推进强国建设、民族复兴伟业！

参考文献

中文著作:

《马克思恩格斯文集》第一卷,人民出版社 2009 年版。

《马克思恩格斯全集》第二卷,人民出版社 1995 年版。

《马克思恩格斯全集》第三卷,人民出版社 2002 年版。

《马克思恩格斯选集》第二卷,人民出版社 1995 年版。

《列宁全集》第二十六卷,人民出版社 1988 年版。

《列宁军事文集》,战士出版社 1981 年版。

《毛泽东文集》第一卷,人民出版社 1993 年版。

《毛泽东文集》第二卷,人民出版社 1993 年版。

《毛泽东文集》第三卷,人民出版社 1996 年版。

《毛泽东文集》第八卷,人民出版社 1999 年版。

《毛泽东书信选集》,人民出版社 1983 年版。

《毛泽东军事文集》第一卷,军事科学出版社、中央文献出版社 1993 年版。

《毛泽东选集》第一卷,人民出版社 1991 年版。

《毛泽东选集》第二卷,人民出版社 1991 年版。

《毛泽东选集》第三卷，人民出版社 1991 年版。

《毛泽东选集》第四卷，人民出版社 1991 年版。

《毛泽东哲学批注集》第 11 册，中央文献出版社 1988 年版。

《毛泽东著作选读》上册，人民出版社 1986 年版。

《邓小平文选》第二卷，人民出版社 1994 年版。

《习近平著作选读》第一卷，人民出版社 2023 年版。

《习近平著作选读》第二卷，人民出版社 2023 年版。

《习近平谈治国理政》第四卷，外文出版社 2022 年版。

习近平：《论党的宣传思想工作》，中央文献出版社 2020 年版。

《刘少奇论党的建设》，中央文献出版社 1991 年版。

《刘少奇选集》上卷，人民出版社 1981 年版。

《刘少奇选集》下卷，人民出版社 1985 年版。

《周恩来选集》上卷，人民出版社 1980 年版。

中共中央文献研究室、中共湖南省委《毛泽东早期文稿》编辑组编：《毛泽东早期文稿》，湖南人民出版社 1990 年版。

中共中央文献研究室编：《毛泽东年谱（1893—1949）》（修订本）上册，中央文献出版社 2013 年版。

中共中央文献研究室编：《毛泽东年谱（1893—1949）》上卷，人民出版社、中央文献出版社 1993 年版。

中共中央文献研究室编：《毛泽东传》第二卷，中央文献出版社 2011 年版。

中共中央文献研究室编：《毛泽东农村调查文集》，人民出版社 1982 年版。

中共中央文献研究室编：《毛泽东思想年编：1921—1975》，中央文献出版社 2011 年版。

中共中央文献研究室、中央档案馆：《建党以来重要文献选编（1921—1949）》，中央文献出版社 2011 年版。

中共中央党史和文献研究院编：《十八大以来重要文献选编》（下），中央文献出版社 2018 年版。

中央档案馆编：《中共中央文件选集》，中共中央党校出版社 1991 年版。

中共中央党史研究室：《中国共产党历史》上卷，人民出版社 1991 年版。

中共中央党史资料征集委员会、中央档案馆编：《遵义会议文献》，人民出版社 1985 年版。

《文津阁四库全书》，商务印书馆 2006 年版。

〔美〕埃德加·斯诺：《西行漫记》，董乐山译，东方出版社 2005 年版。

〔北齐〕魏收撰：《魏书》，中华书局 1974 年版。

〔汉〕班固撰：《汉书》，中华书局 1962 年版。

〔汉〕班固撰：《汉书》，中华书局 2012 年版。

〔汉〕刘向撰，向宗鲁校证：《说苑校证》，中华书局 1987 年版。

〔汉〕司马迁撰：《史记》，中华书局 1982 年版。

〔后晋〕刘昫等撰：《旧唐书》，中华书局 1975 年版。

〔晋〕范晔撰，〔唐〕李贤等注：《后汉书》，中华书局 1965 年版。

〔明〕李安仁、〔明〕王大韶、〔清〕李扬华撰：《石鼓书院志》，岳麓书社 2009 年版。

〔明〕刘宗周：《刘宗周全集》，浙江古籍出版社 2007 年版。

〔明〕王守仁著，王晓昕、赵平略点校：《王文成公全书》，中华书局 2015 年版。

〔清〕毕沅撰：《续资治通鉴》卷第六十七，岳麓书社 1992 年版。

〔清〕曾国藩：《曾国藩全集》，岳麓书社 1986 年版。

〔清〕曾国藩:《曾国藩全集》,岳麓书社 2011 年版。

〔清〕陈澧:《陈澧集(二)》,上海古籍出版社 2008 年版。

〔清〕陈确:《陈确集·圣学》,中华书局 1979 年版。

〔清〕戴震:《戴震文集》,中华书局 1980 年版。

〔清〕戴震:《孟子字义疏证》,中华书局 1982 年版。

〔清〕邓显鹤编纂,欧阳楠校点:《沅湘耆旧集》,岳麓书社 2007 年版。

〔清〕丁善庆纂辑,邓洪波校点:《长沙岳麓书院续志》,岳麓书社 2012 年版。

〔清〕范能濬编集,薛正兴校点:《范仲淹全集》,凤凰出版社 2004 年版。

〔清〕龚自珍:《龚自珍全集》,上海人民出版社 2015 年版。

〔清〕顾炎武:《顾亭林诗文集》,中华书局 1983 年版。

〔清〕顾炎武:《日知录集释》,上海古籍出版社 2006 年版。

〔清〕顾炎武著,陈垣校注:《日知录》,安徽大学出版社 2007 年版。

〔清〕郭嵩焘:《郭嵩焘奏稿》,岳麓书社 1983 年版。

〔清〕郭嵩焘撰,梁小进主编:《郭嵩焘全集》,岳麓书社 2012 年版。

〔清〕贺长龄:《贺长龄集·耐庵文存》,岳麓书社 2010 年版。

〔清〕黄宗羲:《黄梨洲文集·姜定庵先生小传》,中华书局 2009 年版。

〔清〕黄宗羲:《明儒学案》,中华书局 2008 年版。

〔清〕黄宗羲:《明夷待访录·原君》,凤凰出版社 2017 年版。

〔清〕黄宗羲编:《明文海》,中华书局 1987 年版。

〔清〕黄宗羲原著,〔清〕全祖望补修:《宋元学案》,中华书局 1986 年版。

〔清〕惠栋:《九经古义·述首》,商务印书馆 1937 年版。

〔清〕江藩著,钟哲整理:《国朝汉学师承记》,中华书局 1983 年版。

〔清〕凌廷堪著，王文锦点校：《校礼堂文集》，中华书局 1998 年版。

〔清〕李清馥撰，徐公喜、管正平、周明华点校：《闽中理学渊源考》，凤凰出版社 2011 年版。

〔清〕罗汝怀编纂：《湖南文征》卷二十八，岳麓书社 2008 年版。

〔清〕欧阳厚均：《欧阳厚均集》，岳麓书社 2013 年版。

〔清〕皮锡瑞，吴仰湘编：《皮锡瑞全集》，中华书局 2015 年版。

〔清〕钱大昕著，陈文和主编：《嘉定钱大昕全集》，凤凰出版社 2016 年版。

〔清〕阮元、王先谦编：《清经解》，上海书店 1988 年版。

〔清〕阮元校刻：《十三经注疏（清嘉庆刊本)》，中华书局 2009 年版。

〔清〕阮元撰，邓经元点校：《揅经室集》，中华书局 1993 年版。

〔清〕孙诒让撰：《墨子间诂》，中华书局 2001 年版。

〔清〕唐鉴：《唐鉴集》，岳麓书社 2010 年版。

〔清〕唐甄：《潜书》，中华书局 1963 年版。

〔明〕王夫之：《船山全书》，岳麓书社 2011 年版。

〔清〕王夫之：《读四书大全说》，中华书局 1975 年版。

〔清〕王夫之：《尚书引义》，中华书局 2009 年版。

〔清〕王夫之：《思问录》，中华书局 2009 年版。

〔清〕王夫之：《王船山诗文集》，中华书局 1962 年版。

〔清〕王夫之：《张子正蒙注》，中华书局 1975 年版。

〔清〕王夫之：《周易外传》，中华书局 1977 年版。

〔清〕王鸣盛著，陈文和主编：《嘉定王鸣盛全集》，中华书局 2010 年版。

〔清〕王先谦撰：《荀子集解》，中华书局 1988 年版。

〔清〕王先慎：《韩非子集解》，中华书局 1998 年版。

〔清〕王梓材、〔清〕冯云濠编撰，沈芝盈、梁运华点校：《宋元学案补遗》，中华书局 2012 年版。

〔清〕魏源著，中华书局编辑部编：《魏源集》，中华书局 2009 年版。

〔清〕魏源撰，魏源全集编辑委员会编校：《魏源全集》，岳麓书社 2004 年版。

〔清〕颜元：《颜元集》，中华书局 1987 年版。

〔清〕永瑢等撰：《四库全书总目》，中华书局 1965 年版。

〔清〕俞樾：《〈皇朝经世续编〉序》，载〔清〕葛世濬：《皇朝经世续编》，文海出版社 1972 年版。

〔清〕张履祥著，陈祖武点校：《杨园先生全集》，中华书局 2002 年版。

〔清〕张之洞编纂，范希增补正，孙文泱增订：《增订书目答问补正》，中华书局 2011 年版。

〔清〕章学诚著，仓修良编注：《文史通义新编新注》，商务印书馆 2017 年版。

〔清〕章学诚著，叶瑛校注：《文史通义校注》，中华书局 1985 年版。

〔清〕赵尔巽等撰，中华书局编辑部点校：《清史稿·曾国藩传》，中华书局 1977 年版。

〔清〕庄存与：《春秋正辞》，上海古籍出版社 2014 年版。

〔清〕左宗棠：《左宗棠全集》第 13 册，岳麓书社 1987 年版。

〔宋〕陈亮：《陈亮集》，中华书局 1987 年版。

〔宋〕程颢、〔宋〕程颐：《二程集》，中华书局 2004 年版。

〔宋〕胡安国：《春秋传》，岳麓书社 2011 年版。

〔宋〕胡宏：《胡宏集》，中华书局 1987 年版。

〔宋〕黎靖德编：《朱子语类》，中华书局 1986 年版。

〔宋〕李焘：《续资治通鉴长编》，熙宁五年十一月，中华书局 2004

年版。

〔宋〕柳开撰，李可风点校：《柳开集》，中华书局 2015 年版。

〔宋〕陆九渊：《陆九渊集》，中华书局 1980 年版。

〔宋〕王安石：《王安石全集》，复旦大学出版社 2016 年版。

〔宋〕王应麟：《困学纪闻》卷八"经说"条，《全宋笔记》第七编第九，大象出版社 2016 年版。

〔宋〕魏了翁：《渠阳集》，岳麓书社 2012 年版。

〔宋〕吴曾：《能改斋漫录》（上），《全宋笔记》第五编第三，大象出版社 2016 年版。

〔宋〕叶适：《习学记言序目》，中华书局 1977 年版。

〔宋〕张栻：《新刊南轩先生文集》，中华书局 2015 年版。

〔宋〕张栻：《张栻全集》，长春出版社 1999 年版。

〔宋〕张栻撰：《张栻集》，中华书局 2015 年版。

〔宋〕张载：《张载集》，中华书局 1978 年版。

〔宋〕赵汝愚编：《宋朝诸臣奏议》，上海古籍出版社 1999 年版。

〔宋〕周敦颐：《周敦颐集》，中华书局 1990 年版。

〔宋〕朱熹：《四书章句集注》，中华书局 2018 年版。

〔宋〕朱熹：《朱子全书》，上海古籍出版社、安徽教育出版社 2002 年版。

〔宋〕朱熹集注：《楚辞集注》，上海古籍出版社 1997 年版。

〔唐〕李延寿撰：《北史》，中华书局 1974 年版。

〔唐〕魏征，令狐德棻撰：《隋书》，中华书局 1973 年版。

〔元〕脱脱等：《宋史》，中华书局 1985 年版。

北京大学校史研究室：《北京大学史料第一卷（1898—1911）》，北京大学出版社 1993 年版。

曾枣庄、刘琳主编：《全宋文》，上海辞书出版社、安徽教育出版社2006年版。

陈俊民主编：《儒藏》，北京大学出版社2014年版。

陈来：《宋明理学》，生活·读书·新知三联书店2011年版。

陈寅恪：《金明馆丛稿二编》，上海古籍出版社1980年版。

邓晓芒：《黑格尔哲学讲演录》，商务印书馆2020年版。

董保存：《毛泽东和世界风云人物》，人民出版社1993年版。

冯达文、郭齐勇：《新编中国哲学史》下，人民出版社2004年版。

傅璇琮、辛更儒主编：《宋才子传笺证·南宋前期卷》，辽海出版社2011年版。

高菊村等著：《青年毛泽东》，中央文献出版社2008年版。

龚育之、逄先知、石仲泉：《毛泽东的读书生活》，生活·读书·新知三联书店1986年版。

顾廷龙主编：《续修四库全书》，上海古籍出版社1996年版。

广东农民运动讲习所旧址纪念馆编：《广州农民运动讲习所资料选编》，人民出版社1987年版。

何清谷：《三辅黄图校释》，中华书局2005年版。

侯外庐、邱汉生、张岂之主编：《宋明理学史》下，西北大学出版社2018年版。

黄濬：《花随人圣庵摭忆》，山西古籍出版社、山西教育出版社1999年版。

黄濬：《花随人圣庵摭忆》，上海古籍书店1983年版。

金冲及：《毛泽东传（1893—1949）》，中央文献出版社2004年版。

李锐：《毛泽东的早期革命活动》，湖南人民出版社1980年版。

梁启超：《清代学术概论》，中华书局2020年版。

梁启超：《饮冰室合集》，中华书局1989年版。

梁启超：《中国近三百年学术史》，商务印书馆 2016 年版。

梁启雄：《荀子简释》，中华书局 1983 年版。

马宗霍：《中国经学史》，河南人民出版社 2016 年版。

钱基博：《近百年湖南学风》，岳麓书社 2010 年版。

钱穆：《国学概论》，商务印书馆 1997 年版。

钱穆：《中国近三百年学术史（下）》，商务印书馆 2005 年版。

钱穆：《朱子学提纲》，生活·读书·新知三联书店 2002 年版。

熊治祁编：《湖南人物年谱》（一），湖南人民出版社 2013 年版。

容闳：《西学东渐记》，朝华出版社 2017 年版。

沙健孙主编：《中国共产党史稿（1921—1949）》第 2 卷，中央文献出版社 2006 年版。

舒新城编：《近代中国教育史料》第一册，上海中华书局 1928 年版。

本书编写组编：《湖南第一师范校史》，上海教育出版社 1983 年版。

孙正聿：《哲学通论》，复旦大学出版社 2005 年版。

王利器撰：《颜氏家训集解》，中华书局 1993 年版。

王兴国：《实事求是论——马克思主义"实事求是"命题与中国传统文化》，湖南人民出版社 1998 年版。

王钟翰点校：《清史列传》卷六十八，中华书局 1987 年版。

萧三：《毛泽东同志的青少年时代和初期革命活动》，中国青年出版社 1980 年版。

邢贲思：《费尔巴哈的人本主义》，上海人民出版社 1981 年版。

徐世昌等编纂，沈芝盈、梁运华点校：《清儒学案》，中华书局 2008 年版。

杨昌济：《论语类钞》，长沙宏文图书社 1914 年版。

杨昌济：《杨昌济集》，湖南教育出版社 2008 年版。

杨昌济:《杨昌济文集》,湖南教育出版社 1983 年版。

张舜徽:《清儒学记》,华中师范大学出版社 2005 年版。

中国革命博物馆、湖南省博物馆编:《湖南农民运动资料选编》,人民出版社 1988 年版。

中国革命博物馆、湖南省博物馆编:《新民学会资料》,人民出版社 1980 年版。

中华书局编辑部、李书源整理:《筹办夷务始末(同治朝)》,中华书局 2008 年版。

钟文、鹿海啸:《百年小平》,中央文献出版社 2004 年版。

周彦瑜、吴美潮编著:《毛泽东与周世钊》,吉林人民出版社 1993 年版。

朱汉民、邓洪波:《岳麓书院史》,湖南教育出版社 2013 年版。

朱维铮主编:《中国经学史基本丛书》,上海书店出版社 2012 年版。

朱一新:《无邪堂答问》,中华书局 2000 年版。

庄福龄、杨瑞森、余品华主编:《毛泽东哲学思想史》,中国人民大学出版社 2011 年版。

期刊文章:

习近平:《努力成为可堪大用能担重任的栋梁之才》,《求是》2022 年第 3 期。

〔清〕陈澧:《陈兰甫先生澧遗稿》,《岭南学报》1931 年第 2 期。

曾长秋:《毛泽东蔡和森是何时接触到"实事求是"这四个字的?》,《党史博采(上)》2022 年第 6 期。

陈立超:《五四运动与早期的中共党员》,《人民周刊》2019 年第 10 期。

陈实、张澍军:《论"实事求是"的思想源流与理论创新》,《学校党建与思想教育》2012 年第 10 期。

段治文：《毛泽东早期思想的历史底蕴》，《浙江大学学报》1993年第4期。

谷方：《王夫之家世新考》，《船山学报》1984年第1期。

黑琨：《试谈河间献王对古文经学的贡献》，《济南大学学报》2003年第6期。

贾立政：《实事求是：百年马克思主义中国化的基本经验》，《中国特色社会主义研究》2021年第3期。

姜广辉、唐陈鹏：《论理学家的经学著作成功的根本原因——以二程、朱熹的相关著作为范例》，《哲学研究》2019年第8期。

姜广辉、吴国龙：《传统之源——兼谈六经的价值》，《湖南大学学报（社会科学版）》2013年第4期。

李华文、陈宇翔：《实事求是：中国共产党思想路线的百年历程与马克思主义中国化》，《湖南大学学报（社会科学版）》2021年第4期。

李捷：《从岳麓书院牌匾到中央党校校训——党的实事求是思想路线溯源》，《新湘评论》2021年第4期。

李金河：《魏晋南北朝经学述论》，《山东大学学报（哲学社会科学版）》1997年第1期。

李佑新、陈龙：《毛泽东"实事求是"思想的湘学渊源》，《哲学研究》2010年第1期。

梁启超：《近代学风之地理的分布》，《清华学报》1924年第1期。

罗炳良：《从"实事求是"到唯物史观》，《高校理论战线》2006年第6期。

潘忠伟：《〈五经正义〉与北朝经学传统》，《哲学研究》2008年第5期。

邵华：《马克思与实践智慧》，《马克思主义与现实》2013年第3期。

邵明厚、王光红：《"实事求是"思想渊源考》，《菏泽学院学报》2008年第4期。

王立新：《湖湘学派的经世思想——胡安国父子的"经济"之学》，《湖湘论坛》1998 年第 6 期。

王文金：《"实事求是"撷拾》，《安徽史学》1997 年第 4 期。

许顺富：《论湖湘文化对毛泽东个性特征形成的影响》，《怀化师专学报》1997 年第 1 期。

许屹山、彭大成：《毛泽东"实事求是"思想的湖湘文化探源》，《山东理工大学学报（社会科学版）》2015 年第 4 期。

张士海：《坚持党的实事求是思想路线不动摇》，《党的文献》2021 年第 4 期。

张云英、罗建英：《论湖湘文化对毛泽东个性特征的影响》，《船山学刊》2006 年第 3 期。

中共长沙市委宣传部学习研究小组：《岳麓书院是实事求是思想路线的重要策源地》，《新湘评论》2022 年第 17 期。

钟君：《从三块匾额看湘学精神的传承》，《新湘评论》2021 年第 6 期。

钟肇鹏：《河间献王的儒学思想与古文经学》，《传统文化与现代化》1999 年第 2 期。

后　记

湖湘文化源远流长、博大精深，孕育三湘、润泽华夏，既是中华文化百花园的一朵奇葩，更是中华文化核心道统的一种重要传承。"实事求是"为其精髓要义和显著特征，岳麓书院堪称其代表、标志和大本营。

从中国传统学风到党的思想路线，"实事求是"渊源何处，意义何在，启迪何远？溯源"实事求是"，立定文化根脉，于我而言，如履薄冰、极富挑战。

从经世致用到实事求是，"实事求是"一直是千年学府的治学精神。我迄今在此求学工作33年，何其有幸！对话"实事求是"，坚定文化自信，于我而言，入家亲切、日生温暖。

感谢坤明部长、宏森部长的栽培和关怀，感谢李捷院长的关照和提携，感谢柯敏先生、祖烜先生的鞭策和鼓励，感谢中共中央宣传部、全国哲学社会科学工作办公室、湖南省委宣传部、湖南大学的支持和帮助，感谢人民出版社和雷坤宁编辑的精业和敬业，感谢罗仲尤、杨葵、汤素娥、曾欢欢、马华华、彭清萍、唐陈鹏、王戈非、杨志刚、刘江、田宇星等研究团队成员的参与和奉献，感谢亲朋的关心和宽容，感谢家人的呵护和疼爱！

学无止境，眉有深浅。

敬畏知遇，踯躅向前。

唐珍名

2023 年 12 月 26 日于湖南大学

责任编辑：雷坤宁
封面设计：张婉秋
版式设计：石笑梦

图书在版编目（CIP）数据

实事求是思想路线的湖湘文化探源 ／ 唐珍名著.

北京：人民出版社，2024.11. -- ISBN 978-7-01-026907-8

Ⅰ. G127.64

中国国家版本馆 CIP 数据核字第 202435GP79 号

实事求是思想路线的湖湘文化探源

SHISHIQIUSHI SIXIANG LUXIAN DE HUXIANG WENHUA TANYUAN

唐珍名　著

人民出版社 出版发行

（100706　北京市东城区隆福寺街 99 号）

环球东方（北京）印务有限公司印刷　新华书店经销

2024 年 11 月第 1 版　2024 年 11 月北京第 1 次印刷

开本：710 毫米 ×1000 毫米 1/16　印张：20.5

字数：220 千字

ISBN 978-7-01-026907-8　定价：59.50 元

邮购地址 100706　北京市东城区隆福寺街 99 号

人民东方图书销售中心　电话（010）65250042　65289539